辽宁大学法学文丛

本书为司法部法治建设与法学理论研究部级科研项目“3D打印对知识产权法的挑战与回应”（17SFB2038）成果

3D打印所涉知识产权法律问题研究

宋智慧　著

3D DAYIN SUOSHE ZHISHI CHANQUAN
FALÜ WENTI YANJIU

法律出版社
LAW PRESS·CHINA
—— 北京 ——

图书在版编目(CIP)数据

3D打印所涉知识产权法律问题研究 / 宋智慧著
. -- 北京 : 法律出版社, 2022
(辽宁大学法学文丛)
ISBN 978-7-5197-7328-1

Ⅰ. ①3… Ⅱ. ①宋… Ⅲ. ①快速成型技术-知识产权保护-研究-中国 Ⅳ. ①D923.404

中国版本图书馆CIP数据核字(2022)第224422号

3D打印所涉知识产权法律问题研究 **3D DAYIN SUOSHE ZHISHI CHANQUAN FALÜ WENTI YANJIU**	宋智慧 著	责任编辑 屈 瑶 装帧设计 李 瞻

出版发行 法律出版社	**开本** 710毫米×1000毫米 1/16
编辑统筹 学术·对外出版分社	**印张** 15.75 **字数** 186千
责任校对 王晓萍 王语童 裴 黎	**版本** 2022年12月第1版
责任印制 陶 松	**印次** 2022年12月第1次印刷
经 销 新华书店	**印刷** 北京新生代彩印制版有限公司

地址:北京市丰台区莲花池西里7号(100073)
网址:www.lawpress.com.cn 销售电话:010-83938349
投稿邮箱:info@lawpress.com.cn 客服电话:010-83938350
举报盗版邮箱:jbwq@lawpress.com.cn 咨询电话:010-63939796

书号:ISBN 978-7-5197-7328-1 **定价**:69.00元
凡购买本社图书,如有印装错误,我社负责退换。电话:010-83938349

目录

引 言

一、研究背景

3D 打印技术起源于 100 多年前的照相雕塑和地貌成形技术，在 20 世纪 80 年代渐趋成熟。这项技术早期主要由建筑师、工程师和设计师用于工业设计领域中的模具制造，2010 年之后 3D 打印技术开始广泛地商业化，[1] 逐渐从《十二生肖》《钢铁侠 3》等电影虚拟世界走入人们的现实生活。

"3D 打印技术"这一术语最早于 1996 年为美国 ZCorp 公司所使用，[2] 泛指以数字模型文件为基础，运用塑料、陶瓷、金属等粉末状可粘合材料，通过逐层叠加制造三维立体产品的技术，也称为增材制造或快速成型技术。它与普通打印工作原理基本相同，即通过电脑控制把打印机内装有的液体或粉末等"打印材料"一层层叠加起来，最终把计

---

[1] 参见卢宝锋：《3D 打印机，下一个大事件》，载《电子知识产权》2012 年第 11 期。

[2] Van der Hof, Simone et al., *3D Printing: Legal, Philosophical and Economic Dimensions*, T. M. C. Asser Press, 2016, p. 26.

算机中的模型文件变成实物。3D打印技术目前已经广泛应用于食品药品、珠宝首饰、建筑、汽车、航空航天、工业设计、生物医学等诸多领域,其潜力远远超出了新制造应用的范围,大大缩减了产品研制时间和试错费用,具有成型快速、成本低廉及私人定制的优势,因此被誉为"第三次技术革命的标志",[1]被美国政府誉为与机器人、人工智能相并列的美国制造业的三大支柱之一。世界知识产权组织(WIPO)公布的《2015年世界知识产权报告》显示,3D打印与纳米技术、机器人工程学一并构成驱动未来经济增长创新潜力的前沿技术。虽然目前还受到材质单一、无法大批量生产的限制,但3D打印技术的市场潜力非常大,已经开始引起投资者的注意。

中研产业研究院《2022-2026年中国3D打印行业全景调研与发展战略研究咨询报告》显示,2013~2020年,全球3D打印产值增长近4.2倍,2020年全球3D打印市场规模平均值达到126亿美元,同比增长21%,自2014年以来保持约25%的复合增长率,[2]2021~2026年,包括中研普华在内的全球各大机构预测的全球3D打印市场规模的平均增速将维持在20%的复合年均增长率,在2026年其市场规模平均值将达到372亿美元。[3] 分析机构顾能公司(Gartner)预测,"3D打印机、扫描仪和3D建模技术的成本直线下降,再加上性

---

[1] 里夫金(Rifkin)提出,历史上新的通信技术与新能源管理系统的结合,预示着重大的经济转型时代的来临。第一次工业革命的核心能源是煤炭,印刷业中蒸汽动力技术的引入使新闻媒体在第一次工业革命中一跃成为主要信息传播工具;第二次工业革命的驱动能源是石油和电力,主要传播渠道是"电气化"媒体(收音机、电视和电话等),工厂的电气化迎来了批量工业制成品时代,塑造了自上而下的社会经济和政治体制结构;第三次工业革命的特点是信息技术与可再生能源相融合,社会向合作和分散关系发展,原有的纵向权力等级结构向扁平化方向发展。参见[美]杰里米·星夫金:《第三次工业革命:新经济模式如何改变世界》,张体伟、孙豫宁译,中信出版社2012年版,第29~31页。

[2] 其中包括3D打印设备、软件、材料和服务的收入,但不包括企业内部在增材制造领域的投资。

[3] 参见《3D打印悄然走进现实 中国3D打印行业市场未来发展如何》,载中研网,https://www.chinairn.com/hyzx/20220905/194752453.shtml。

能的提升”,使3D打印将更普遍地走入人们的日常生活。2012年,微软公司(Microsoft)推出了售价250美元的家用Kinect 3D扫描设备。苹果公司的新款iPhone,以及索尼公司(Sony)最新的旗舰手机,都提供了类似的扫描功能。只要几百美元和最低限度的软件知识,个人就有能力完全复制现有的受版权保护的作品,从而无须购买。[1] 不久的将来,几乎人人都会使用3D打印技术。[2] 其结果是使更大范围的群体能够设计和生产自己的产品,从而有可能引发一场大众创新的风暴,同时也可能引发大量知识产权侵权行为。与过去10年音乐和电影行业发生的巨大变化相类似,消费者级3D打印很可能在不久的将来对制造商的利润产生显著影响。麦肯锡咨询公司估计,“到2025年,3D打印的消费者使用可能会带来1000亿到3000亿美元的潜在经济影响”。[3]

3D打印最大的影响是使日常的电脑用户可以成为业余的产品设计师。目前,计算机辅助设计(Computer Aided Design,CAD)软件[4]的发展和3D打印硬件成本的降低使人们只要拥有计算机就可以自己设计产品。另外,CAD文件特别小,[5]可以轻松地通过互联网共享。如同录音录像技术和互联网技术的产生,3D打印丰富了用户使用作品的方式,大大降低了复制作品的成本,提高了使用作品产生的经济利益。以上各种因素的融合能够使3D打印机从闻

[1] See Aliza Rana, *Scan, Copy, Print: How to Minimize Copyright Infringement during the 3D Technology Revolution*, Colum. Bus. L. Rev., 2018, p. 661.

[2] See *Gartner Reveals Top Predictions for IT Organizations and Users for 2014 and Beyond*, GARTNER (Oct. 8, 2013), http://www.gartner.com/newsroom/id/2603215.

[3] James Manyika et al., *Disruptive Technologies: Advances That Will Transform Life, Business, and the Global Economy*, Mckinsey Global Institute, 2013, p. 110.

[4] 像Solid Works或Solid Edge这样的CAD软件可以在绝大多数的个人消费电脑上运行。

[5] 例如,一个包含制造手机外壳所需的所有数据的3D CAD文件只有183kb左右,一个边长100mm的实心立方体3D CAD文件只有35.1kb,可以通过电子邮件、文件共享网站和比特流等任何在线服务,方便地转移和共享。

所未闻发展到家喻户晓。由于已经建立了计算机和互联网的基础设施,3D 打印技术的发展速度可能比个人计算机更快,因为相较早期互联网和计算机带来的虚无的(ethereal)优势,人们通常对物理实体更感兴趣。[1] 只需按下按钮,就能打印出个性化实物产品,这将促进制造业潜在的"去全球化"趋势的发展,从而可能绕过"低成本、国外生产以及全球物流的迷宫"。[2]

随着3D 打印技术继续将制造和分销从一个由相互联系的大市场参与者组成的系统,转变为一个分散的"制造商"网络,在某些情况下,它可能只会在自己动手的个人和创意方之间建立直接联系。通过彻底地减少中间商在制造业中的作用,3D 打印改变了传统制造业的专业化和实现规模经济的必要性,数字化提供了更大的技术可移植性,促进了跨境协作,同时也引发了重大的知识产权安全问题。这种生产和分销方式的转变,意味着在侵犯知识产权案件中,不再有资金雄厚的分销商和制造商可以追究责任。相反,任何人都可以使用3D 打印机、扫描仪和 CAD 软件来复制具有不同程度的精度和规模的物品或零部件,由此可能掀起分散的、非商业化的知识产权侵权浪潮。个人侵犯知识产权的行为将会变得非常普遍,而且很难被发现。

技术革新的动态和不可预期的特征使立法者很难预知将来的发明。如果不对这种新技术下的使用方式加以控制,它将会成为侵犯知识产权的"盗版机器"。比如,一些盗版网站以出售电影周边产

---

〔1〕 See Matt Simon, *When Copyright Can Kill: How 3D Printers Are Breaking the Barriers between Intellectual Property and the Physical World*, 3 Pace Intell. Prop. Sports & Ent. L. F., 2013, p. 68 – 69.

〔2〕 Tyler Macik, *Global Data Meets 3-D Printing: The Quest for a Balanced and Globally Collaborative Solution to Prevent Infringement in the Foreseeable 3-D Printing Revolution*, 22 Ind. J. Global Legal Stud., 2015, p. 150.

品的3D打印文件获益,[1]人们只要拥有一台3D打印机就可以扫描、生产或修改衍生产品。这种未经授权的复制行为对粉丝非常有吸引力,极大地减损了影视“大鳄”们的预期利益,频频引发诉讼。顾能公司在2013年预言,如果不对3D盗版现象进行遏制的话,不久的将来,来自3D打印的盗版商品将会充斥市场,导致全球知识产权收入每年损失巨大。[2]

从全球制造业的发展中可以看到与生产方法相关的法律(诸如知识产权法、环境法、食品监管法等)的变迁。目前实施的法律是基于18世纪初工业革命这一经济框架,至今已经有大约200年。在工业革命之前,商品是由单个个人分散生产的,成本很高。工业革命引入了批量生产商品的理念,通过规模经济,货物可以以较低的成本大批量生产,这颠覆了几个世纪以来的经济模式。随着近年来制造业模式的转变开始成形,特别是通过3D打印技术这一关键的技术创新,与大规模工业化生产密不可分的法律框架已经过时了。[3]在3D打印技术出现并广泛应用以前,能够根据产品设计图进行批量化生产的主要是生产制造企业。通过专利法对产品制造、销售和进口等环节进行控制,就可以有效地规制这类侵权行为。随着音乐、电影、书籍和照片的数字化,19世纪的制造模式已经崩溃,工业发生了巨大的变化。数字盗版分散的过程严重损害了各行业,导致各行业销售量下降。虽然娱乐利益相关者坚决反对非法文件共享

[1] 例如,备受争议的瑞典文件共享网站——海盗湾(the Pirate Bay)对外宣布,要开始着手提供一项共享3D打印设计的新服务。

[2] See *Gartner Reveals Top Predictions for IT Organizations and Users for* 2014 *and Beyond*, GARTNER (Oct. 8,2013),http://www.gartner.com/newsroom/id/2603215.

[3] See Peter Twomey, *A New Dimension to Intellectual Property Infringement: An Evaluation of the Intellectual Property Issues Associated with 3D Printing*, 17 Trinity C. L. Rev., 2014, p. 14.

和下载,但收效甚微。[1] 3D打印可能会产生更糟糕的结果。像音乐、电影和其他娱乐产品一样,3D打印大大降低了产品制造的经济和技术门槛,普通消费者在家中就可以便利地实施。通过3D扫描仪扫描知识产权产品或通过盗版网站下载知识产权产品的数字模型很难被发现,这使侵权行为变得更加便捷和隐蔽。因为只要侵权产品不被公开或商业化生产,侵权产品的生产就不容易被发现,侵权生产者也不太可能被发现。即使查获个人侵权产品,与其较低的预期损害赔偿相比,诉讼的潜在成本很可能会阻止专利权人提起诉讼。考虑到高额的国际诉讼成本,在海外追究DIY[2]用户将更加困难。这些知识产权侵权问题都与DIY社区有关。随着全球范围内的3D扫描设备、3D打印机以及3D打印数字模型文件共享社区的普及,在考虑潜在的知识产权侵权问题时,DIY社区受到了广泛的关注。[3] DIY用户能够通过文件共享网站访问、分享和下载高质量的3D打印数字模型文件,在可预见的3D打印机在日常生活中广泛使用的情况下,专利所有者担心DIY用户会不小心或无意中使用3D打印机独立创建或下载侵权设计。由于无法阻止DIY用户侵犯知识产权,且随着3D打印行业在全球范围内的发展,知识产权侵权给许多行业造成了相当大的损失,知识产权密集型企业的前景尤其令人担忧,知识产权侵权已经日益成为一个国际问题。

3D打印技术是一种颠覆性的技术,它将改变艺术设计、科学和

---

〔1〕 See Shlomit Yanisky-Ravid, Kenneth S. Kwan, *3D Printing the Road Ahead: The Digitization of Products When Public Safety Meets Intellectual Property Rights - A New Model*, 38 Cardozo L. Rev., 2017, p. 937.

〔2〕 DIY,是"Do It Yourself"的缩写,指在没有付费专业人员帮助的情况下自己创建、修改或修复物品。

〔3〕 See Tyler Macik, *Global Data Meets 3-D Printing: The Quest for a Balanced and Globally Collaborative Solution to Prevent Infringement in the Foreseeable 3-D Printing Revolution*, 22 Ind. J. Global Legal Stud., 2015, p. 149.

制造以及数字经济。[1] 它不仅会影响受知识产权保护的产品,还会对许多其他制度构成威胁和挑战,包括对医疗器械和产品、合法和非法药物、人体器官的威胁;对食品工业的威胁;对汽车、火车和飞机等运输行业的威胁;对环境保护、工作场所保护的威胁。例如,美国德克萨斯大学法律专业学生科迪·威尔逊(Cody Wilson)发明的一种3D打印手枪模型,便引发了一个关于3D打印的争议性案例,美国国务院根据国际武器管制条例要求威尔逊停止发布武器模型,但其他网站(如海盗湾)却继续储存这个手枪模型的3D CAD文件以供用户下载。[2] 革命性的、颠覆性的技术会带来异常严峻的法律挑战,3D打印并不是第一个,也不可能是最后的颠覆性技术,法律领域还完全没有准备好应对3D打印技术带来的改变。针对此,学者们提出应该对现行知识产权法进行修改,并提出了一些解决方案。有些学者甚至极端地认为3D打印应该完全被禁止;[3] 更多学者主张消费者在家中免费使用3D打印技术不应该构成侵权。[4]

技术的历次进步,如印刷机、点播机、互联网的出现都会撼动权利人与使用者之间既有的利益平衡。建立在传统制造技术背景下的知识产权法律制度不足以应对3D打印技术带来的挑战和威胁,我们应一方面探寻知识产权权利人、网络平台及社会公众之间新的

---

〔1〕 See Matthew Rimmer, *The Maker Movement: Copyright Law, Remix Culture and 3D Printing*, 41 U. W. Austl. L. Rev., 2017, p. 51.

〔2〕 See Ian Steadman, *US Government Seizes 3D-Printed Gun Files, but Still Shared Elsewhere*, WIRED. CO. UK, http://www. wired. co. uk/news/archive/2013-05/10/defcad-gun-design-taken-down.

〔3〕 See Olivia Sundberg, *This House Would Ban the Sale of 3D Printers to Households*, INT'L DEBATE EDUC. ASS'N (Sept. 2, 2013), http://idebate. org/debatabase/debates/science/housewould-ban-sale-3d-printers-households.

〔4〕 See Deven R. Desai & Gerard N. Magliocca, *Patents, Meet Napster: 3D Printing and the Digitization of Things*, 102 Geo. L. J., 2014, p. 1691, 1715; John F. Hornick, *Inside Views: 3D Printing and Public Policy*, INTELLECTUAL PROP. WATCH, http://www. ip-watch. org/2015/07/09/3d-printing-and-public-policy.

微妙的利益平衡点;另一方面避免对3D打印技术的过度限制。这样才能既维护知识产权人合理的垄断,又能保障新技术的持续发展。

二、研究方法

结合本课题的特点,本书采取了以下研究方法。

(1)语义分析。对复制权、异体复制、合理使用的判断标准等基本概念进行界定,并通过对相近概念的比较进一步廓清其内涵和外延。

(2)实证分析。通过对3D打印技术背景下知识产权保护现状进行调研,在对相关数据进行分析的基础上,探究目前知识产权保护制度的不足,并为相关制度的完善提供理论依据。

(3)比较研究。考察美国、英国、澳大利亚等发达国家的知识产权法律制度,在比较借鉴的基础上,提出适应我国现阶段国情的知识产权相关法律法规的完善建议。

三、研究思路和主要内容

本书从3D打印技术的产生和发展、运行机理和特征出发,采用语义分析方法、实证分析方法和比较研究方法,在对3D打印技术背景下知识产权保护现状实证考察的基础上,分析3D打印技术给传统知识产权制度带来的挑战,进而探讨传统著作权法、专利法和商标法面对3D打印技术需要做出的前瞻性应对。

商业性的打印公司与传统的制造业本质上相同,其侵权的认定方式与传统商业制造业也差异不大。对3D打印技术的关注主要集中于满足个性化需求的私人3D打印。私人制造的个性化的3D打印的私密性、需求与制造的一体性使3D打印侵权认定成为主要难点。全球最大的财经资讯公司——彭博公司(Bloomberg L. P.)认为,知识产权会是3D打印技术的终局威胁。3D打印对知识产权制度的挑战,与此前备受关注的互联网法律问题密切相关,主要表现在对著作权领域的“复制”概念的内涵界定、私人复制行为的定性、专利和商标的间接侵权规则、私人制作商标或专利产品行为的法律性质的认定、3D打印数字模型的制作和传播行为的法律性质等。

第一章 3D打印技术对传统知识产权法的挑战

3D打印之所以得名,是因为其运行过程与普通的2D打印非常相似。在2D打印中,用户先在计算机上创建一个产品设计图或示意图,然后将这些信息转移到打印机上,从而将设计打印在纸上。印刷术发明以来,思想借助文字和纸张这一载体在世界范围内传播得更快,从而促进了新的创造性写作。3D打印技术从功能上来说,只是增加了额外的高度,其用金属、塑料或液体材料等代替了墨水,通过将数字文件转换成物理实体,能够快速地制造非常复杂的三维形状。

3D打印技术起源于100多年前的照相雕塑和地貌成形技术,在20世纪80年代渐趋成熟。虽然3D打印看起来是一种相对较新的技术,但研究人员和财力雄厚的制造商实际上已经使用3D打印技术30多年了。与计算机的普及类似,3D打印机在消费市场的引入一直很缓慢,因为传统上3D打印的硬件和软件极其昂贵和专业化,而且生产和维护成本很高,所以 3D 打印早期主要用于工业设计领域中的模具制造,以实现产品设计早期的可视化。3D 打印在 2010 年之后开始广泛地商业化。[1] 最近几年 3D 打印设备的便携性和 3D 打印数字模型文件的开源特性,[2]使任何个人在任何地方都可以使用,[3]随着技术"瓶颈"的突破和核心专利技术的陆续到期,3D 打印会更普遍地走入人们的日常生活,成为一种普遍的消费品,普通人利用 3D 打印技术将制造出绝大多数产品。

与传统 2D 打印机、电脑、视频记录和复印机等产品不同,3D 打印机能够使用各种材料制造有形产品。它们不仅可以复制产品,还可以生产新产品,这也使得知识产权纠纷将呈上升趋势。如果不妥善解决,这些纠纷将成为阻碍 3D 打印技术大规模推广的主要"瓶颈"之一。

一、3D 打印技术的发展和应用前景

(一)3D 打印技术的发展

早在 19 世纪 90 年代,3D 打印的前身——分层构造法就记载在布莱特的专利文献中。20 世纪初,贝斯的专利技术中描述了光敏聚合物制造技术,佩雷拉发明了在硬纸板上切割轮廓线然后粘结成地图的技术。在此以后的 50 年,出现了几百个 3D 打印技术专利。到 20 世纪末,3D 打印技术发展迅猛,1984 年,3D 系统公司(3D Systems)的查克·赫尔(Chuck Hull)意识到,用来将液态塑料硬化

---

〔1〕 参见卢宝锋:《3D 打印机,下一个大事件》,载《电子知识产权》2012 年第 11 期。

〔2〕 3D 打印社区主要使用开源 CAD 模型。CAD 设计模型的所有权属于第一个作者。CAD 文件的拥有者发布一个通用公共许可证,任何人都可以以非营利目的自由使用和修改 CAD 文件。这种灵活性促进了以用户为基础的 3D 打印世界的创新。Thingiverse 等就是存储和发布 CAD 文件的网站。

〔3〕 See Posie Aagaard, Michael A. Kolitsky, *3-D Printing, Copyright, and Fair Use: What Should We Know?*, Charleston Conference Proceedinngs, 2013, p. 470.

成胶合板的 UV 光,也可以用来蚀刻能形成 3D 物体的塑料层,在此基础上,他发明了第一台 3D 打印机,并不断改进。[1] 1993 年,麻省理工学院科研人员研发出"三维打印"技术并取得专利。2010 年之后,3D 打印技术不再局限于工业设计领域中的模具制造,开始广泛地商业化,并逐渐从《十二生肖》《钢铁侠 3》等电影虚拟世界走入人们的现实生活。自从 1992 年美国 3D 打印机制造商斯特塔西公司(Stratasys)卖出第一台商用 3D 打印机以来,历经 20 余年的发展,3D 打印已经成长为规模达数 10 亿美元的新兴产业,这主要归功于以下两个方面的重大变化。

首先,可打印材料的多样化使 3D 打印的应用领域被大大拓宽。这从 3D 打印知识的演化路径可见一斑。1990 ~ 1998 年,3D 打印领域的主要研究热点是 3D 模型制造、3D 打印材料、3D 打印系统等主题。1999 ~ 2002 年,3D 技术和材料的改造与创新受到关注,同时 3D 打印开始被应用于生物、医学等领域的模型制造。2003 ~ 2011 年,3D 打印技术被创造性地应用于生物、医学、材料、机械、工艺、制造模式、电子、航天、汽车等众多领域的模型和制造。2011 ~ 2014 年,研究者不再仅关注模型,而是开始对实物打印进行探索。[2] 目前 3D 打印材料包括钛、金、食物、细胞等,3D 打印已经广泛应用于食品药品、珠宝首饰、建筑、汽车、航空航天、工业设计、生物医学等诸多领域。统计数据表明,3D 打印目前应用在汽车制造、消费品及电子设备、生物医疗、工业设备以及航空航天等行业的比例依次为 21.8%、16.4%、18.6%、13.4%、10.2%,且主要应用于功能部件(28.1%)、组装装配(17.5%)、原型试验(11.3%)、金

---

[1] See Matthew Ponsford, Nick Glass, *The Night I Invented 3D Printing*, http://www.cnn.com/2014/02/13/tech/innovation/the-night-i-invented-3d-printing-chuck-hall/.

[2] 参见祝娜、王芳:《基于主题关联的知识演化路径识别研究——以 3D 打印领域为例》,载《图书情报工作》2016 年第 5 期。

属铸件(10.3%)的生产制造。[1] 例如,戴姆勒公司的汽车零部件制造、洛克希德·马丁公司的金属零部件制造、通用电气公司的航空发动机零部件制造、Organove 公司的"生物墨水"打印、波音公司和空客公司的特殊零部件制造,以及西门子公司的人工耳朵制造等。[2]

其次,随着技术"瓶颈"的突破和核心专利技术的陆续到期,3D 打印会更普遍地走入人们的日常生活。1999 年,由 3D 系统公司推出的 3D 打印(SLA 7000 型机)的价格高达 80 万美元。2009 年,熔融沉积成型技术(FDM)关键专利到期,消除了知识产权壁垒,桌面 3D 打印机开始步入家用市场并深受消费者喜爱。截至 2013 年,专业级的 3D 打印机的价格约为一万美元到几十万美元,价格昂贵,加之打印速度太过缓慢,不适合大规模生产,打印机的效用也受到限制,来自 3D 打印的产品在全球制造业中所占份额不足 0.01%。然而,3D 打印机的需求增长一直保持稳定,在 2010~2012 年短短两年时间内,3D 打印机的销量从 5978 台增加到 35,508 台,从这一显著增长的打印机销量中可以看出 3D 打印机的迅速普及趋势。[3] 2014 年 2 月,3D 打印中核心的激光烧结技术[4]部分专利到期,随后"热光固化""增材制造的装置和方法"等一系列专利陆续到期,再加上 3D 打印机制造商之间的竞争,导致 3D 打印机的价格呈现直线下降趋势 每台价格下降了 60%~70%,只需 300~400 美元就可以买到,低端 3D 打印机逐渐进

---

〔1〕 See Wohlers T., *Wohlers Report* 2012, *Addictive Manufacturing and 3D Printing State of Industry Annual Worldwide Progress Report*, Wohlers Associates, lnc., 2012.

〔2〕 参见苏秦、杨阳:《3D 打印颠覆性创新应用及商业模式研究》,载《科技进步与对策》2016 年第 1 期。

〔3〕 See James R. Hagerty, 5 *Reasons Not to Go Gaga over 3D Printing*, WALL ST. J.: CORP. INTELLIGENCE, http://blogs.wsj.com/corporateintelligence/2013/11/01/five-reasons-not-to-go-completely-gaga-over-3d-printing/.

〔4〕 激光烧结技术精度高、成型限制极少,被广泛应用于高端精密零部件制造等领域。

入零售市场。[1] 微软公司推出了一款新版本的3D摄像头,它小到可以置入iPad。一家初创公司甚至发起了一项Kickstarter众筹活动,为制造100美元的3D打印机和扫描仪筹措资金,如果成功的话,这将成为市场上最便宜的3D打印机,甚至可以在沃尔玛这样的超市销售,几乎每个人都能拥有。[2] 便宜的3D打印机和扫描仪、在线3D打印数字模型文件共享和帮助社区、简单的3D打印数字模型文件软件、多种颜色和材质的3D打印材料,将引发3D打印技术发展和应用的新高潮。

(二)3D打印技术的应用前景

3D打印大大缩减了产品研制时间和试错费用,具有成型快速、成本低廉及私人定制的优势,因此其被誉为"第三次技术革命的标志",被美国政府誉为与机器人、人工智能相并列的美国制造业的三大支柱之一。《哈佛大学法律评论》将3D打印列为未来十大颠覆性创新[3]之首。[4] 世界知识产权组织公布的《2015年世界知识产权报告》指出,随着全球新一轮数字化、智能化制造浪潮的来临,3D打印与纳米技术、机器人工程学一并构成驱动未来经济增长创新潜力的前沿技术。[5] 欧盟发布的《展望2020,欧盟研究与创新框架计

---

〔1〕《专利到期,潜在的3D打印技术爆发期?》,载个人图书馆网2017年3月17日,http://www.360doc.com/content/17/0317/19/32670666_637723872.shtml。

〔2〕 See Sarah Craig, *Protection for Printing: An Analysis of Copyright Protection for 3D Printing*, 2017 U. Ill. L. Rev., 2017, p. 307.

〔3〕 颠覆性创新(disruptive innovation)与维持性创新相对应,是由哈佛大学Christensen教授提出的科技管理创新理论。该理论关注非主流市场或产品的非主流性能方面的创新,及其所引起的对现有市场或在位企业的替代过程。

〔4〕 See Irene J. Petrick, T. W. Simpson, *3D Printing Disrupts Manufacturing*, Research Technology Management 56(6), 2013, p. 12 - 16.

〔5〕 See World Intellectual Property Organization, *World Intellectual Property Report 2015: Breakthrough Innovation and Economic Growth*, WIPO Nov. 12, 2015, http://www.Wipo.int/econ_stat/en/economics/wipr/.

划——展望 2020》、德国推出的《高技术战略 2020》、[1] 日本实施的“未来工厂”计划，都将 3D 打印作为实现制造业创新的重要目标。澳大利亚工业、创新和科学部部长克里斯托弗·派恩（Christopher Pyne）强调 3D 打印在澳大利亚制造业和材料科学中的关键作用，他指出，“制造业仍然是我国经济的关键驱动力，但随着工业格局的变化，该部门需要向更具创新性和经济可行性的技术过渡……金属 3D 打印等新兴技术大大提高了生产率，并有潜力将澳大利亚制造业扭转过来”。[2] 各国政府纷纷斥巨资支持 3D 打印的发展，如英国政府将投资 1530 万英镑创建国家级 3D 打印中心；新加坡科技研究局投资 1500 万美元建立发展 3D 打印技术计划，支持新加坡制造业发展。[3]

虽然目前还受到材质单一、[4] 精确度不足、[5] 无法大批量生产[6] 的限制，但 3D 打印逐渐产业化，市场潜力巨大。随着 3D 打印机应用普及到普通家庭，对于日常消费品，生产者与消费者身份将

---

[1] “工业 4.0”是德国政府在《高技术战略 2020》中提出的 10 个子项目之一，其核心是通过“信息物理网络”（Cyber Physical Systems，CPS）实现人、设备与产品的实时连通、相互识别和有效交流。通过“智能工厂”和“智能生产”实现人机互动，构建一个高度灵活的个性化和数字化的智能制度模式。3D 打印技术作为工业 4.0 中实现“智能生产”和“智能工厂”的重要路径，实现了信息流到物理实物的转变。参见李陶：《工业 4.0 背景下德国应对 3D 打印技术的法政策学分析——兼论我国对 3D 打印技术的法政策路径选择》，载《科技与法律》2015 年第 2 期。

[2] Christopher Pyne, *3D Printing Brings New Dimension to Australian Manufacturing*, (Nov. 19, 2015), http://minister. industry. gov. au/milisters/pyne/media-releases/3dprintin-brings-new-dimen sion-australian-manufacturing.

[3] 参见文静、张中敏：《3D 打印技术知识产权视域下的合理使用问题研究》，载《吉林工程技术师范学院学报》2016 年第 7 期。

[4] 打印材料一直是阻碍 3D 打印技术发展的一个重要问题。尽管目前已经开发出多种可以利用的 3D 打印材料，但是，仍需不断拓展种类。另外，一些材料的稳定性还需要提升，比如金属材料打印，因其熔点高，涉及固液相变等多个物理过程，打印时还存在稳定性不足的缺陷。

[5] 目前市场上的 3D 打印机的分辨率能够达到 600dpi。普通的 3D 打印机的精度基本上控制在 0. 3mm 以下，打印厚度只有 0. 01mm，已经能够满足普通打印对象的要求，但是，对于照相机镜头等高精密打印产品还远远不够。

[6] 目前 3D 垂直打印速率能够达到 25mm/h 的厚度，实现 24 位色彩的彩色打印。这样的速度距离实现快速批量生产的目标还相差很远。

会出现混同,3D打印“所打即所得”(What You Print Is What You Get)的行为模式将会取代传统的商品销售渠道和经营者。[1]

3D打印的“所打即所得”特性为其带来了广阔的应用空间。目前3D打印在传统产业领域主要应用于非量产零部件的制造和原件的设计试验。3D打印的个性化定制也使其在个人日常消费品领域具有广泛的前景,如首饰及艺术展示品、家居设备及办公配件、玩偶和迷你雕像等。2011年全球3D打印市场的规模为17.1亿美元,2012年增长了28.6%,并持续以年均20%~30%的速度高速成长。[2] 全球最具权威的3D打印行业研究机构沃勒斯合伙公司(Wohlers Associates)作出的《Wohlers Report 2021》指出,2020年全球3D打印市场规模达到了127.58亿美元。[3]

3D打印将改变制造业的生产方式及产业链的运作模式。因为3D打印的价值不仅在于技术本身,它还构建了一种将创意投入、众包流程以及市场销售网络整合起来的新型商业模式。任何个人计算机终端与3D打印机连起来都能够成为灵活的生产工厂,普通个人通过计算机等终端智能设备可以直接参与到产品设计和制造过程中来。目前,3D打印资源网络社区纷纷探索3D打印的商业模式。在Thingiverse和海盗湾3D打印社区,用户既可以上传、分享自己设计的产品模型,也可以下载他人设计的产品模型。Shapeways建立了由50台3D打印机组成的“未来工厂”,通过网络平台接受顾客的订单,完成打印后再交付给顾客。位于美国纽约的创意产品社会化电商Quirky通过社交媒体接收大众提交

---

〔1〕 参见孙益武:《3D打印商标使用与侵权认定法律问题研究》,载《中南大学学报(社会科学版)》2015年第5期。

〔2〕 参见蔡元臻:《3D打印冲击下专利间接侵权制度研究》,载《科技与法律》2014年第1期。

〔3〕 参见《3D打印市场规模和趋势预测报告:2021-2028》,载腾讯网,https://new.qq.com/rain/a/20211218A01O6K00。

的设计方案,筛选后进行生产和出售,方案被采纳的设计者将会得到一定数额的报酬。[1]

(三)我国 3D 打印技术的发展

1. 我国 3D 打印的战略地位

目前,3D 打印技术的创新主要集中在美国、德国、日本和中国。3D 打印在我国发展迅速,被寄予推动"中国制造 2025"和制造业转型升级的厚望。2012 年国务院发布的《"十二五"国家战略性新兴产业发展规划》,将智能制造装备产业、智能制造装备工程分列为重点发展方向和 20 项重大工程之一。2012 年 10 月 15 日,中国 3D 打印技术产业联盟在北京成立,3D 打印体验馆于 2013 年 1 月在北京 DRC 工业设计创意产业基地开业,该体验馆提供 3D 设计、3D 扫描、3D 数据存储等内容的全产业链服务。2013 年 4 月,3D 打印首次入选《国家高技术研究发展计划(863 计划)、国家科技支撑计划制造领域 2014 年度备选项目征集指南》。2013 年 9 月,在中共中央政治局以实施创新驱动发展战略为主题举行第九次集体学习期间,中央领导专门考察了中关村 3D 打印相关研发和生产企业。这表明,3D 打印正被提升到国家战略层面。为加快推动 3D 打印制造技术的研发和产业化,工业和信息化部正在酝酿顶层设计和统筹规划,准备制定支持 3D 打印产业发展的专项政策。[2] 2016 年国务院发布的《"十三五"国家战略性新兴产业发展规划》预计,未来 5 ~ 10 年,是全球新一轮科技革命和产业革命从蓄势待发到群体迸发的关键时期。增材制造(3D 打印)等领域技术不断取得重大突破,推动传统工业体系分化变革,将重塑制造业国际分工格局。该规划指出,打

---

〔1〕 参见苏秦、杨阳:《3D 打印颠覆性创新应用及商业模式研究》,载《科技进步与对策》2016 年第 1 期。

〔2〕 参见郑友德、王活涛:《论规制 3D 打印的法政策框架构建》,载《电子知识产权》2014 年第 5 期。

造增材制造产业链,搭建增材制造工艺技术研发平台,建立增材制造标准体系,在航空航天、医疗器械、交通设备、文化创意、个性化制造等领域大力推动增材制造技术应用,加快发展增材制造服务业。《"十二五"国家科技创新规划》又将3D打印列入"体现国家战略意图的重大科技项目"、重点发展的"智能绿色服务制造技术"和"引领产业变革的颠覆性技术"。[1] 2017年11月,国家发改委和工信部等部门联合发布的《增材制造产业发展行动计划(2017-2020年)》中提到,到2020年,增材制造产业年销售收入超过200亿元,年均增速在30%以上。关键核心技术达到国际同步发展水平,工艺装备基本满足行业应用需求。2020年2月,国家标准化管理委员会、工信部、科技部、教育部等六部门印发的《增材制造标准领航行动计划(2020-2022年)》中提出,到2022年,立足国情、对接国际的增材制造新型标准体系基本建立。此外,推动2~3项我国优势增材制造技术和标准制定为国际标准,增材制造国际标准转化率达到90%,增材制造标准国际竞争力不断提升。这将提升国内3D打印产业话语权,使国内技术、专利等知识价值在国际上产生更大的影响力,促进国内企业走向全球市场。2021年3月发布的《国民经济和社会发展第十四个五年规划和2035年远景目标纲要》中,明确了发展增材制造在制造业核心竞争力提升与智能制造技术发展方面的重要性,将增材制造作为未来规划发展的重点领域。各部委及地方政府发布了23份增材制造相关政策文件,将增材制造列入智能制造关键发展技术目录,大力扶持本土增材制造关键技术突破及应用推广,推动增材制造产业发展。[2] 2021年6月,国家市场监督管理总局发布了《2021年度实施企业标准"领跑者"重点领域》,其中涉及增材制造

---

[1] 《国务院关于印发"十三五"国家科技创新规划的通知》(国发〔2016〕43号)。

[2] 中国增材制造产业联盟:《2021年增材制造产业政策汇总》,载工业和信息化部装备工业发展中心网,http://www.miit-eidc.org.cn/art/2022/1/15/art_75_30163.html。

领域的主要产品为增材制造装备,属于通用设备制造业。

我国数字经济发展势头迅猛,为3D打印技术的迅速发展奠定了基础。截至2018年12月,我国网民规模达8.29亿人,互联网普及率为59.6%,网络用户规模达6.10亿人,网络视频用户规模为6.12亿。[1] 截至2021年6月,我国网民规模已达到10.11亿人,互联网普及率达到71.6%。2020年,中国数字经济规模达到39.2亿元,占GDP的38.6%;共享经济市场交易规模为33,773亿元。[2] 我国网络购物、视频、游戏、搜索等服务项目趋于成熟,已形成宏大的数字社会。3D打印的实质是数字制造,国家对5G、工业互联网等数字基础设施加速建设的趋势,会为3D打印产业的发展打下良好的市场基础。中商产业研究院发布的《中国3D打印行业市场前景及投资研究报告》显示,2018年中国3D打印市场规模为23.6亿元,[3] 2020年的市场规模达到203亿元,年均复合增长率达39.37%。[4]

国际数据公司(IDC)在其所发布的"全球半年度3D打印支出指南"中预测,中国将成为继美国(50亿美元)、西欧(36亿美元)之后的全球第三大3D打印支出总额最高地区。[5] 在2012年,中国的

---

〔1〕 参见中国互联网信息中心:《第43次中国互联网络发展状况统计报告(2018)》,载中华人民共和国国家互联网信息办公室网,http://www.cac.gov.cn/2019-02/28/c_1124175686.htm。

〔2〕 参见中国互联网络信息中心:《第48次中国互联网络发展状况统计报告(2021)》,载中国互联网络信息中心,http://www.cnnic.net.cn/hlwfzyj/hlwxzbg/hlwtjbg/202109/t20210915_71543.htm。

〔3〕 参见中商产业研究院:《2019年3D打印行业市场前景及投资研究报告》,载中商情报网2019年4月22日,http://wk.askci.com/details/2896399a4ee94151a707112cdd605d77/。

〔4〕 参见中商产业研究院:《2022年中国3D打印行业市场前景及投资研究报告》,载中商情报网,https://www.askci.com/news/chanye/20211103/1615531645726_3.shtml。

〔5〕 参见IDC:《今年全球3D打印支出将达到138亿美元》,载电子产品世界网,http://www.eepw.com.cn/article/201902/397407.htm,最后访问日期:2019年2月3日。

专利总申请量排名第一,但与美国和欧洲的同族专利[1]申请量差距还不太明显;从2013年开始,中国就超越美、欧,成为3D打印技术最重要的市场。[2] 2012~2020年,中国与美国3D打印专利申请数量遥遥领先。作为全球3D打印第一大技术来源国的美国,3D打印专利申请量达到141,209项,占全球3D打印专利总申请量的35.81%。中国紧随其后,我国3D打印专利申请量占全球3D打印专利总申请量的25.52%。2012年以前美国3D打印专利申请量在中国之上,但是在2013年后被中国反超。2020年,中国3D打印专利申请量为18,372项,美国3D打印专利申请量下降至6332项。[3]

2. 我国3D打印的发展阶段——技术研发到市场过渡

国外3D打印技术日趋成熟,行业发展开始从技术转向市场,我国的3D打印尚处于技术研发到市场的过渡阶段,高校和研究院所正逐渐将其资源商业化并孵化出企业,如依托于清华大学的北京太尔时代科技有限公司和北京隆源公司,依托于西安交通大学的陕西恒通智能机器有限公司和青岛合创快速制造技术有限公司,依托于华中科技大学的武汉滨湖机电技术产业有限公司等。

我国3D打印产业目前还偏重于打印材料和设备等硬件领域,缺乏在数据建模和创意设计方面的自我创新能力,极易引发知识产权纠纷。随着一系列核心专利的陆续到期,大批企业进入了门槛较低的民用3D打印设备市场,如今价格较低廉的桌面级3D打印设备

〔1〕 同族专利(patent family),是拥有一个或多个共同优先权专利的一系列不同国家的专利组成的专利簇。

〔2〕 参见钱越等:《基于专利文献的技术商业化潜力研究——以3D打印技术为例》,载《情报杂志》2016年第10期。

〔3〕 参见前瞻产业研究院:《2021年全球3D打印技术市场竞争格局分析 市场集中度不高且呈现下降趋势》,载前瞻产业研究院网2022年4月3日,https://baijiahao.baidu.com/s?id=1711127587706524879&wfr=spider&for=pc。

厂商数量已经远远超过工业级厂商。[1] 家庭3D打印机的普及,将使分散化的侵权纠纷呈上升趋势,这将阻碍3D打印技术的大规模推广。我国要实施创新驱动发展战略,在以3D打印为标志的“第三次技术革命”中占有主动权,就需要加大3D打印技术的自主创新能力,以及对3D打印纠纷知识产权侵权的防范能力。

二、3D打印技术的原理和特征

(一)3D打印技术的原理

1. 3D打印技术的类型

3D打印是运用快速成型技术,将数字模型转换成有形的三维实体的制造过程,分为建模(Modeling)与打印(Printing)两个阶段。它通常以数字模型文件为基础,将塑料粉末状、金属、聚合物或蜡等可粘合材料,通过逐层打印的方式构造三维物体。在过去的30多年中,它历经了一个由简单到复杂的发展过程——由制造模型逐渐发展为直接制造产品,尤其是2010年以来发展迅速,广泛运用于多个领域,除日常消费品外,还应用于工程和施工(AEC)、建筑、医疗产业、航空航天(零部件)、汽车等其他领域。

3D打印技术大致可分为以下两类技术。

第一类是喷射类技术。其主要方法是以喷嘴的方式将3D打印素材加以层积,该类技术又分为熔融沉积成型技术和三维粉末黏结技术。熔融沉积成型技术通常采用液体、胶状物或粉末状原材料,通过打印头对原材料的注射或放置,以沉积原材料层的方式实现物体的制造。三维粉末黏结技术的原材料通常为粉末或光敏聚合物,在打印过程中以激光或黏合剂来实现材料的黏合,从而完

[1] 参见钱越等:《基于专利文献的技术商业化潜力研究——以3D打印技术为例》,载《情报杂志》2016年第10期。

成制造。[1]

第二类是镭射类技术。其主要方法是以镭射光照射于 3D 打印素材使其硬化、烧结或融合从而达到制造目的,该类技术主要又分为立体光刻技术、选择性镭射烧结技术和选择性镭射融化技术等。[2]

2. 3D 打印方法和打印流程

3D 打印技术与普通打印机的工作原理类似。从功能上来说,3D 打印机只是增加了额外的高度,将传统的墨粉和纸张等打印耗材替换成树脂、塑料、金属等实物粉末等。因此,当一个 2D 打印机可以在一张纸上画一个正方形时,3D 打印机便可以通过将正方形从平面上挤出来创建一个立方体。三维设计师通常以立体成像或标准镶嵌语言(Standard Tessellation Language,STL)格式设计模型。这种计算机文件格式将一个 3D 模型分解成小颗粒以描述模型的形状,然后将模型切成许多片,每一片代表模型的一个横截面。然后,将这些数据发送到 3D 打印机上,打印机逐一打印这些切片,每片都位于前一层上面,将耗材层层叠加、粘合,从而将计算机中的 3D 数字模型转变为三维实物。

目前,广泛使用的打印工艺有熔融沉积成型技术、颗粒打印技术(Granular printing)、叠层打印技术(lamination printing)和光固化打印技术(stereolithography)等。每种打印方法的侧重各有不同。例如,熔融沉积成型技术仅限于塑料或小型金属部件,如电话箱或钱夹。相比之下,颗粒打印技术可用于制造更大的复杂金属部件,如喷气发动机部件或汽车轮胎轮毂。层叠打印技术能够更快捷地

---

〔1〕 参见[美]胡迪·利普森、[美]梅尔芭·库曼:《3D 打印:从想象到现实》,赛迪研究院专家组译,中信出版社 2013 年版,第 76 页。

〔2〕 参见曹阳:《个性化 3D 打印技术知识产权问题研究》,载《上海政法学院学报(法治论丛)》2016 年第 1 期。

制造简单的实物,并且使用的材料更便宜。光固化打印技术适用于精度要求高的领域,成品有非常好的表面质量。这几种打印方法对公众来说最常见,因此也是最易侵犯知识产权的打印方法。这几种打印方法相结合可以制造出各种各样的打印物品,从而扩大了可能的知识产权侵权范围。[1]

以颗粒打印为例,3D 打印流程大体如下。

首先,通过计算机辅助设计软件构建可打印物体的表面几何图形,或通过 3D 扫描生成 VRML2 或者 WRL3 文件,再转换成打印机可识别的标准文件格式 STL,[2]然后通过计算机程序再将三维模型"分区"成可供打印的若干薄层截面,厚度依所用材料类型而有所不同。3D 打印材料是一种热聚合物粉末或金属粉末,打印盒通常加温到原材料熔点 10℃以下,以确保所用的激光加热粉末快速融化。

其次,移动 3D 打印机杠杆臂上的叶片使一层粉末均匀地分布在打印盒里的工件表面,接着 200 瓦左右的激光在该表面上来回扫描,将粉末熔入第一层的形状里。

最后,叠层制造中心(Centre for Additive Layer Manufacturing, CALM)根据该层的厚度将该工件表面下降,使用电子束将 0.1 毫米的聚合物及 30 微米的金属粉末迅速熔解,分布在该层表面;如此层层进行,对薄层进行叠加并粘合,形成一个三维实物。再对较为粗糙的表面进一步加工,从而制作出任何形状的成品。[3]

以上 3D 打印过程显示,3D 打印采用将打印材料通过逐层堆积

---

〔1〕 See Frank Ward, *Parents & 3D Printing: Protecting the Democratization of Manufacturing by Combining Existing Intellectual Property Protections*, 25 DePaul J. Art Tech. & Intell. Prop. L., 2014, p. 91.

〔2〕 STL 文件是 3D 打印领域的标准文件格式。3D 打印机都可以接收 STL 文件格式进行打印,导出或保存 STL 文件后,所有表面曲线都会被取代并转换成网格。网格由一系列的三角形组成,代表设计原型中的精确的几何含义。参见宋闯、贾乔编著:《3D 打印:建模·打印·上色实现与技巧》,机械工业出版社 2015 年版,第 208 页。

〔3〕 参见马忠法:《3D 打印中的知识产权问题》,载《电子知识产权》2014 年第 5 期。

的方式制造三维物体的。正如有学者所言,“3D 打印是一个具有欺骗性的名词”,实质是以“打印”之名行“制造”之实。[1] 3D 打印有如“数字转化器”,其可将原本虚拟的数字模型转化到现实世界中来。

3. 3D 打印的模式

3D 打印文件是一种使用“. STL 格式”的数字设计模型,它通常由 CAD 设计文件转换获得。CAD 设计文件一般有 DWG、DXF、HPGL、SVG 和 CG 等多种不同的格式,但这些格式最终通常要转换成 STL 格式的文件才能被 3D 打印机识别。STL 文件有明码和二进制两种格式,STL 格式是 3D 打印机支持的最常见的标准文件格式。它用虚拟网格描述设计对象的表面,每一个网格都包含着物体对应部分的形状信息。一个设计合理的虚拟网格表面应该是封闭连贯的,并且可以把设计对象的表面曲线和内部镂空全部精确完整地覆盖。如果在格式转换中未对虚拟网格表面处理完全,可能会导致打印不能或打印出错而白白浪费打印材料。在对设计对象完成表面虚拟网格的封装之后,打印机的固件识别读取 STL 文件,并将虚拟网格表面按照设定的分辨率分为若干个部分内容,每个部分内容将对应每一层的打印工作,在每一层打印之前,需要先对该层轮廓进行跟踪,然后再进行内部轮廓的填充工序。[2]

3D 打印文件包含了 3D 打印所需的三维数据和实物细节特征。无论采取哪种方式打印,获取 3D 打印数字模型文件都是一个关键的步骤。3D 打印数字模型本质上是真实世界物理实体的三维计算机表示。它们可以使用 Auto Cad 或 3ds Max 等电脑绘图软件设计,

---

〔1〕 参见陈仲伯、曾艺:《3D 打印时代专利侵权判定的思考》,载《发明与创新 · 大科技》2013 年第 11 期。

〔2〕 参见[美]胡迪 · 利普森、[美]梅尔芭 · 库曼:《3D 打印:从想象到现实》,赛迪研究院专家组译,中信出版社 2013 年版,第 86 ~ 88 页。

也可以通过3D扫描实物生成,还可以通过各种途径从互联网上直接获取。目前有许多3D打印数字模型文件在网络上共享,Thingiverse和Shapeways是用户上传和共享这些模型的主要平台。其中Shapeways除允许用户上传和共享3D打印数字模型文件之外,还提供3D打印服务。个人可以使用Shapeways的3D打印机打印自己需要的产品。[1]

具体而言,3D打印模式有以下三种。

第一,从立体到立体的打印。通过3D扫描仪对立体物品进行扫描,获取原物几何构造与外观数据后,将这些点云数据[2]进行三维重建计算,从而得到该实物的数字模型。点云数据越密集,创建出的模型越精确。扫描技术还可以获取实物外表的颜色,通过材料印射,在重建实物的表面粘贴材质贴图,以达到更逼真的还原度。点云数据本身作为实物的参数存储形式,并非著作权法保护的客体,只是被扫描作品的数字化方式。打印物与原物品之间为一一对应的紧密关系。现有技术水平下,已经能够通过全尺寸打印、分段组装式打印或群组机器人集体打印装配等方式满足大型制造的需求。例如,很多公共机构和博物馆使用3D扫描仪对馆藏品进行扫描并打印,以使游客可以零距离接触,尤其视力受损的游客,可以让他们真切感受历史的魅力。[3]

第二,从平面到立体的打印。该种打印可将设计图或照片等平面源文件打印成立体物品。要打印出逼真的实物,则图像必须清

---

〔1〕 *How Shapeways 3D Printing Works*, SHAPEWAYS (Oct. 10, 2016), http://www.shapeways.com/howshapeways-works?li = footer.

〔2〕 被扫描物品的表面按扫描分辨率的大小均匀分为若干个部分,每个部分以一个包含对应三维坐标的点来确定。这种在物体表面覆盖若干个数据点来记录物体信息的方式叫作“点云法”,这些记录物体几何构造与外观的数据叫作点云数据。

〔3〕 参见宗保晖:《可以复制的历史——3D打印在博物馆行业的应用》,载《3D打印世界》2015年第2期。

晰、分辨率较高。例如，某公司根据HBO系列剧《权力的游戏》(Game of Thrones)这一热播电视节目，独自研制和打印出剧中的iPhone底座。

第三，从文字到立体的打印。通常情况下，用于3D打印的文字源文件有描述性文字与参数信息两种形式。这两种形式均包含了3D打印所必需的三维数据和实物细节特征。例如，2013年，美国艺术家迈克尔·里斯(Michael Rees)和理查德·杜庞(Richard Dupont)运用CAD软件设计和打印了一系列3D雕塑，并将其置于纽约曼哈顿哥伦布环(columbus circle)街头。

从3D打印原理可知，3D打印作品大多需要经历扫描与打印两个步骤，而这两个步骤都有侵犯知识产权的风险。

（二）3D打印技术的优势

传统制造方法针对铸件、锻件或其他原材料，使用多种加工方法去除多余部分产出最终成品。例如，在加工过程中，把一块金属制成成品需要通过一系列的钻孔或打磨过程。首先，要选择比成品大的原材料；其次，用机器切割出零件的粗糙形状；最后，通过精细切割产出最终的形式。在加工过程中，初始材料可能损失相当大的部分，在此意义上，传统加工过程也被称为“减材制造”过程。[1] 与传统的“减材制造技术”相比，3D打印是从无到有的“增材制造”过程，其具有如下几个显著的优势。

第一，3D打印节省原材料。相比于传统加工方式需要远大于成品的原材料，3D打印仅需与制作零部件相等的材料。比如，按照传统制造方式生产一个汽车轴承需耗费3千克金属，而使用3D打

[1] See Frank Ward, *Parents & 3D Printing: Protecting the Democratization of Manufacturing by Combining Existing Intellectual Property Protections*, 25 DePaul J. Art Tech. & Intell. Prop. L., 2014, p. 91.

印的方式只耗费 1 千克金属,基本没有废料。[1] 使用传统的加工方法,原材料的形状和加工过程必须经过仔细的选择。如果原材料的形状选择错误,可能导致最后没有足够的材料完成零件制作。如果加工过程不适当或加工步骤错误,成品可能无法使用。例如,在后的削减程序可能会破坏较早的削减成果,即使是几乎全自动的机器也同样会遭遇这类问题。

第二,3D 打印节省了依传统技术需要制造模具的环节,减少了初始加工成本和投资,可以在制造过程中减少浪费,节省大量的时间,提高了生产效率。3D 打印具有颠覆传统制造业的潜力,大大缩短了传统生产工艺所需的时间和成本,包括原型和模具制造、铣削、车床、装配和运输等。3D 打印虽然缺乏传统制造的大批量生产能力,但其大规模定制为产品的开发和制造提供了新的维度。使用 3D 打印机,通常只需制造零部件所必需的材料,可以在几个小时内制作完成或接近完成零部件。相比之下,使用传统的加工方法,制造商必须购买制造每个部件所需的设备或工具,其中大部分设备或工具只适用于该类零件,不具有重复使用价值。在加工过程中要去除大量原材料,每一个步骤都需要花费数小时,整个制造过程比用 3D 打印生产相同部件所需的时间要长得多,所耗费的材料也多得多。例如,按照传统的制造方式生产一个汽车轴承需耗时约 84 小时,而使用 3D 打印的方式仅耗时约 24 小时。[2] 又如,上海张江高新青浦园区通过一台大型的 3D 打印机制成 10 幢 200 平方米的小屋作为当地动迁工程的办公用房,整个建筑过程仅花费 24 小时,而且建筑成本至少降低 50%。[3]

---

[1] 参见黄亮:《3D 打印著作权问题探讨》,载《现代出版》2015 年第 2 期。

[2] 参见黄亮:《3D 打印著作权问题探讨》,载《现代出版》2015 年第 2 期。

[3] 参见《上海 10 幢 3D 打印建筑交付使用　建造过程仅 24 个小时》,载 TONGJIE 网,http://nanchong.tongjie.cn/SmartContent/719299.html?_iw_=%E9%80%9A%E6%B4%81%E5%85%AC%E5%8F%B8,最后访问日期:2022 年 9 月 11 日。

第三,3D 打印可以制造出传统方法无法制造或制作成本太高的零件。依传统的制造方法,结构复杂的物体制造程序繁杂,甚至难以完成或难以达到精确程度。比如,在铸件内部制造空隙是非常困难的,因为在材料冷却之前,模具的一部分必须保持在材料内部。一旦材料冷却,模件必须从零件上拆卸下来。这一过程好比用牙签在水里挖个洞,在水结冰后把牙签去掉。因此,铸件内部的空隙很难精确制作。相比之下,使用 3D 打印,可以在每一打印层中留出部分空白,最后层层累积形成完整的空隙。这一过程类似于在每张纸上打孔,然后将这些孔排列在一起,形成一个管状的空隙。[1] 此外,利用 3D 打印还可以生产出传统制造业难以生产的缩尺模型(Scale Model)。[2] 可见,无论物体模型结构多么复杂,都可以通过 3D 建模和打印轻松地制造出来,使人们的设计想法不再受制于制造能力而难以实现。

第四,3D 打印不需要特殊技能。在 3D 打印技术作为一种消费品普及之前,绝大多数的传统产品制造都超出了普通人掌握的技能和经济实力,通常只有企业才能负担得起制造产品所需的昂贵设备和复杂工艺。业余爱好者最多可能拥有锯子、磨或者车床等,利用这些设备很难制造出具有合理精确度的复杂形状。相比之下,使用 3D 打印机,操作员只需要将合适的文件加载到打印机上,并启动打印程序即可打印出任何复杂形状的产品。一些新款打印机甚至自带 3D 扫描仪,这使操作员能够切实"复印"一个三维物体。[3] 虽然

---

〔1〕 See Frank, Ward, *Parents & 3D Printing: Protecting the Democratization of Manufacturing by Combining Existing Intellectual Property Protections*, 25 DePaul J. Art Tech. & Intell. Prop. L., 2014, p. 91.

〔2〕 缩尺模型,也称为小比例模型,一般比真实物体小。

〔3〕 See Eric Mack, *Up Close with Zeus, the First Consumer all-in-one 3D Printer, Scanner, and Fax*, GIZMAG (Jun. 2, 2014), http://www.gizmag.com/aio-roboticszeus-3d-printer-scanner/32360/.

产品设计听起来有点晦涩难懂和过于专业，但在最近几年，设计过程大大简化，用户可以通过 3D CAD 软件轻松地绘制出以前只能手工绘制的线条和形状。受制于昂贵的软件许可证的限制，以前只有在大型企业研发部门或实验室的计算机上才能安装这种设计软件，而目前用于设计的软件变得很容易访问，可以说，任何有网络的地方都可以下载 3D CAD 软件。[1] 比如，2006 年以来，谷歌提供了自己的 3D CAD 软件 SketchUp，该软件针对"DIY 爱好者——真正想制造 3D 模型的业余爱好者"完全免费。[2]

第五，3D 打印可以满足大规模定制的需求，并可以去库存。传统制造方法侧重于同种商品的大批量制造，依靠规模经济降低制造成本并提高商品质量。制造商必须预测预期市场需求和不合格产品的数量，这种方法会导致产品过剩或短缺。如果等待客户下单再按需生产，又会因制造过程漫长导致交货延迟。3D 打印可以把准备时间减少到几乎忽略不计，按需制造，满足私人定制的需求，并免去库存。另外，3D 打印可以将诸多零部件做成一个整体。众所周知，一个产品的零部件越多，它所耗费的资源就越多，产品的供应链也越长，产品的库存也越大。3D 打印独特的制造工艺，能够将诸多零部件通过一次打印完成，减少零部件运输和装配过程，以数字化库存代替实体库存，使供应链更加绿色环保。例如，波音公司发现，一个导管过去要由 20 个不同组件组装而成，现在可以使用 3D 打印技术打印一个完整的导管，省去了组装过程，并且只需存储图纸，按需打印零部件，这样可以有效减少存储空间，大大降低成本和管理

〔1〕 See Alan Fu, *Copyright Serverability: The Hurdle between 3D-Printing and Mass Crowdsourced Innovation*, 15 Duke L. & Tech. Rev., 2017, p. 84.

〔2〕 See Brad Schell, *A Great Day for* 3D, Google Official Blog (Apr. 27, 2006), https://googleblog.blogspot.com/2006/04/great-day-for-3d.html.

开销。[1]

围绕3D打印数字模型文件的制作和共享已经发展出一个完整的在线社区。3D打印爱好者设计的产品已经开始在网络市场上销售。Etsy就是一个专注于手工制品的在线市场,专门出售由店主自己设计和制造的3D打印产品。专注于3D打印的Shapeways,除像Etsy一样为用户创造一个销售自己设计的打印产品的市场之外,它还为用户提供3D打印服务,可以根据用户上传的设计文件打印出实物,类似一个3D产品的复制商店。[2]

三、3D打印引发的知识产权典型纠纷

3D打印在许多领域发挥了重要作用,消除了加工制造的技术门槛,使业余操作者在家里也可以便利使用,促进了创新和进步。3D打印对制造业的主要贡献在于使个人用户充当制造商的角色,可以取代大规模批量生产的经济模式。这将消除批量生产的固有成本,如送货费、零售商的加价和批发商的加价等。[3]"3D打印技术的进步正在引发一场工业反革命",[4]3D打印除涉及经济价值外,还可能关涉伦理道德、国防安全、环境保护、知识共享与知识产权保护等诸多方面,尤其与知识产权保护制度关系密切。这项技术将会影响知识产权所有者的权利,尤其是"那些产品受到版权和商标保护的公司"和"产品或关键部件非常简单,可以被3D打印出来

---

[1] 参见[美]胡迪·利普森、[美]梅尔曼·库曼:《3D打印:从想象到现实》,赛迪研究院专家组译,中信出版社2013年版,第221页。

[2] See Alan Fu, *Copyright Serverability: The Hurdle between 3D-Printing and Mass Crowdsourced Innovation*, 15 Duke L. & Tech. Rev., 2017, p. 84.

[3] See Peter Twomey, *A New Dimension to Intellectual Property Infringement: An Evaluation of the Intellectual Property Issues Associated with 3D Printing*, 17 Trinity C. L. Rev., 2014, p. 17.

[4] Deven Desai, Gerard Magliocca, *Patents, Meet Napster: 3D Printing and the Digitization of Things*, 102 Geo. L. J., 2014, p. 1691.

的专利持有者”。[1]

3D 打印使消费者无须借助商业造假者就可以便宜地获得假冒商品，从而增加了知识产权侵权的潜在风险。3D 打印数字模型文件和消费者级 3D 打印机的引入，与 20 年前 MP3 文件的开发极其相似。在 MP3 文件出现之前，音乐产业的知识产权侵权成本非常高，只有制造商具备严重侵犯知识产权的能力，而普通消费者通常不具备侵权的能力。与音乐行业的情况类似，3D 打印技术使产品制造从竞争模式转变为一种准非竞争性模式。[2] 虽然最终的打印物品是竞争性的，但打印该物品的 3D 数字模型文件是非竞争性的。目前的知识产权法律制度是基于规模经济制造模式的理念展开的，如果 3D 打印在消费者层面真正发挥作用，则传统的商业假冒市场将转变为分散的非商业性假冒行为，这可能引发大量的分散的知识产权侵权行为，而现行的法律框架将难以应对。[3] 之所以目前涉 3D 打印的知识产权侵权纠纷案件很少起诉到法院，是因为大部分网站的所有者遵守了“避风港规则”，接到移除通知后及时删除了侵权作品，避免诉诸法院。例如，托马斯·瓦伦特（Thomas Valenty）使用 3D 打印机创建了桌面游戏“战锤 40000”中的迷你战斗坦克的 3D 打印数字模型文件，并将其贴在 Thingiverse 上供用户免费下载。拥有坦克版权的英国公司向该网站发送移除通知后，网站立即删除了该 3D 打印数字模型文件。[4]

---

〔1〕 Lucas S. Osborn, *Regulating Three-Dimensional Printing: The Converging Worlds of Bits and Atoms*, 51 San Diego L. Rev., 2014, p. 553, 610 - 611.

〔2〕 See Peter Twomey, *A New Dimension to Intellectual Property Infringement: An Evaluation of the Intellectual Property Issues Associated with 3D Printing*, 17 Trinity C. L. Rev., 2014, p. 16.

〔3〕 See Ben Depoorter, *The Legal Dimension of 3D Printing: Intellectual Property Infringements & 3D Printing: Decentralized Piracy*, Hastings Law Journal 65, 2014, p. 1483.

〔4〕 See Clive Thompson, *3D Printing's Forthcoming Legal Morass*, WIRED (May 31, 2012), http://www.wired.co.uk/news/archive/2012-05/31/3dprinting-copyright.

(一)艺术家索萨所涉的两起3D打印纠纷

政治艺术家和制造商费尔南多·索萨(Fernando Sosa)以“政治雕刻家”的身份出名,其长期对各种流行文化形式进行戏仿和讽刺。他是3D打印爱好者,常在Shapeways上出售他设计的3D打印雕像。

1. HBO系列剧《权力的游戏》中iPhone底座侵权纠纷

《权力的游戏》是一部以中世纪史诗为题材的奇幻电视连续剧,2011年4月在美国有线电视网络媒体公司HBO电视网播出之后深受观众好评,剧中由多把宝剑组成的标志性王座给观众留下了深刻的印象。3D打印艺术家索萨采用3D打印技术以《权力的游戏》中的王座为主体设计制作了一个iPhone底座,并在网站上出售。尽管这个“铁王座”仍处于预定阶段,但是HBO电视网以其拥有该剧所有角色和物体的版权为由,向索萨发出一封勒令停止信,要求索萨立即停止通过3D打印机打印该王座的复制品。HBO电视网在信中写道:“我们感激你对此系列剧的喜爱,它似乎激发了你的创作灵感。同时我们也担心你的铁王座手机底座会侵犯HBO的铁王座版权。”[1]在索萨询问有关版权许可的问题时,HBO电视网以iPhone底座已经授权许可给其他人为借口回绝了。

2. 左鲨鱼模型纠纷

仅在iPhone底座纠纷两年后,索萨又制造了可3D打印的“左鲨鱼”(Left Shark)CAD模型,并在3D打印网站Shapeways上发布。

在2015年NFL超级碗(NFL Super Bowl)比赛中场休息时,流行歌手凯蒂·佩里(Katy Perry)演唱了一系列热门歌曲。在她表演歌唱时,穿着鲨鱼服装的伴舞演员布莱恩·高(Bryan Gaw)出尽了

---

〔1〕 Nathan Hurst, *HBO Blocks 3-D Printed Games of Thrones iPhone Dock*, WIRED (Feb. 13,2013), http://www.wired.com/2013/02/got-hbo-cease-and-desist.

风头。当右侧着鲨鱼装的演员按照剧本中规中矩地表演舞蹈时,左侧着鲨鱼装的布莱恩·高则即兴表演,广受观众好评,继而名声大噪。"左鲨鱼"也成了网络热词。

索萨制作了左鲨鱼的 3D CAD 数字文件,并在 Shapeways 上发布,粉丝们可以自由下载文件并打印出左鲨鱼小摆件。凯蒂·佩里的律师致信 Shapeways 要求其撤下左鲨鱼 3D CAD 数字文件,信中说,"根据《美国版权法》第 17 条第 106 款的规定,你方未经授权展示和销售本产品的行为在许多方面侵犯了我方客户的独家权利,包括但不限于,侵犯我方客户的独家复制、展示和发布其版权图像的权利"。律师威胁要采取法律行动追偿损失,左鲨鱼 3D CAD 数字文件的免费下载活动一度被迫停止。[1]

Shapeways 的律师迈克尔·温伯格(Michael Weinberg)对凯蒂·佩里的律师所发表的版权声明表示质疑,并得到纽约大学克里斯托弗·斯普里曼(Christopher Sprigman)教授的支持。对左鲨鱼版权声明的质疑主要集中在两个方面:一方面,美国联邦法院和版权局已经明确表示,服装通常不受版权保护。左鲨鱼服装作为实用物品,是否满足实用艺术作品的可分离性原则有待论证。另一方面,对凯蒂·佩里的版权主体身份表示怀疑。凯蒂·佩里对 NFL 超级碗中场秀的表演内容并没有控制权,NFL 超级碗才享有控制权。所以,即便左鲨鱼服装受版权保护,她也不太可能作为版权所有者追究他人的侵权责任。基于这两个不确定因素,最后,Shapeways 恢复了展示索萨设计的左鲨鱼 3D CAD 数字文件。[2]

索萨没有被这些版权纠纷吓倒。他在自己的网站上除继续提

---

〔1〕 See Signe Brewster, *Katy Perry's Lawyers Demand Taken Down of 3D Printable Left Shark*, GIGAOM, https://gigaom. com/2015/02/05/katy-perryslawyers-demand-takedown-of-3d-printable-left-shark/.

〔2〕 See Matthew Rimmer, *The Maker Movement: Copyright Law, Remix Culture and 3D Printing*, 41 U. W. Austl. L. Rev. ,2017,p. 55 – 58.

供传统的左鲨鱼3D CAD数字文件之外，还提供了“醉鲨鱼”、“粉红醉鲨鱼”和“个性定制左鲨鱼”等各种版本的鲨鱼3D CAD数字文件。显然，索萨渴望在广泛而灵活的合理使用制度及言论自由这一宪法权利的保护下享受自己的权利和自由。[1]

(二)卢卡斯电影公司诉安斯沃思案

在卢卡斯电影公司诉安斯沃思案(Lucasfilm Ltd. v. Ainsworth)中，安斯沃思使用设计软件制作出了由卢卡斯电影公司出品的电影《星球大战：帝国反击战》中的人物的冲锋头盔的数字模型，并利用3D打印机进行批量生产并出售。英国法院根据《1988年版权、外观设计和专利法案》(CDPA)认为，该案中的“头盔”和“盔甲”的主要功能是实用性，不具备“被视为视觉事物的内在品质”，缺乏具有“艺术目的”的必要特征，不属于雕塑作品，不应当受版权法保护。[2] 但是，此前卢卡斯电影公司在美国指控安斯沃思侵犯《星球大战：帝国反击战》服装版权的诉讼已获胜，并获赔1000万美元。[3]

该案在不同法域的判决结果不同缘于美国、欧盟及其他司法管辖区在版权法上存在的差异。3D打印数字模型文件的发布、共享和下载都离不开互联网，因此，3D打印与互联网一样，是一种跨国现象，这给一个司法辖区的法律的有效执行带来了问题，也使3D打印遭遇巨大的障碍和困境。[4]

(三)彭罗斯不可能三角形纠纷案

2011年，荷兰设计师施万尼茨(Schwanitz)在网上发布了一段

---

〔1〕 See Matthew Rimmer, *The Maker Movement: Copyright Law, Remix Culture and 3D Printing*, 41 U. W. Austl. L. Rev., 2017, p. 59.

〔2〕 Lucasfilm, Ltd. v. Ainsworth. UKSC 39. 2011.

〔3〕《〈星球大战〉导演把道具设计师告上法庭》，载CCTV央视网，http://news.cctv.com/performance/20080409/100222.shtml。

〔4〕 See Angela Daly, *Socio-Legal Aspects of the 3D Printing Revolution*, Palgrave Macmillan Press, 2016, p. 3.

可打印彭罗斯三角形光幻觉作品的视频，并称该作品可在 Shapeways 购买。Shapeways 的实习生采用反向工程技术制作出了该产品的 3D 数字模型及文件，并上传到 Thingiverse 供用户免费下载。Thingiverse 的一个用户下载了该文件并进行修改，然后再一次上传到 Thingiverse 上发布。施万尼茨认为这两个设计文件侵犯了他的创作版权，并提起第一例涉及 3D 打印纠纷的诉讼，要求 Thingiverse 撤掉这些侵权文件，而后 Thingiverse 马上删除了这些设计文件。但是，施万尼茨没有明确他是在维护彭罗斯不可能三角形产品结构本身，还是该三角形的 3D CAD 数字文件，抑或该三角形的图像的版权。[1] 施万尼茨本人并没有发布彭罗斯不可能三角形的 3D CAD 数字文件，也不能确定他的创作是否享有有效的版权。最终，施万尼茨放弃了诉讼，并将设计发布到公共领域。[2]

(四) 米开朗基罗塑像纠纷案

杰里·费舍(Jerry Fisher)是一位 3D 打印爱好者，他对陈列在奥古斯塔纳学院(Augustana College)校园里的一座米开朗基罗作品“摩西塑像”拍摄了上千张照片之后，他利用这些照片生成了该塑像的高品质的 3D 数字模型，并在社交媒体上贴出了建模进展的各种截图，最后把自己完成的“摩西塑像”3D 数字模型上传到 Twitter、谷歌和 Thingiverse 等社交媒体网站上。奥古斯塔纳学院的代表认为费舍的行为既没有经过学院许可，也没有经过雕像的捐赠者或设计者许可，要求他马上删除已经上传的数字模型，并负责联系已经下载该 3D 数字模型的用户，要求他们删除它。费舍的支持者公共知识组织的迈克尔·温伯格(Michael Weinberg)认为，学院没有合法

[1] See Brian Rideout, *Printing the Impossible Triangle: The Copyright Implications of Three-Dimensional Printing*, 5 J. Bus. Entrepreneurship & L., 2011, p. 161, 166.

[2] See Cory Doctorow, *3D Printing's First Copyright Complaint Goes Away, but Things Are Just Getting Started*, BOING BOING, http://boingboing.net/2011/02/21/3d-printings-first-chtml.

的权利和依据主张费舍的行为侵权,因为该雕像创作于 16 世纪初期,其作者米开朗基罗早已于 450 年前去世,所以他的所有作品都超出了版权保护期,甚至在米开朗基罗生前版权还不存在,因此任何人都可以不经许可利用该雕像。况且,陈列于该学院的雕像只是创作于 20 世纪 70 年代的复制品,原件不受版权保护,该复制件也不应受版权保护。[1]

诸如此类,还有“丁丁卡通月球火箭”纠纷等。姆兰萨尔(Moulinsart)对《丁丁历险记》系列冒险故事拥有版权。和其他拥有版权的公司一样,姆兰萨尔一直密切监视侵犯其知识产权的行为。在 2013 年,他向 Thingiverse 发送要求删除通知,要求其从网络上移除“丁丁的卡通月球火箭”的 3D 打印数字模型文件。虽然当时国内还没有发生 3D 打印引发的知识产权纠纷,但是 3D 打印行为已渐趋普遍。2016 年,由韩美林先生设计的春晚吉祥物“康康”一经发布,就有一系列 3D 打印版的“康康”工艺品在网上开始售卖。还有的网站根据打印材质和尺寸等明码标价售卖 3D 打印的胎儿,以便于父母在孩子出生之前近距离接触自己的孩子。[2]

随着扫描技术所引发的法律纠纷越来越多,3D 打印艺术作品将面临的法律挑战才刚刚开始。前述左鲨鱼、米开朗基罗雕像等纠纷引发了人们更进一步的思考,即制作公共艺术作品的 3D 打印数字模型是否侵犯知识产权?知识产权法的范围是什么?哪些该留在公共领域?以上种种行为是合理使用抑或侵权行为?

四、3D 打印技术涉及的知识产权法律问题

目前,个人使用 3D 打印主要有两种方式:一种方式是购买或制

---

〔1〕 See Matthew Rimmer, *The Maker Movement: Copyright Law, Remix Culture and 3D Printing*, 41 U. W. Austl. L. Rev., 2017, p. 61 – 65.

〔2〕《成都准妈妈可 3D“打印”腹中胎儿 500 元起价》,载搜狐新闻网,http://news.sohu.com/20130819/n384456105.shtml。

造一台小型 3D 打印机供个人使用；另一种方式是将 3D 数字文件上传到 3D 打印公司，比如 Shapeways 或 Thingiverse，它们会将零部件打印出来并发送给用户。任何人借助 3D 打印都可以制造几乎任何产品，这种前所未有的小规模制造行为，改变了消费品的生产方式，颠覆了传统的制造工业。3D 打印技术便利了 DIY，助长了"创客"文化的兴起。

"DIY"一词于 20 世纪 50 年代开始在美国流行起来，用来描述房主在没有专业帮助的情况下，在无绳电钻等家庭维修工具的辅助下进行房屋维修和装修活动。DIY 在 20 世纪 60 年代末和 70 年代变得更加反主流文化，在 20 世纪 70 年代、80 年代和 90 年代成为新兴的反主流文化和亚文化的驱动力。[1] "创客"指的是 20 世纪晚期技术含量颇高的 DIY 浪潮，该词是由 2005 年创办的《MAKE》杂志推广开来的。创客文化奉行"专业的业余"，随着互联网技术的发展在全球兴起。创客通常受过教育，但在他所追求的技能或工艺方面大多是自学成才的，并有能力加入国际网络创意市场。[2] 现代 DIY 社区在营销、自我表达、信息和娱乐等方面，不可避免地会与现有法律体系发生碰撞。

（一）3D 打印技术对传统制造业和知识产权的影响

3D 打印技术会威胁到知识产权的价值以及它们给企业带来的竞争优势。3D 打印技术使大众化制造成为可能，这对知识产权法律制度的影响不亚于互联网，有可能使知识产权变得微不足道甚至无效。

首先，3D 打印消除了进入制造业的壁垒，大大提高了制造业的

---

〔1〕 Faythe Levine, Cortney Heimerl, *Handmade Nation: The Rise of DIY, Art, Craft, and Design*, Princeton Architectural Press, 2008, p. 76.

〔2〕 *The Maker Movement*, MAKER FAIRE (Nov. 1, 2014), http://makerfaire.com/maker-movement/.

民主化程度,这导致侵犯知识产权的风险越来越高。3D打印可能导致广泛的复制,特别是对消费产品的复制。以前需要在市场上购买替换零部件的公司或个人可以借助3D打印技术自己动手制造或修理零件。根据IBM商业价值研究所的研究,"当基本设计蓝图通过开源获得广泛应用时,来自专利设计和零配件生产的竞争优势预计会被侵蚀……使企业无法从销售备件中获得利润"。[1]这意味着小公司可以在小众市场上与大公司进行竞争,原本的公司客户可以自己制造之前需要购买的产品,从而成为公司的竞争对手。可见,随着制造业民主化程度的提高,制造商和客户之间曾经明确的界限不再清晰,这会导致出现大量的生产性消费者(prosumer)。[2]如果消费者都自己生产消费品和零部件,那么市场上对实体产品的需求就会下降,这将给正在遭受全球化影响的制造行业带来进一步压力。

3D打印所带来的知识产权侵权风险取决于制造业的民主化程度。对于那些依传统方法制造的产品,知识产权会继续有效地运作。随着制造业逐渐脱离生产者控制,变得民主化,最易受影响的是那些制造更换零部件以及消费性产品的公司,知识产权可能变得越来越失灵。[3]

---

〔1〕 Paul Brody, Veena Pureswaran, *The New Software-Defined Supply Chain: Preparing for the Disruptive Transformation of Electronics Design and Manufacturing*, IBM Iinstitute For Business Value, 2013, p. 11.

〔2〕 生产性消费者(prosumer),也叫产消合一者,是指可以自行生产所需商品和提供所需劳务的消费者,结合了专业生产者(professional or producer)和消费者(consumer)的双重角色。1980年,美国未来学家艾尔文·托夫勒在《第三波》(The Third Wave)一书中创造了该词汇,并在2006年出版的《财富革命》(*Revolutionary Wealth*)一书中更详细地描述了各种商品与劳务的产消合一者,预言他们是形塑未来经济的新主角。参见百度百科,https://baike.baidu.com/item/%E4%BA%A7%E6%B6%88%E5%90%88%E4%B8%80%E8%80%85/3212105?fr=aladdin。

〔3〕 John Hornick, *3D Printing and IP Rights: The Elephant in the Room*, 55 Santa Clara L. Rev., 2015, p. 801-806.

其次,制造业的民主化导致3D打印技术失控,侵权人的身份越来越难以识别。3D打印的失控使任何人都可以绕过传统的供应链,在他人不知情或者失去控制的情况下进行自我制造。3D打印技术将终端制造技术与信息技术关联起来,有效地沟通了“比特”(bits)与“原子”(atoms)。任何人都可以利用互联网便利地获取产品的数字模型文件,同时,可以使用3D终端打印机便利地进行制造行为,这使私人制造摆脱了技术“瓶颈”和经济因素的障碍。[1] 比如,消费者可以在家中从网站(如海盗湾等)获取盗版的3D产品数字模型,也可以通过3D扫描生成产品数字模型并打印任何东西,还可以在黑市上定制或购买3D打印产品。

虽然现在可以自我制造的产品有限,但从长远来看,任何人都可以脱离知识产权权利人的控制或政府的监管制造几乎所有东西,这只是个时间问题。在几乎所有功能产品都无法控制的情况下,将发生3D打印的终极颠覆。制造商继续大规模生产产品已经不再有利可图,他们将被迫出售产品的数据蓝图并接受定制产品,以前销售大批量产品的零售商店可能会消失。如果没有产品销售环节,政府将无法征收销售税、关税或实施禁运,政府将无法控制产品的安全。[2]

再次,产品的3D打印数字模型文件逐渐取代产品本身成为贸易通货,知识产权保护越来越无效。随着对实体产品的需求减少,消费者可以通过3D打印得到自己想要的产品,这会使这些产品的数据变得更有价值,并成为可交易的商品:产品的数据蓝图取代了产品本身。与互联网和数据存储库网站(如Thingiverse和

---

〔1〕 参见王玉凯:《3D打印的知识产权法应对——基于解释论与立法论相区分的讨论》,载《西部法学评论》2016年第3期。

〔2〕 See John Hornick, *3D Printing and IP Rights: The Elephant in the Room*, 55 Santa Clara L. Rev., 2015, p. 801 - 805.

Shapeways)的使用相结合,3D 打印技术可以得到广泛适用。如同之前的数字文件共享网络一样,个人上传文件可供其他人免费下载和修改。例如,在 Thingiverse 上,用户可以自由地创建、修改和共享文件,每次用户上传一个新的或修改过的文件时,整个 3D 打印社区的效用就会增强。[1] 与实体产品不同,数据蓝图具有无限延展性。因此,随着数据蓝图成为贸易通货,大规模生产可能被大规模定制所取代。在大规模定制产品的情况下,传统的知识产权制度,特别是专利和版权制度,对于保护这些产品的效力非常有限。[2]

最后,3D 打印影响了知识产权侵权救济的法律框架。3D 打印极大地提升了私人制作或实施知识产品的能力,尤其在互联网环境下,便捷的交流渠道和应用方式使传统的知识共享与技术保留之间界限模糊,使相关行为在法律上更加复杂,不受控制的 3D 打印极可能侵犯知识产权。例如,打印技术及材料等会涉及技术方案;打印的模型、程序创意设计可能涉及专利权或著作权;打印附着有商标的物品则与商标权有关。[3] 这种潜在的侵权行为引起了对现有知识产权保护范围的思考:现有的知识产权制度能否充分保护知识产权的所有者?

随着 3D 打印技术的广泛应用,知识产权人承担诉讼成本积极寻求法律救济面临着困难:一方面,大量分散的侵权行为隐秘不易识别;另一方面,即使找到侵权人也可能因其没有支付能力而得不到有效赔偿。从法经济学角度看,这类诉讼都非常不经济。3D 扫描和打印所产生的知识产权侵权若想获得有效的法律救济,需要解

---

〔1〕 See Matt Simon, *When Copyright Can Kill: How 3D Printers Are Breaking the Barriers between Intellectual Property and the Physical World*, 3 Pace Intell. Prop. Sports & Ent. L. F., 2013, p. 67.

〔2〕 See John Hornick, *3D Printing and IP Rights: The Elephant in the Room*, 55 Santa Clara L. Rev., 2015, p. 804.

〔3〕 参见马忠法:《3D 打印中的知识产权问题》,载《电子知识产权》2014 年第 5 期。

决三个关键问题：(1)侵权人的身份识别；(2)侵犯知识产权行为的可证明性；(3)足够的损害赔偿，其可使诉讼具有价值。知识产权人需要一种法律制度，能保障自己有效行使知识产权，而无须承担监控自己知识产权的全部责任。[1]

为了明确3D打印引起的知识产权侵权的责任主体，必须考察基于3D打印技术的产品分销和制造流程。在侵权产品的3D打印过程中，有三个步骤可能会侵犯知识产权所有者的权利：(1)扫描原始对象；(2)在互联网上发布3D扫描数字文件；(3)打印原始知识产品的副本。实际实施扫描、上传和打印的行为人，以及为这些行为提供便利或支持的中间人，即3D扫描仪和3D打印机制造商、3D打印数字模型文件共享和发布网站，都有可能被追究侵权责任。

(二)3D 打印所涉著作权问题

3D打印涉及的著作权的首要问题是，3D打印数字模型是否属于著作权法意义上的作品？属于何种作品？3D打印数字模型属于一种类似计算机软件的数字化信息文件，包含了打印产品的性状与功能等细节信息，其通过数字化信息的方式存储和传输，具有极高的多元性和通用性，其传播广泛、高度开放、应用性强的特点为3D打印的发展奠定了基础。3D数字模型与传统的书籍、数字信息等文献资料相比具有更高的应用价值，甚至超越了专利文献对特定技术方案"充分公开"的标准。

3D数字模型是作者对某一实物的数字化描述，如果以二维或三维实物为基础，通过扫描形成模型，这种二维和三维之间的异形复制是否属于复制行为？如果受著作权法保护的3D数字模型被普通消费者用于非营利目的使用，这种私人复制的行为是否侵权？对

[1] See Aliza Rana, *Scan, Copy, Print: How to Minimize Copyright Infringement during the 3D Technology Revolution*, Colum. Bus. L. Rev., 2018, p. 663.

现有的著作权合理使用制度是否需要进行调整？如何保障著作权人的权利呢？专业的3D数字模型公司、共享平台与网络服务提供者向消费者提供3D数字模型，是否侵犯他人作品的信息网络传播权？如果这些网络平台没有直接向用户提供3D数字模型而只是提供技术交流论坛或者侵权的链接，这些平台是否构成著作权的间接侵权呢？

（三）3D打印所涉专利权问题

3D打印的多数形式可申请专利。在过去10年里，从事3D打印的公司在美国专利商标局（PTO）提出了超过6800个专利申请。[1] 在我国，3D打印领域申请专利的主要是有关3D打印的设备、方法以及相关材料，占到3D打印领域申请专利总数的47%。大多数专利是对3D打印技术本身的改进。从统计数据来看，医药和材料制备是当前3D打印技术应用最多也是申请量较大的领域，有将近30件申请，其他将3D技术应用于材料或设备制备领域的有20多件，应用于成像、相机领域的有10多件。[2]

1. 3D打印技术受专利法保护。3D打印运用到的技术主要有：直接金属激光烧结（DMLS）、选择性激光烧结（SLS）、熔融沉积成型、数字光处理（DLP）、立体平版印刷（SLA）、熔丝制造（FFF）、电子束熔化成型（EBM）、融化挤压模式（MEM）、选择性热烧结（SHS）、复合层压实物制造（LOM）和粉末层喷头（石膏）3D打印等多种。[3] 这些技术大多是专利技术，非经权利人许可而实施专利技术的行

---

〔1〕 See Lyndsey Gilpin, *3D Printing: 10 Factors Still Holding It Back*, TECHREPUBLIC (Feb. 19, 2014), http://www.techrepublic.com/article/3d-printing-10-factors-still-holding-itback/.

〔2〕 参见曹阳：《个性化3D打印技术知识产权问题研究》，载《上海政法学院学报（法治论丛）》2016年第1期。

〔3〕 参见王桂杰、汤志贤：《3D打印的九大知识产权挑战》，载《中国对外贸易》2013年第6期。

为，毫无疑问构成专利侵权。

2. 3D 打印机和所用材料受专利法保护。3D 打印材料包括热金属粉末、塑性塑料、陶瓷粉末、共晶系统金属、可食用材料、感光性树脂（photopolymer）、聚乳酸（PLA）、液态树脂、ABS 树脂、金属线、塑料线、纸、塑料薄膜、金属膜、热塑料粉末、钛合金及石膏等。涉及这些材料的发明专利的申请、授权、运用和保护等程序和制度与一般材料的发明相同，相关技术也同样适用专利法。

如上所述，3D 打印所涉及的技术方法、打印设备以及打印材料等可以申请专利保护，任何未经许可的制造、使用、销售、许诺销售或者进口享有专利权的 3D 打印设备或材料无疑构成专利侵权。但是，如果 3D 打印的物品是受专利保护的产品，那么侵权责任人如何确定？如果商业性打印公司未经许可打印了专利产品，则构成专利法意义上的商业制造行为，无疑属于专利侵权行为。但是，如果是个人"非经营性"打印，在侵权认定和追究上则存在障碍：一方面，个人打印相对隐秘分散，想发现非常困难；另一方面，按我国现行专利法，这种非商业性实施行为可能落入合理使用范畴，不会被判定为侵犯专利权。由于个人非商业性 3D 打印专利产品的行为难以认定为直接侵权，那么，引诱或帮助该个人打印的 3D 打印公司、3D 打印机制造商、提供 3D 打印数字模型文件的网络平台是否能构成间接侵权？在此情况下，如果要判定第三方构成间接侵权责任，其责任构成要件如何认定？

虽然历史上专利法为专有技术提供了最强有力的保障，但其保护力度却难以完全覆盖 3D 打印这一变革性技术所带来的难以想象的侵权手段。3D 打印对传统的专利法律和理论提出了前所未有的挑战，现有专利法的多个原则甚至阻碍了专利持有人享受充分的专利保护。[1] 立法者必须理解和预见这些法律漏洞,以最大限度地保护知识产权。

(四)3D打印所涉商标权问题

商标是用来指示商品或服务来源的标识,主要功能在于识别相同商品或服务的不同提供者。商标法主要规范商业竞争中各商业主体的行为,普通消费者购买与使用假冒商标产品的行为不构成商标侵权行为。3D打印机与打印材料提供者的商标侵权行为,以及以营利为目的的通过3D打印方式制造和使用他人商标的行为,均类似于传统的商标侵权行为。3D打印技术可能引发的新的商标法的思考在于:基于3D打印技术私人制作和使用特定商标的行为,以及生成和传播包含特定商标的3D打印数字模型的行为的性质认定。[2] 具体包括:一是对商标标识进行数字化供3D数字模型使用;二是对三维商标进行三维数字化处理;三是对附有商标的产品进行三维数字化处理;四是对他人产品进行数字化处理后更换商标供3D打印等。[3] 这些行为涉及的可能侵权主体往往涉及3D数字模型提供者或网络平台提供者、对3D数字模型进行个性化处理的商业公司以及面向个人需求的3D打印公司。传统技术背景下,个人对注册商标的非营利性使用属于合理使用,在3D打印技术背景下,是否应该坚守这一侵权的例外?3D数字模型的制作者、传播者与3D打印公司未经商标权人许可,明知可能被他人用于3D产品打印,而将他人的注册商标数字化并提供给他人,是否构成间接侵犯商标专用

[1] See B. J. Vogel, *Intellectual Property and Additive Manufacturing/3D Printing: Strategies and Challenges of Applying Traditional IP Laws to a Transformative Technology*, 17 Minn. J. L. Sci. & Tech., 2016, p. 881.

[2] 参见王玉凯:《3D打印的知识产权法应对——基于解释论与立法论相区分的讨论》,载《西部法学评论》2016年第3期。

[3] 参见曹阳:《个性化3D打印技术知识产权问题研究》,载《上海政法学院学报(法治论丛)》2016年第1期。

权？另外，对他人的产品进行数字化处理然后抹掉该商标进行产品的打印，或者又更换上其他商标，是否构成“反向假冒”商标侵权行为？

随着 3D 打印技术的快速发展和网络的普及，以及 3D 打印核心技术近几年的相继失效，3D 打印会以更廉价、更高速的态势融入人们的日常生活。3D 打印作为一种全新的复制方式，与家庭录像机类似，会引发公共利益和个人利益之间、多方主体之间的利益冲突：3D 打印机用户希望能不受限制地免费获取和使用 3D 数字模型；3D 数字模型的制作者希望能利用一切资源自由制作模型，并通过出售数字模型为自己带来经济收益；社会公众则希望以更低成本享受技术进步带来的便利。在面对 3D 数字模型等新型知识产品时，相关知识产权制度仍然可以发挥基础性作用，但相对滞后的制度建设也会与快速发展变化的现实相脱节，产生负面的影响，凸显了知识产权传统制度与 3D 打印技术之间兼容性的不足。[1] 因此，新型的知识产品很有可能促使新的法律规则的建立，至少是现有法律规则的改变。[2] 知识产权法中的许多定义、规则和制度都需要为 3D 打印技术的发展做出相应调适，一方面要严格地保护相关权利人对知识产品的独占权，另一方面更要考虑把这种独占限制在合理的范畴内，以最大限度地促进知识共享，建立新的利益平衡，提升社会的整体福利。

五、3D 打印背景下知识产权法的回应

对 3D 打印技术的发展前景，学者观点不一。一些 3D 打印技术

---

〔1〕 参见宁立志、王德夫：《论 3D 打印数字模型的著作权》，载《武汉大学学报（哲学社会科学版）》2016 年第 1 期。

〔2〕 参见蔡元臻：《3D 打印冲击下专利间接侵权制度研究》，载《科技与法律》2014 年第 1 期。

的批评者认为,普通消费者很可能还不能够熟练运用 3D 建模软件制造任何实体产品,3D 打印技术不是普通消费者可触及的,还达不到需要法律干预的足够大的规模。[1] 但也有学者认为,3D 打印与个人计算机的发展类似,个人计算机一开始也主要是少数人的爱好或兴趣,但现在个人计算机早已步入千家万户。[2] 现在美国中小学阶段,孩子们就开始接触 3D 打印设备,从小就了解到 3D 打印可以增加消费者的舒适感。一些学者还将 3D 打印市场与苏打水机等自制汽水日益增长的需求进行了比较。苏打水机使用者可以自制一种独特的适合自己口味的产品,而不是去迎合大众口味的有限产品市场,因此备受欢迎。[3]

有些学者已经关注到 3D 打印所涉知识产权的法律问题。迪努沙·门迪丝副教授及其同事受英国知识产权局委托,进行了关于知识产权和 3D 打印的法律和实证研究。[4] 斯坦福大学法学院的马克·莱姆利教授认为,在"一个没有稀缺的时代"(in a world withant scarcity),复杂的 3D 打印机随处可见,这将从根本上改变经济状况,

---

[1] See Nick Allen, *Why 3D Printing is Overhyped (I Should Know, I Do it For a Living)*, Gizmodo (May 17, 2013), http://gizmodo.com/why-3d-printing-is-overhyped-i-shouldknow-i-do-it-fo-508176750.

[2] See Deven R. Desai, Gerard N. Magliocca, *Patents, Meet Napster: 3D Printing and the Digitization of Things*, 102 GEO. L. J., 2014, p. 1696, 1713.

[3] See Adam Lewental, *Print Your Own Pandora's Box: 3D Printing, Intellectual Property Law and the Internet for Lay-Lawyers*, 1 Bus. Entrepreneurship & Tax L. Rev., 2017, p. 153.

[4] See Dinusha Mendis, Davide Secchi and Phil Reeves, *A Legal and Empirical Study into the Intellectual Property Implications of 3D Printing* (Research Report, UK Intellectual Property Office, 2015), https://www. gov. ulgovernment/uploads/system/uploadls/attachment *data/file/* 421222/A Legal and Empirical Study into the Intellectual Property Implications of 3D Printing Exec Summary-Web. pdf; Dinusha Mendis and Davide Secchi, *A Legal and Empirical Study of 3D Printing Online Platforms and an Analysis of User Behaviour* (Research Report, UK Intellectual Property Office, 2015), https://www. gov. uk/government/publications/a-legal-and-empirical-study-of-3d-printing-online-platforms-and-an-analysis-of-user-behaviour-study-1.

为知识产权提供了挑战和机遇。[1] 澳大利亚安吉拉·戴利博士研究了 3D 打印技术革命的社会和法律方面。[2] 2015 年,世界知识产权组织在知识产权法、实践和政策等领域的新发展中,将 3D 打印作为一项突破性技术进行研究。[3]

面对 3D 打印技术的发展,知识产权法应当放松还是加强规制,学者之间存在分歧。

(一)放松知识产权规制的意见

3D 打印的支持者认为 3D 打印将引领技术创新的新纪元,打开一扇创新浪潮的大门,给制造业带来巨大的潜在好处,将在许多方面改善社会福利。任何人都可以成为创造者、发明家或制造商,3D 打印这种创新不限于大公司,初创公司甚至个人也可以完成。个人和各种规模的企业都可以享受 3D 打印带来的便利。过去,制造高质量的仿冒品的技术门槛较高,这使知识产权许可的价值保持在相对较高的水平,但 3D 打印正在挑战这种许可模式。降低制造成本将有利于社会,使产品的成本更低。[4] 持放松知识产权规制意见的学者还认为,3D 打印技术与 Napster[5]完全不同。根据美国最高法

---

[1] See Mark Lemley, *IP in a World Without Scarcity*, New York University Law Review 90 (2), 2015, p. 460 – 515.

[2] See Angela Daly, *Socio-Legal Aspects of the 3D Printing Revolution*, Palgrave Macmillan Press, 2016.

[3] See WIPO, *World Intellectual Property Report 2015-Breakthrough Innovation and Economic Growth*, WIPO Economics & Stats Series, 2016, p. 99 – 107.

[4] See Shlomit Yanisky-Ravid, Kenneth S. Kwan, *3D Printing the Road Ahead: The Digitization of Products When Public Safety Meets Intellectual Property Rights - A New Model*, 38 Cardozo L. Rev., 2017, p. 946.

[5] Napster 是一种点对点音乐共享服务。美国第九巡回上诉法庭在 2001 年"A & M Records, Inc. v. Napster, Inc."案中认为,Napster 让网友通过网络交换 Mps 音乐文件,涉及侵犯著作权,要求停止该服务。详见 A & M Records, Inc. v. Napster, Inc., 239 F. 3d 1004 (9th Cir. 2001)。

院在“索尼 Betamax 录像机案”[1]中所确立的规则，因为不可能证明3D打印机制造商知道3D数字模型被非法使用，因此3D打印机的销售和使用应该完全合法。

在学术领域，支持3D打印的学者强调3D打印技术释放了公众的创造力，以此证明它的正当性。迪赛(Desai)教授和马格里欧卡(Magliocca)教授特别指出，3D打印技术使制造产品更便宜、更快捷，使人们可以随心所欲地制造任何想要的东西，从而打开了来自家庭的巨大的、前所未有的创新之门。为了给这前所未有的创新铺平道路，他们甚至建议国会考虑免予追究3D打印的知识产权侵权，并强调这项技术的发展前景取决于能否消除消费者对于被起诉的恐惧。[2]

(二) 加强知识产权规制的意见

3D打印的反对者认为，随着3D打印机的普及，3D打印数字模型的P2P(peer to peer)服务将对设计师和制造商构成诸如Napster对娱乐产业所造成的类似的威胁。[3] 有些学者认为，3D打印技术将影响专利所有者获得经济上可行的专利侵权救济能力，认为如果3D打印数字模型文件托管网站仅仅是存储和共享3D数字模型，并非故意视而不见专利，专利持有人通常不能追究网站的侵权责任。那么，唯一可采取的诉讼只有针对个人的直接侵权诉讼，但目前个人侵权很难识别和认定，要求他们不仅下载了3D数字模型，还需要实际打印出产品，才能追究其直接侵权责任。这种专利侵权的责任

---

〔1〕 该案中，因为索尼公司生产和销售的录像机产品具有相当广泛的非侵权用途，美国最高法院不认为索尼公司要负版权侵权责任。参见 Sony Corp. of Am. v. Universal City Studios, Inc., 464 U.S. 417, 456 (1984)。

〔2〕 See Deven R. Desai, Gerard N. Magliocca, *Patents, Meet Napster: 3D Printing and the Digitization of Things*, 102 GEO. L.J., 2014, p. 1691, 1693, 1716.

〔3〕 See Marshall Burns, James Howison, *Digital Manufacturing-Napster Fabbing: Internet Delivery of Physical Products*, 7 Rapid Prototyping J., 2001, p. 194 – 196.

配置使所有共享网站消除了对侵权的顾忌，可以自由地发布 3D 打印数字模型。

一些持反对意见者还提议让某些行为人对专利侵权负责。[1] 美国学者建议国会颁布《千禧年数字版权法》(DMCA)的专利版本，即《千禧年数字专利法》(DMPA)，使专利权人有权要求那些存储和共享侵权 3D 打印数字模型的网站将其删除。[2] 也有学者建议将《美国专利法》第 271 条扩大适用，使专利持有者可以直接对共享侵犯专利权的 3D 打印数字模型文件的网站提起诉讼。[3] 在极端情况下，有学者甚至认为应禁止 3D 打印技术。[4] 比如，从公共安全的角度来看，3D 打印机已经被用于打印非法武器，美国费城和英国已经禁止 3D 打印枪支。[5]

(三)评析

上述对 3D 打印持有支持或反对意见的双方，要么专注于知识产权所有者的权利，要么专注于用户的权利，都没有同时兼顾冲突双方之间的利益平衡。这种截然相反的学术立场都可以在联合国《世界人权宣言》第 27 条中找到理论支持。该宣言第 27 条第一部分规定，“人人都有权自由参加社会的文化生活，享受艺术，并分享科学进步及其好处”，第二部分规定“人人对其所创作的任何科学、

---

〔1〕 See Daniel Harris Brean, *Asserting Patents to Combat Infringement via 3D Printing: It's No "Use"*, 23 Fordham Intell. Prop. Media & Ent. L. J., 2013, p. 771, 784, 787, 789.

〔2〕 See Davis Doherty, *Downloading Infringement: Patent Law as a Roadblock to the 3D Printing Revolution*, 26 Harv. J. L. & Tech., 2012, p. 353, 365.

〔3〕 See Daniel Harris Brean, *Asserting Patents to Combat Infringement via 3D Printing: It's No "Use"*, 23 Fordham Intell. Prop. Media & Ent. L. J., 2013, p. 804, 813.

〔4〕 See Olivia Sundberg, *This House Would Ban the Sale of 3D Printers to Households*, Int'l Debate Educ. Ass'n (Sept. 2, 2013), http://idebate.org/debatabase/debates/science/housewould-ban-sale-3d-printers-households.

〔5〕 *First Ban in the Country: 3D-Printed Guns Now Illegal in Philadelphia*, RT (Nov. 27, 2013), http://rt.com/usa/philly-gun-ban-johnson-280; *Sara Sollors*, 3D Printed Guns Are Now Banned in the UK-Will the U.S. Be Next?, *MIc (Dec. 7, 2013), http://mic.com/articles/76043/3d-printed-guns-are-now-banned-in-the-uk-will-the-u-s-be-next.*

文学或艺术作品的精神和物质利益,有享受保护的权利”。[1] 3D打印的支持者似乎认同第27条的前一部分,选择保护个人免受侵权责任追究,而反对者似乎在该条的后半部分找到了理论支撑,选择更好地帮助知识产权所有者行使他们的权利,并得到适当的补偿。

《世界人权宣言》第27条之所以包括这两部分内容,是因为立法者意识到,要将创作者的权益和日常用户的权益一并囊括进来,最好的办法就是在一个单一的“等式”中平衡它们。[2] 在改革现有法律规范时,要借鉴和遵从第27条所确立的良好模式。即没有一方应该享有比另一方更多的权利,而是应该在两者之间有一个控制的平衡。偏袒任何一个群体(无论是用户还是利益相关者)都将不必要地抵消二者相互竞争的利益平衡。本书所讨论的基础和落脚点就在于努力达成这样一种平衡,寻求一个更好的方法来确保“等式”成立。

---

〔1〕 Universal Declaration of Human Rights, G. A. res. 217A (Ⅲ), U. N. Doc. A/810, 1948, p. 71.

〔2〕 See Shlomit Yanisky-Ravid, Kenneth S. Kwan, *3D Printing the Road Ahead: The Digitization of Products When Public Safety Meets Intellectual Property Rights - A New Model*, 38 Cardozo L. Rev., 2017, p. 948.

第二章 3D 打印技术背景下著作权法的反思与应对

从历史上来看,著作权制度的变革与传播技术的发展如影随形。著作权制度伴随印刷技术的发展而产生,又随着录音、广播、互联网技术等的发展而不断进行调适,力求维持著作权人与使用人之间的利益平衡。一方面,要维护著作权人的垄断利益,鼓励其创新;另一方面,又要为著作权人的垄断权利通过合理使用和法定许可等制度设置一定的限制,以促进文化的繁荣。

3D 打印改变了传统的生产方式,使人们能够在家里制作雕塑、玩具和其他受版权保护的物品,而不再需要向版权所有者或其授权的卖家购买。在这种情况下,3D 数字模型的非法传播会加剧。这类似于目前网上盗版音乐的状况:可以既便宜、方便又快捷地传播和获取。如果个人制作物品真如权威人士所预期的那样容易,那么版权行业将面临严重的假冒和盗版问题,这会使版权持有者遭受重大损失。国际商会(Intcrnational Chamber of

Commerce)估计,2015 年,假冒和盗版产品大约价值 1.77 万亿美元,[1]这些数字还是在 3D 打印尚未广泛应用的情况下估算出来的。顾能公司(Gartner)预测,到 2018 年,全球的知识产权持有者每年可能会损失至少 1000 亿美元。[2] 3D 打印也因此被贴上"伪造者最好的朋友"[3]的标签。

3D 打印的"制造"过程与版权关系最为密切。3D 打印通常使用 3D CAD 数字模型作为"蓝图"来打印特定产品。3D 打印所必需的特定产品的三维数字模型,实质上是利用 Auto cad 软件所制作的三维产品设计图,主要用于各类工程制图、机械制图、服装加工、电子工业等的设计开发。[4] 用户打印对象时,3D CAD 文件被发送到打印机上,并被存储在其随机存取的存储器中。三维数字模型被分割成一系列的 2D 层截面,然后,打印机逐层打印每个 2D 截面,直到打印对象完成。可见,3D 打印是将复制与制造过程统一融合,是将产品的数字化形式转化成物理形式的过程,既复制作品独创性的表达形式,又"制造"出作品所依附的载体。正因为 3D 打印的技术过程与平面打印有类似的特点,故这种"制造"行为才被形象地称为"打印"。[5] 作品的物理复制品被视为原作的复制品或衍生品受到版权保护,版权持有人有权重新制作原创作品的缩微模型或依据照片创作雕塑。此外,传统作品的著作权保护范围相当广泛,著作权

[1] See BASCAP, *Estimating the Global Economic and Social Impacts of Counterfeiting and Piracy*, 2011, p. 9.

[2] See Gartner, *Gartner Reveals Top Predictions for IT Organizations and Users for* 2014 *and Beyond*, Gartner (Oct. 8, 2013), http://www.gartner.com/newsroom/id/2603215.

[3] Thomas A. Campbell, William J. Cass, 3-*D Printing Will Be a Counterfeiter's Best Friend*, Sci. AM. (Dec. 5, 2013), http://www.scientificamerican.com/article/3-dprinting-will-be-a-counterfeiters-best-friend/.

[4] 参见张淑亚、刘红:《3D 打印知识产权困境的法理思辨与路径选择》,载《人民论坛》2016 年第 17 期。

[5] 参见李永明、郑金晶:《3D 打印中 CAD 文件的定性与复制问题研究》,载《浙江大学学报(人文社会科学版)》2016 年第 2 期。

人有权创作派生作品及与原作实质上相似的复制品。相比之下，三维数字模型的著作权法地位还不明确，他们的保护还无法预设。因为3D数字模型本身是数字化的，可以将其视为计算机程序（代码和数据），或者视为只存在于计算机屏幕上并且传达了复制模型所必需的信息的数字模型或雕塑。如果增加了装饰性设计，具有审美价值，只要物品的装饰部分与物品的实用方面可以分开，符合分离性原则，那么该三维数字模型即可被视为美术作品，受著作权法保护。

3D打印过程可能涉及两类版权作品被侵犯：3D打印数字模型文件和3D打印对象。[1] 首先，在3D打印环境中，只要用户有一个3D打印数字模型文件，就可以自己打印产品，有可能构成直接侵权。这些3D打印数字模型文件可以从Thingiverse或Shapeways等共享网站上获得，比如丁丁卡通月球火箭、铁王座和钢铁侠头盔的3D打印数字模型文件等。用户也可以通过扫描物品，得到其三维数字模型，然后制作物品的复制件。无论3D打印数字模型是源于共享网站下载还是通过3D扫描获得，在打印有版权的物品时，就可能会侵犯受保护的创意设计。此时，版权人可以对任何复制者提出直接侵权的主张。其次，共享3D打印数字模型文件是侵权行为。如果一个特定的3D打印数字模型是受版权保护的，那么在互联网上共享该模型与共享受版权保护的音乐和电影无异，都可能侵犯版权。版权所有者需要监控的最大目标是诸如Thingiverse等共享网站。根据“避风港规则”，版权持有者如果在网站上发现侵犯其版权的内容时可以通知网站撤下该内容，并且可以追究那些打印侵权物品的人的责任。

---

〔1〕 See Sarah Craig, *Protection for Printing: An Analysis of Copyright Protection for 3D Printing*, 2017 U. Ill. L. Rev., 2017, p. 307.

一、3D 打印数字模型和打印对象受著作权法保护的条件

根据著作权法的要求，作品应满足可复制性、客观性、独创性三个要件。首先，3D 打印数字模型可以通过 3D 打印予以实物化，符合可复制性要件。其次，3D 打印数字模型并非思想本身，而是通过二进制代码这一数字化的形式对思想的表达，没有以不符合版权法的方式垄断潜在的思想，符合客观性要件。最后，独创性是判断数字模型是否属于著作权客体的核心要件。另外，著作权法不保护作品的实用功能，要求作品具有非功能性，即作品的艺术性部分能够与实用性部分相分离而独立存在。此外，如果一个思想只有一种或有限的几种表达方式，这种表达方式的版权保护能附带地保护思想本身，那么该思想的表达也不受版权保护，这被称为“合并原则”，目的是防止作者利用版权来垄断一个表达的基本思想。

以下仅从独创性、非功能性和不违背合并原则三个方面，探讨 3D 打印数字文件受著作权法保护的条件。

(一)独创性

1. 独创性的一般理论

具有独创性是作品受著作权法保护的前提。独创性可分为“独”和“创”两个方面。“独”是指“独立创作、源于本人”，是事实问题，是质的问题，相对较易判断；“创”是指“一定水准的智力创造高度”，是价值判断问题，是量的问题，主观性较强，不易判断。[1] 以法、德为代表的大陆法系国家属于作者权体系，着重保护作者的精神权利，评价创造性时要求作品反映作者的个性。英美法系国家属于版权体系，强调保护作者的财产权利，在创造性上采用“投入了技

---

[1] 参见王迁：《知识产权法教程》(第 2 版)，中国人民大学出版社 2009 年版，第 29～37 页。

巧、劳动或者判断”标准，只要达到“最低的、不可或缺的创作程度”即可。[1]

从各国的规定来看，各国都要求作品是“独立创作、源于本人”的，不是抄袭或复制他人得来的。但对于创造性程度的理解存在分歧，有的注重作品创作过程中“技巧、劳动或者判断”的投入，有的注重创作结果上“反映作者的个性”。笔者认为，不同于专利法中对创造性的要求，需要衡量某一成果与现有技术相比是否有突出的特点和实质的进步，从而决定该成果能否获得专利。著作权法旨在激励文学、艺术和科学领域的创作，只要作品是独立完成，投入了一定的智力活动，则著作权自动产生，无须由管理部门授权，更无须与已有作品相比较。即使存在雷同作品，只要作者没有接触对方作品的机会，依然分别享有著作权。据此，只要作者独立完成作品，有智力劳动投入，没有抄袭他人的作品，就应当受著作权法保护。如果只是付出了“技艺性”或“机械性”劳动，则不能受著作权法保护。[2]

无论采用怎样的独创性判断标准，同一著作权法应当保持内在同一性，但对于不同类型的作品，独创性的判断标准会有一些差别。[3] 比如，实用艺术作品兼具艺术性和实用性，根据“思想—表达二分法”，只有实用艺术作品的艺术性部分受著作权法保护，实用性部分被排除在外，所以，实用艺术作品的独创性要求主要表现在艺术性上。

2. 3D 数字模型独创性的认定

作品独创性的认定需要综合考虑作品本身及创作过程，与作品来源密切相关。根据 3D 数字模型的来源，有设计者独立设计完成

---

〔1〕 参见丁丽瑛：《略论实用艺术品独创性的认定》，载《法学评论》2005 年第 3 期。

〔2〕 参见宋智慧：《实用艺术作品版权保护探析》，载《社会科学辑刊》2015 年第 6 期。

〔3〕 参见［西班牙］德利娅·利普希克：《著作权与邻接权》，联合国译，中国对外翻译出版公司、联合国教科文组织 2000 年版，第 64 页。

的,也有通过扫描实物形成的等,以下分而述之。

其一,独立设计的3D打印数字模型。该模型是设计者运用计算机辅助软件绘图工具进行数据建模,从无到有创作的数字模型。设计过程的第一步是确定产品的预期用途,然后创建模型进行运行模拟。具体而言,工程师先将设计概念化,然后使用计算机三维CAD建模程序来创建模型,再将模型引入预期的操作条件来创建模拟。在运行模拟后,工程师根据需要修改设计,直到设计符合预期用途和标准。设计完成后,可以从CAD模型中创建技术图纸。然后,按照图纸的描述制造产品,或者不使用技术图纸,直接依模型使用3D打印制造产品。这个设计过程可以用来制造任何东西,从简单的日常用品到复杂的工业物品等。

与扫描的3D模型文件不同,独立设计的3D数字模型需要建模者的创造性劳动。无论创作灵感源自生活中存在的物品还是基于想象,在构思设计过程中都需要创造性劳动。在设计者绘制设计模型的过程中,体现了其对产品和工程进行设计、绘图、分析和编写技术文件等的创造活动。3D打印数字模型要求有较高的计算机技术水平,所需智力劳动和智力水平比一般作品更多,所以设计的3D打印数字模型文件一定会满足版权保护所要求的“最小程度”的创造性。即使最终打印成品没有功能上的任何进步,也符合著作权法创造性的要求,可以获得著作权法的全面保护。[1]

其二,扫描三维物体形成的3D数字模型。该种模型制作需要经过两个阶段:首先要对三维物体进行扫描得到数据,其次再对这些数据进行加工形成3D数字模型。美国一款3D扫描仪MakerBot,只需花几分钟时间便能对托盘上的任何物体进行3D扫

〔1〕 参见宁立志、王德夫:《论3D打印数字模型的著作权》,载《武汉大学学报(哲学社会科学版)》2016年第1期。

描从而得到模型数据，对这些模型数据稍加调试便可通过3D打印机进行制造。扫描物体的过程如下：利用激光或其他测量设备，为物体每个表面特征创建数据点，通过连接每一个点和线形成一个个网格，这些网格近似地表示该部分的表面。从多个角度创建一个物体的网格，然后将这些网格组合起来形成最终的物体表面的三维示意图。扫描过程几乎完全是自动的，不需要人工干预。无论由谁来操作扫描，借此自动产生的3D数字模型都没有差别，即物体的数字表达方式具有唯一性，不符合作品的创造性要求。

在"Meshwerks v. Toyota"案中，G&W受丰田公司委托制作所有丰田汽车的数字模型拟用于电视广告宣传，G&W委托Meshwerks公司对丰田公司所有车型扫描并制作最基础的数字模型。Meshwerks公司接受委托后，派员工使用手动扫描设备进行扫描。由于受到技术所限，车型的很多细节部位（灯光、车轮、丰田标识、门把手）不能准确扫描，需要设计者人为处理，Meshwerks公司认为，这体现了设计者的创造性。另外，在获得扫描数据以后，要把这些数据上传到计算机，再运用计算机辅助软件加工处理。加工处理的过程需要设计者在扫描数据的基础上进行再创作。再者，3D打印数字模型与作为原型的三维物体还存在某种程度的改变，比如，对数字模型色调、背景、光线、角度等因素进行了个性化选择。在该案中，法院认为，Meshwerks公司完成的是一种特殊的复制。它没有再现丰田汽车的钢铁、橡胶和所有产品，相反，它在二维数字媒介中描述丰田的三维实体对象。不可否认，Meshwerks公司制造数字线框模型付出了大量时间、努力和技巧。但是，在评估作品的原创性时，只关注最终的产品，而不是过程。毫无疑问，将丰田汽车的外表从三维转到二维，使电脑屏幕图像准确地反映丰田的产品，需要大量的技能。但是，在创造产品的过程中投入大量的、熟练的，甚至是创造性的劳动并不能保证享有版权。原作精准的或近乎精准的复制品不符合版权的要求。根据委托协议,G&W仅委托Meshwerks公司制作丰田汽车最基本的线性框架模型,Meshwerks公司即使在扫描阶段付出一定的创造性劳动,也没有最终体现在数字模型的外观中。所以,Meshwerks公司设计的基本数字模型(数字汽车)仅是对汽车造型(实体车)的复制,只是作品媒介的改变,与原作品相比并不具有相互区别的"非琐碎的改变",无法满足版权法中最低限度的创造性要求。[1] 版权确保作者享有其原始表达的权利,同时鼓励他人基于作品所传达的思想和信息自由地创作新的作品。所以,法院最终没有支持Meshwerks公司对其制作的汽车基础数字框架模型享有著作权。

通过扫描对象创建3D打印数字模型文件与通过渲染或者手工绘制对象的数字版本,在原创性贡献的程度上有明显不同。在"Meshwerks v. Toyota"案中,法院虽然认为3D设计文件没有版权,但是承认"数字成像技术是一项相对较新和不断发展的技术,(美国)国会已将版权保护扩展到任何有形的表达媒介,即现在所知的或后来发展起来的原创作品……数据建模毫无疑问将越来越多地用于创建可版权的表达式"。[2] 总之,决定文件是否受到保护的关键是其原创水平,而非是否使用扫描的事实。正如坎贝尔大学教授卢卡斯·奥斯本所言,仅仅"扫描物体"以创建3D打印,"不符合独立创作的资格,因为扫描仪而不是人做所有的工作"。如果艺术家在对原始对象进行扫描后,通过对3D打印数字模型文件进行修改,贡献出"少量的创造力",只要符合版权保护的最低门槛就应该受到

---

[1] Meshwerks, Inc. v. Toyota Motor Sales U. S. A., Inc., 528 F. 3d 1258, 1258 - 1261 (10th Cir. 2008).

[2] Meshwerks, Inc. v. Toyota Motor Sales U. S. A., Inc., 528 F. 3d 1258, 1268 (10th Cir. 2008).

保护。[1]

其三,根据平面图像制作的3D数字模型。平面图像既包括受著作权法保护的实用艺术作品、美术作品、图形作品,也包括摄影作品。具备一定独创性的3D打印数字模型才能够构成作品,否则仅是对平面图像的复制。通常来说,以平面图形为蓝本创作3D打印数字模型仅仅是技艺性劳动,不需要设计者创造性的智力投入。如果平面二维图像构成元素较为详细,或者配有完整的说明,给设计者留下很小的创作空间,数字模型无法表现设计者的个性选择,那么数字模型由于缺乏独创性要求而不构成作品。

其四,根据文字作品制作的数字模型。可以用来作为3D打印数字模型制作参考的文字作品,通常有对某一作品或者产品结构设计参数的描述。仅仅按照这些参数设计的数字模型属于复制,缺乏独创性。

综上,"原创性……仅仅意味着作品是由作者独立创作的(而不是从其他作品中复制的),而且它至少具有一定程度的创造力。当然,必要的创造力水平极低,哪怕是一点点就足够了……'无论多么粗糙,卑微或明显'"。[2] 版权法对原创性要求很低,但并非不存在,而且必须来自人类创造者,而不是机器。对三维数字模型来说,要想成为版权的保护对象,要么是由人原创的,要么是从已有的三维数字模型中人为修改出来的,仅仅由3D扫描仪创建的三维数字模型是不受版权保护的。在3D打印背景下最重要的"Meshwerks v. Toyota"案中,由于扫描的模型是从真实的车辆中复制出来的,通过3D扫描仪扫描获取的CAD数字模型只是改变了被扫描物的载体,是被扫描物体的数字化方式,只是一份拷贝,缺乏独创性,如同一本

---

〔1〕 See Lucas S. Osborn of Phds, *Pirates, and the Public, Three-Dimensional Printing Technology and The Arts*, Texes A & M Law Review, Vol. 1, 2014, p. 827 – 828.

〔2〕 Feist Pubs., Inc. v. Rural Tel. Svc. Co., Inc., 499 U. S. 340, 345 (1991).

书的影印本一样，仅仅是复制件，不受版权法保护。

(二)非功能性

为了与专利法的保护对象相区分，防止任何技术均由版权保护，著作权法确立了“思想—表达二分法”，把受专利法保护的产品的功能排除在外。版权法保护的是以文字、符号、线条、色彩等形式体现的独创性表达，其中所涉及的任何实用功能都应寻求专利法保护，或应保留在公共领域供人们自由使用，不应由版权人垄断。[1]任何想法、程序、过程、系统、操作方法、概念、原则或发现等都不受版权保护，无论它被描述、解释、说明或具体化的形式如何。3D打印数字文件大多兼具艺术价值和实用功能，诸如建筑工程的设计图或者产品构造图、实用艺术作品的数字文件等。根据著作权法“思想—表达二分法”，文件所表达的艺术价值受著作权法保护，其实用功能不受著作权法保护，所以，在技术领域正确把握“思想—表达二分法”，把技术创新保留在公共领域，以促进技术进步，是个重要的问题。

1. 可分离原则

版权的可分离原则是在作品兼具表达和功能性特征的情况下，法律决定作品的哪些元素受版权保护时所应遵循的原则。其目的是“在受版权保护的实用艺术作品和无版权的工业设计之间尽可能清晰地画出一条线”，以解决版权与技术创新相冲突的问题。该原则主要针对“图案、图形和雕塑作品”，也“包括二维和三维的美术、图形和实用艺术、照片、印刷品和艺术复制品、地图、地球仪、图表、缩略图、模型和技术图纸和建筑规划”。[2] 艺术性能够单独被识别出来，并且独立于实用性而存在，是这类作品受著作权法保护的

---

[1] 参见刘银良：《论版权法中的功能原则：以美国的立法和司法实践为视角》，载《电子知识产权》2010年第12期。

[2] 17 U.S.C. § 101 (2012).

前提。

版权的可分离原则是为了保护在同一项目中穿插了表达要素的技术,由“思想—表达二分法”演化而来。“思想—表达二分法”是为防止版权保护延伸到任何想法、过程、系统、操作方法、概念、原则或发现,旨在保护作者或艺术家独特的、表达性的选择,同时将基本的、普遍的想法和事实留在公共领域,以供将来创作者自由利用,目的是促进更多作品的产生。

版权的可分离原则是为了防止版权保护延及作品的实用性方面,而不是思想和事实。但是,版权的可分离原则的立法目的与“思想—表达二分法”类似,未来的作者可能需要借用当前作家作品中所使用的相同思想,同样,产品创造者通常要利用现有产品的相同功能或实用元素。例如,手电筒的瓦楞手柄最初可能纯粹是出于美学设计考虑,但它同时具有增加抓力的功能。以后的手电筒设计可能也要用到增加抓力这一功能,因此,手电筒手柄的瓦楞设计应排除在版权保护之外。[1] 版权的可分离原则是出于促进技术进步的考量,是为了防止版权阻碍技术进步而划出的一块保护区域。

3D 打印情况下,要分别判断 3D 打印数字模型本身及 3D 打印物品的功能性。

第一,3D 打印数字模型文件本身的功能性判断。3D 打印数字模型文件本身是具有功能性的,但其功能对于表达来说是附带的(incidental)。3D 打印数字文件作为实物的虚拟表示,可以使用其包含的几何信息来创建实物,这体现了功能性。二维技术设计图,如产品设计图,也描绘一个物理对象,并包含必要的信息能够再现所描绘的对象。根据现行版权法,设计图纸被视为图形作品

---

〔1〕 See Alan Fu, *Copyright Serverability: The Hurdle between 3D-Printing and Mass Crowdsourced Innovation*, 15 Duke L. & Tech. Rev., 2017, p. 84.

(pictorial works)受版权保护。但是,设计图纸的版权保护并没有延伸到图纸中零部件的功能方面。如同二维技术图纸一样,无论所描绘的零部件本身是否具有功能性,3D 打印数字模型作为零部件的表达是无功能性的。可以将 3D 数字模型文件视为一种技术图纸,适用传统实用艺术作品的可分离原则判断版权保护的对象:将 3D 数字模型文件对零部件的数字表达部分予以著作权法的保护,而对数字模型文件所描绘的零部件的功能方面则不予版权保护。

第二,3D 打印物品非功能性判断。在雕塑作品中一般使用传统的功能测试来确定基础部分是否具有功能性。在传统测试中,实用物品作为一个整体,不能获得版权保护,除非个别的设计元素单独地符合版权法的要求。美国在"梅泽诉斯坦案"(Mazer v. Stein, 1954)〔1〕中确定了"可分离性"(separability)作为判定实用物品是否受版权法保护的标准。〔2〕 该案涉及底座有跳舞小人的台灯是不是版权客体。灯的一般形状,即灯泡、开关和底座,是不受版权保护的,因为它的整体形状有助于照亮一个房间,是功能性的。而在台灯底座上别出心裁的人型设计与该设备用来"照亮"的实用功能无关,是有版权的。但是,该台灯的版权保护只限于人形底座,而不是所有灯的底座。也就是说,如果一个实用物品结合了一种物理上或观念上与基础部分相分离的设计要素,那么该设计要素就能够获得版权保护。美国版权法将实用艺术作品作为"绘画、图形、雕塑作品"(pictorial, graphic, and sculptural work)予以保护,并规定实用物品的形状构造具有一些诸如艺术图形、艺术图案或艺术雕塑的特征时,如果这些形状特征能够从实用功能中分离出来作为艺术作品而独立存在,那么这些艺术特征就可以通过版权法予以保护。"可分

---

〔1〕 Mazer v. Stein, 347 U. S. 201, 100 U. S. P. Q. 325(1954).

〔2〕 参见[美]谢尔登·W. 哈尔彭、[美]克雷格·艾伦·纳德、[美]肯尼思·L. 波特:《美国知识产权法原理》,宋慧献译,商务印书馆 2013 年版,第 31~32 页。

离”的标准存在“物理层面的可分离”（physical separability）和“观念层面的可分离”（conceptual separability）。“物理层面的可分离”要求实用物品的美学部分能够“在物理层面”同物品的实用性部分切实分离，而不减损该物品的内在实用性功能；“观念层面的可分离”，是指无法通过常规手段将实用性部分从物理上与艺术品相分离的情况下，仅要求物品的美学部分“在理论上”能够与实用性层面区分开来，符合实用艺术作品的特征，可以被明确地归为绘画、图形或雕塑作品，诸如，印在 T 恤或者壁纸表面等二维物品上的绘画，家具上的雕刻，花瓶上的雕花等。“观念上的可分离标准”在其后的判例中又派生出“解不开地交织在一起标准”“客观必要性判断法”“主要/次要标准”“普通观察者法”“可销售的可能性标准”“独立判断法”“主客观综合考察法”等。[1] 不幸的是，准确区分功能与审美的界限是很难的，可分离性标准的适用是版权法中最困难的问题之一。[2]

对于通过 3D 打印制造出的物品，版权法有时界定清晰。如果 3D 打印的物品是纯粹的装饰性和非功能性的，如雕塑的复制品或复杂的珠宝设计，显然是受版权法保护的；如果 3D 打印的物品是纯粹功能性的实用物品，如普通扳手或替换齿轮，显然是不受版权法保护的。然而，处于二者之间的区域是不确定的灰色地带。大量 3D 打印物品以复杂的方式将实用功能与艺术元素结合在一起，这些混合用途的物品以一种更复杂的方式要求区分作为版权客体的美学要素与不受版权法保护的实用元素。3D 打印行业面对设计和对象的版权保护的不确定性无所适从。目前围绕观念上可分离主义的意见分歧，如果不能得到解决，将制约 3D 打印产业的快速发展。在

---

〔1〕 参见卢海君：《美国实用艺术作品版权保护制度及其借鉴》，载《知识产权》2014 年第 3 期。

〔2〕 参见宋智慧：《实用艺术作品版权保护探析》，载《社会科学辑刊》2015 年第 6 期。

美国“拉拉队服案”(Star Athletica v. Varsity Brands)[1]中,Formlabs、Shapeways 等3D 打印公司向美国最高法院提交了一份报告,以确定版权法中观念层面可分离性的判断。这些3D 打印公司抱怨称,自1976 年《美国版权法》引入观念可分离性概念以来,巡回法院的判决产生了一个相互矛盾、错综复杂的法律体系。现在有多达10 种不同的方法来评估观念上的可分离性,而巡回法院在如何判断可分离性问题上没有达成一致意见。这种意见分歧产生了一种法律上的不确定性,抑制了思想的自然交流,影响了3D 打印从业者准确地预测版权保护的前景,既阻止了版权人正确行使权利,也使设计师遭受难以预判的可分离性要求的干扰,增加了版权诉讼,扰乱了多用途物品市场,阻碍了3D 打印这一新兴领域的发展,并最终将这些低效率的成本转嫁给消费者。[2]

随着3D 打印行业的发展,关涉具有功能性的物品的版权声明和争议的数量也会增加,这将破坏现有法律精心设计的版权保护边界。如果任意将版权保护范围向外扩张,把不符合版权保护的对象纳入其客体范围,会有悖于版权法更长远的公共政策目标,剥夺公众创造的机会。2017 年3 月22 日,美国最高法院在“拉拉队服案”中,对实用艺术品受版权保护的“可分离”标准给出了最新的权威解释,即在满足下列条件时,实用品设计中体现的艺术特征才可受版权保护:(1)作为一种与实用性相分离的平面或立体美术作品而被感知;(2)能够与实用性在观念上分离,且该艺术特征自身或固定在其他有形载体上的艺术特征应当满足绘画、图形或雕塑作品的版权要件。[3] 这一阐述明确了实用艺术品版权保护的边界,

---

〔1〕 Star Athletica, L. L. C. v. Varsity Brands, Inc. , et al. , 137 S. Ct. 15 – 886 (2017).

〔2〕 See Matthew Rimmer, *The Maker Movement: Copyright Law, Remix Culture and 3D Printing*, 41 U. W. Austl. L. Rev. , 2017, p. 70 – 72.

〔3〕 Star Athletica, L. L. C. v. Varsity Brands, Inc. , et al. , 137 S. Ct. 15 – 886 (2017).

对于时装设计等行业具有重要意义，对于3D打印行业的发展更是意义深远。

2. “抽象—过滤—对比”测试

现代大多数产品都兼具美学和实用性元素，其功能性和艺术性很难区分，在著作权纠纷几百年的司法实践中，如汉德法官所说，“没有人曾经能确定这一（实用性与艺术性）边界，也没有人可以做到”。[1] 版权可分离原则的适用模糊问题威胁着潜在的技术进步。如果难以在艺术和功能之间划清界限，那么设计师就无法准确区分何时是合法利用了他人设计的功能方面，何时是侵犯了他人设计的美学和表达元素。在技术领域，为达到更好的效果或提高效率，不同产品设计上的差异经常被反复削减。因此，虽然不同的发明者各自独立工作，却往往会取得相同或相似的成果，区分彼此的创新实属不易。因此，保护水平上的一个很小的失误就可能将技术创新扼杀在萌芽中。随着业余设计师的大量涌现，需要更明确的判断实用艺术作品的标准以促进产品设计的快速增长。

1992年第二巡回法庭在“计算机协会国际公司诉阿尔泰案”（Computer Associates International Inc. v. Altai）中运用了“抽象—过滤—对比”测试，以确定计算机程序（或应用于此的产品）中受版权保护的元素。该测试分三个步骤：第一步是“抽象”，即将产品的每个特性分解为最基本的功能。第二步是“过滤”，将所有可以简化为功能的特征都滤出，以确保版权只保护纯粹的美学元素。第三步是“比较”两种产品剩余的非功能性和非实用性的美学或艺术特征，以此判断是否存在版权侵权。[2]

该原则背后的理念与版权的可分离原则相似，都试图在保护创

[1] Nichols v. Universal Pictures Corp., 45 F. 2d 119, 121 (2d Cir. 1930).

[2] Comput. Assocs. Int'l, Inc. v. Altai, Inc., 982 F. 2d 706 711 (2d Cir. 1992).

造性表达和促进技术进步之间找到适当的平衡。版权的可分离性只提供了一种模糊的标准,将实用性与创造性区分开来,但"抽象—过滤—对比"测试提供了更具体的程序,具有更强的可操作性。此外,如果实用性和创造性存在于一个元素中,"抽象—过滤—对比"测试保护的是功能性,而非创造性。[1] 因此,对于3D打印这样的新技术领域,"抽象—过滤—对比"测试能够提供更适当的保护。

(三)不违背合并原则

作品的艺术性能抽象出来与实用性相分离,是作品受版权保护的必要条件而非充分条件。在某些情况下,当艺术性特征是达成物品实用功能的唯一或少数表达方式时,该表达方式可能被认为是与思想"合并"的,表达已经融入了思想,对表达方式的保护会连带地保护思想本身。此种情形下,为防止作者利用版权来垄断表达所蕴含的基本思想,即使是物品的表达方面也不能受版权保护。

在运用合并原则时,首先要确定这个表达的基础思想,然后再确定这个思想可能的表达数量,并考察产生这些表达的可行性,根据现有表达的数量和形成难度,决定是否适用合并原则。如果有很多方法来表达同一思想,而且表达很容易,那么就不适用合并原则;如果只有一种或两种方式来表达同一思想,即表达已经融入了思想,就要适用合并原则。[2] 随着技术的进步,产品的艺术性与实用性渐趋融合。效率、成本,甚至是技术上的限制迫使产品设计持续改进,艺术元素一旦被融合到产品中,就会越来越受到功能性限制,结果导致许多独立设计师可能会逐步改进设计,逐渐趋同,从而出现版权纠纷问题。

通过3D打印几乎可以制造出任何形状的产品,能把传统技术

---

〔1〕 See Alan Fu, *Copyright Serverability: The Hurdle between 3D-Printing and Mass Crowdsourced Innovation*, 15 Duke L. & Tech. Rev., 2017, p. 84.

〔2〕 Apple Computer v. Franklin Computer, 714 F. 2d 1240, 1253 (3d Cir. 1983).

条件下不可能实现的设计变为可能(如彭罗斯三角形),也能改善按传统方法不可能达致的产品特性,并且更加容易制造。3D 打印技术扩展了设计的表达方式,减少了因作品表达方式有限而垄断潜在思想的概率。在某些情况下,一个产品零部件的 3D 数据建模可能会因其具有功能性,而被认为合并了该零部件的思想的表达和潜在的思想本身,依据合并原则,可能被排除在版权法保护之外。但是,在产品零部件本身受专利法保护的情况下,零部件中所蕴含的思想被合法地垄断,版权所赋予的额外保护不会将保护范围扩大到已有的专利保护范围之外,这种情况下即使予以版权保护也不会侵占公共领域,因此,无须适用合并原则排除版权的保护。然而,一旦专利到期,该表达背后的思想将不再被合法垄断,合并原则就可能重新被适用,该 3D 打印数字模型文件可能被排除在版权保护之外。[1]

综上,3D 打印数字模型文件不太可能因非原创性、功能性或适用合并原则而被排除在版权保护之外。首先,创建 3D 打印数字模型文件需要一定程度的创造力,满足原创性要求;其次,3D 打印数字模型文件是基础工作的非功能表达式,类似于技术图纸;再次,3D 打印的本质降低了因表达方法少而导致表达与思想合并的可能性;最后,专利赋予思想的合法垄断也使合并原则极少有机会适用于 3D 打印数字模型文件。

二、3D 打印数字模型和打印对象的作品类型

学者对于 3D 打印数字模型的作品种类分歧较大。在著作权法保护的诸多作品之中,与 3D 打印关联较密切的主要有美术作品、建筑作品、图形作品以及模型作品、计算机程序。有学者认为,3D 打

---

〔1〕 See Frank Ward, *Parents & 3D Printing: Protecting the Democratization of Manufacturing by Combining Existing Intellectual Property Protections*, 25 DePaul J. Art Tech. & Intell. Prop. L. ,2014,p.91.

印数字模型更类似于“建筑作品”;[1]有学者认为应将3D打印数字模型归入“图形作品”或者“模型作品”的行列,[2]有学者根据3D数字模型的来源不同,将其视为一种“计算机程序”或通过扫描获得的立体作品的数字化文件,[3]还有学者认为,数字模型与打印物具有同一性,因打印物作品类型的不同而分属于不同的作品类型:雕塑作品等立体艺术品的数字模型仍然是美术作品,[4]建筑数字模型目前可以归入模型作品,[5]打印物是工业产品或不构成作品的立体物的情况下,打印物本身不构成作品,实用艺术品如果其艺术性成分能够从实用性中分离出来,便构成实用艺术作品,实用艺术品的数字模型与其实体打印物属于同种作品类型。[6] 实际上,由于3D打印机可以不受限制地制造各种各样的物体,很难对3D打印数字模型设计文件或3D打印对象进行简单的分类。[7] 以下对上述观点逐一进行分析。

(一)是否属于计算机软件作品

认为3D数字模型是计算机程序的主要依据在于,3D数字模型的产生和存在都离不开计算机,因此应作为计算程序或有关文件依

---

〔1〕 参见崔灿光:《3D打印的知识产权问题研究》,华南理工大学法学院2015年硕士学位论文,第17页。

〔2〕 参见黄翀:《3D打印中相关作品的著作权保护研究》,华南理工大学法学院2014年硕士学位论文,第36页。

〔3〕 参见刘强、冯晓青、武志孝:《3D打印给知识产权保护带来冲击》,载《检察日报》2015年1月15日,第3版。

〔4〕 根据《著作权法实施条例》第4条第8项的规定,美术作品是指“绘画、书法、雕塑等以线条、色彩或者其他方式构成的有审美意义的平面或者立体的造型艺术作品”。

〔5〕 根据《著作权法实施条例》第4条第13项的规定,模型作品是指“为展示、试验或者观测等用途,根据物体的形状和结构,按照一定比例制成的立体作品”。

〔6〕 参见李永明、郑金晶:《3D打印中CAD文件的定性与复制问题研究》,载《浙江大学学报(人文社会科学版)》2016年第2期。

〔7〕 See Matt Simon, *When Copyright Can Kill: How 3D Printers Are Breaking the Barriers between Intellectual Property and the Physical World*, 3 Pace Intell. Prop. Sports & Ent. L. F., 2013, p. 96.

《计算机软件保护条例》进行保护，但 3D 数字模型是运用计算机软件产生的成果，并非计算机软件本身，将其视为计算机程序有失偏颇。

3D 打印数字模型是 3D 打印机制造物理对象的基础，看起来与计算机软件和代码非常相似。随着早期计算机行业和商业盈利能力的爆炸式增长，美国国会 1976 年修改了版权法，明确将计算机软件纳入其中。1980 年又制定了《计算机软件版权法案》(CSA)，将“计算机程序”定义为“为了带来某种结果直接或间接地用于计算机的一组语句或指令”。在“数字通信协会案”中，法院认为，“根据 1976 年修订的法案，计算机程序是一项‘作品’，并受到版权保护”，并将计算机程序归类为“文字作品”，明确了版权保护既适用于传统的人类语言和符号，也适用于程序的源代码，以及机器可读的二进制语言编写的目标代码。[1]

根据《美国版权法》第 101 条，文字作品是“除视听作品外，用文字、数字或其他语言、数字符号或标记表达的作品，不论体现这种作品的载体是书籍、期刊、原稿、音像、胶片、磁带、磁盘还是卡片”。计算机软件之所以被归类为文字作品，是因为程序员在编写源代码(这是人类可读的)时，必须使用创造性的表达来完成给定的任务。计算机程序能否被归类为文字作品取决于“该程序是否为作者的写作”。[2] 从技术上来讲，计算机程序本质是由源代码组成，然后通过编译器的“机器语言”转换器转换成计算机可读的二进制代码(1 和 0)。因为程序员在选择、安排和编辑以源代码形式存在的人类可读状态的作品时的选择范围，以及可能的文字表达足以构成原创作品，所以，计算机软件源代码和二进制代码形式，如同一本书一样是

---

〔1〕 Digital Communications Associates, Inc. v. Softklone Distrib. Corp., 659 F. Supp. 449 (N. D. Ga. 1987).

〔2〕 Announcement SML - 47 (May 1964) and Copyright Office Circular 310 (Jan. 1965).

“作者的写作”，被作为文字作品予以保护。[1]

计算机软件通常可分为操作系统和应用程序。由于3D打印数字模型文件的目的是为用户完成一项特定的任务，即打印出一个3D对象，而不是进行内部计算机操作，因此，3D打印数字模型文件不属于操作系统。[2] 3D打印数字模型文件在为用户执行特定任务时更类似于应用程序。然而，3D打印数字模型文件与其他计算机程序的区别在于，它们实际上只是一个三维物体的三角形投影，[3]3D打印数字模型文件无法控制3D打印机的操作。因此，不应将3D打印数字模型文件归属为计算机程序。[4]实际上，虽然3D打印数字模型文件和计算机软件都是存储在计算机内存中的电子数据，借助计算机使用，然而，这两类文件在创造过程和功能上存在根本差异。3D打印数字模型文件并不是由那些管理计算机代码的程序所决定的，不像计算机的源代码一样是作者的“写作”，尤其使用激光扫描设备创建3D打印数字模型文件时甚至没有作者，更不能被认为是“写作”。因为3D打印数字模型文件从来不是以人类可读的源代码形式存在的，因此不能被归为类似于计算机软件的文件。[5] 同样地，3D打印物品也不符合计算机软件或文字作品的定义。

---

〔1〕 See Matt Simon, *When Copyright Can Kill: How 3D Printers Are Breaking the Barriers between Intellectual Property and the Physical World*, 3 Pace Intell. Prop. Sports & Ent. L. F., 2013, p. 78.

〔2〕 See Brian Rideout, *Printing the Impossible Triangle: The Copyright Implications of Three-Dimensional Printing*, 5(1) Journal of Business Entrepreneurship and the Law, 2011, p. 161, 167.

〔3〕 3D打印数字模型文件描述了三维物体表面几何图形，每个面都由一个垂直方向和三个代表三角形顶点(角)的点来描述。借助分层算法利用这些数据点来确定3D打印的三维物体的横截面。

〔4〕 See Peter Twomey, *A New Dimension to Intellectual Property Infringement: An Evaluation of the Intellectual Property Issues Associated with 3D Printing*, 17 Trinity C. L. Rev., 2014, p. 33-34.

〔5〕 See Matt Simon, *When Copyright Can Kill: How 3D Printers Are Breaking the Barriers between Intellectual Property and the Physical World*, 3 Pace Intell. Prop. Sports & Ent. L. F., 2013, p. 79-80.

(二)是否属于图形或模型作品

在我国著作权法的相关作品类型中,最接近的类型是工程设计图、产品设计图等图形作品和模型作品。在美国版权法中,“绘画、图形、雕塑作品”是最相近的归类。美国版权法将“绘画、图形、雕塑作品”定义为:“艺术品、图形和实用艺术作品、照片、印刷品和艺术复制品、地图、地球仪、图表、缩略图、模型和技术图纸,包括建筑设计的二维或三维作品。”[1]作品只要包含了足够的创造性表达,并与它的实用性或功能性相分离,就受到版权法的保护。在“梅泽诉斯坦案”中,最高法院的判决区分了由版权法保护的作品的艺术表达以及不受美国版权法保护的作品的功能性方面。法院认为,“被纳入实用物品中的艺术设计,只要能够独立于实用物品,是可以受版权法保护的”。美国国会在起草 1976 年版权法时将最高法院在“梅泽诉斯坦案”中的表述纳入其中,明确了受版权法保护的实用物品和不受版权法保护的工业设计,认为绘画、图形和雕塑作品包括“艺术作品的形式而不包括它们的机械或功利方面”。[2]

3D 打印数字模型文件属于技术、机械、工程或建筑图纸。如果没有对图纸进行未经授权的复制,3D 打印数字模型文件的知识产权持有者就无权阻止他人基于图纸制作实用物品。以高速公路标志的工程图纸为例,作者有权禁止他人未经许可复制工程图纸,但是他人根据合法获得的工程图纸制作高速公路标志并不侵权。[3]其理论依据是:知识产权的权利人对某一特定作品的创造性的表达可以拥有版权,但对作品所描述的思想(包括操作方法、技术方案和实用功能等任何实用性的因素)并不拥有权利。另外,如果 3D 打印

---

〔1〕 Copyright Act, U. S. C. 17 § 102(a)(5).

〔2〕 Mazer v. Stein, 347 U. S. 201 (1954).

〔3〕 See Arnold Silverman, *Copyright Protection for Engineering Drawings*, JOM, 47(9), 1995, p. 67.

数字模型文件是一个预先存在的纯粹实用物品的精确表达,那么这种类型的3D打印数字模型文件因为缺乏足够的创造性而不能受到版权法保护。基于3D打印数字模型文件可以准确地描绘一个物理的、纯功能性的物体的固有本质,许多3D打印数字模型文件不能受版权法保护。

如果创造性的表达与机械或功能方面可分离,3D打印物体即可作为图形作品受保护。从逻辑上来说,除了3D打印物体是3D打印机生产的事实之外,3D打印物体与“正常”的图形作品之间没有区别。[1]

(三)是否属于建筑作品

根据我国《著作权法实施条例》的规定,建筑作品是指以建筑物或构筑物形式表现的有审美意义的作品。[2] 我国将建筑作品和前述的图形、模型作品相互区分,作为两个作品类别分别加以规定,所以,我国著作权法意义上的建筑作品只指三维的建筑物或构筑物,不包括平面建筑设计图和建筑模型。美国版权法将建筑作品的平面设计图也作为建筑作品加以规定,即建筑作品指体现在任何有形表达媒介中的建筑设计,包括建筑、建筑平面图或示意图。作品包括整体形式以及设计中空间和元素的排列组合,但不包括个别的标准配置。美国著作权法为建筑平面图提供双重保护,规定其既属于“建筑作品”,也属于“图形作品”。可以将3D打印数字模型文件和3D打印对象归类为非定形的“建筑平面图”,针对项目的特殊性,在个案分析的基础上决定属于建筑作品还是图形作品。

3D打印对象从某种意义上也可以被归类为建筑作品。目前,

---

〔1〕 See Matt Simon, *When Copyright Can Kill: How 3D Printers Are Breaking the Barriers between Intellectual Property and the Physical World*, 3 Pace Intell. Prop. Sports & Ent. L. F., 2013, p. 84.

〔2〕 参见《著作权法实施条例》第4条第9项。

建筑作品仅指砖和灰浆建筑,但 3D 打印对象从创作技术上看是“建筑”物品。3D 打印作为“增材制造”,类似于“小型建筑”。同样地,3D 打印数字模型文件既可以用于 3D 打印,也可以用于传统的建筑工程,如果它们以同样的方式,使用相同的软件和文件设计,并且受普遍适用的科学和物理定律支配,那么它们应该受到相同的版权保护。此外,3D 设计文件有可能被归类为技术或建筑图纸。

综上,3D 打印数字模型文件可以被归为产品设计图、工程设计图等图形作品,3D 打印对象可以被归为模型作品,也可以在某种意义上被归为特殊的建筑作品。

三、以版权法保护 3D 打印数字模型的优势

3D 打印技术涉及两种不同格式的数字模型:CAD 格式文件和 STL 格式文件。其中,CAD 格式文件能够被人们识别和修改,可以通过自己设计、直接扫描或者网络下载而获取,它必须事先转化为 STL 格式文件才能被 3D 打印设备识别。CAD 与 STL 两类文件有如计算机软件的源代码和目标代码之间的关系,应当被视为同一作品。[1]

CAD 文件包括数据包、基础源代码、可视化的数字模型等。其中,数据包仅是数据的简单集合,不属于著作权法意义上的汇编作品或其他作品;基础源代码用于数字模型的储存和读取,不同于代码本身,虽然代码是辅助作品使用和传播的载体,但是并不构成著作权法保护的对象。数字模型是 CAD 文件可视化的形态,是制作者对某一实物的数字化描述,如果符合著作权法独创性的要求,就构成著作权法保护的客体。学者对 CAD 数字模型的具体称谓有所

---

〔1〕 参见韦之:《试论 3D 打印核心著作权问题》,载《华中科技大学学报(社会科学版)》2014 年第 5 期。

不同。有学者将CAD数字模型称为"3D打印设计文件",并根据来源将其分为直接用3D打印设计软件设计的打印文件、通过其他格式转化得到的STL格式文件和通过扫描立体物形成的打印文件。[1]也有学者将其称为"3D设计的模型",并指出该模型如果没有进入公有领域,应当属于著作权法保护中的"作品"。[2] 还有学者将CAD数字模型看作一种计算机程序,或一种通过扫描手段获得的立体作品的数字化文件,归入作品范畴。[3] 在本书中对这些称谓在同义语上使用。

从网上获取CAD文件并进行3D打印是最常见的侵权方式,那么显而易见的最佳解决方案就是停止在线共享CAD文件。如果权利人拥有可以3D打印的有效的专利,并且在表示专利部分的3D CAD文件中存在有效的版权,那么权利人既可以依据专利法免于遭受传统方式的专利侵权,也可以通过版权法免于文件的在线共享和打印。专利法在有限的时间内保护新的、有用的和非显而易见的技术,以换取对技术的公开披露。但是,这种保护只会给专利权人排除他人制造、使用或出售专利技术的权利,仅仅共享3D CAD文件并不侵犯专利权,只有使用或出售3D CAD文件才会侵犯专利权。因此,即使通过3D CAD文件打印的零件已取得专利,受专利法保护,专利权人使用版权法提供的保护方法来限制在线共享侵权的3D CAD文件还是具有专利法无可比拟的优势。通过版权的"通知—删除"救济方式可以减少3D CAD文件的在线共享,从而降低专利侵权的概率。

通过专利和版权的结合保护,专利权人可以使用版权保护机制

[1] 参见罗娇:《"3D打印"的著作权法律问题研究》,载《知识产权》2014年第8期。

[2] 参见马忠法、陈潜:《3D打印中的"复制"与"合理使用"》,载《上海财经大学学报》2015年第3期。

[3] 参见刘强、冯晓青、武志孝:《3D打印给知识产权保护带来冲击》,载《检察日报》2015年1月15日,第3版。

来限制在线共享侵权的3D CAD文件。3D CAD文件的版权保护还可以为3D CAD文件创建一个新的在线市场，如同音乐在线市场一样，以此减少对盗版文件的需求。版权的额外保护措施有助于加强专利权人对网络盗版的防御。为了利用版权这一额外的有用的保护措施，公司应该积极主动创建涵盖专利部件及其最新的变体的3D CAD文件，或者为该部件的每一个变体分别创建几个3D CAD文件。通过对3D CAD文件的版权保护，专利权人可以有效控制生产专利部件的3D CAD文件的线上共享，而无须证明实际发生了专利侵权行为，弥补了单靠专利法保护的不足。

（一）激励3D CAD数字模型的专利权人发布文件

版权保护使专利权人无须担心他人任意复制享有专利权的零部件的3D CAD文件，从而可以放心地进入3D CAD文件在线市场。在版权保护机制下，专利权人可以通过类似于iTunes的机制，以一种安全的、可访问的方式在线出售其专利产品的3D CAD文件。使用类似iTunes的商业模式销售3D CAD文件，可以让专利权人进入为3D打印机准备的3D CAD文件这一新兴市场。从音乐产业发展的命运可以看出提早进入数据市场是有益的。如果商品容易获取且价格合理，人们更倾向于合法购买商品。通过创建易访问的合法的高质量的3D CAD文件，可以减少盗版的盛行，并鼓励公众围绕现有设计进行改进设计，既保护专利权人的专有权利，又促进社会技术进步。

另外，专利权人可以将专利产品的3D CAD文件卖给消费者，让他们自己在家用打印机上生产，这样就不再需要提前储存大量的专利产品。从本质上来讲，专利权人可以在不显著降低产品价格的情况下将制造成本转移给消费者。例如，一个价值20元的塑料专利部件仍然可以以同样价格以3D CAD文件的形式卖给消费者，这样消费者必须支付制造成本，而专利权人只剩下纯粹的利润。

(二)著作权保护易于实施

在现代设计过程中,许多公司已经使用3D CAD 文件替代了传统的工程制图,所以很容易获得版权保护。著作权保护始于作品创建之时,这意味着在设计过程中的3D CAD 文件基本都已经有了版权保护。通过这些数字文件,专利权人扩大了专利保护。专利权人即使需要额外创建和注册一些文件来涵盖专利部件的每一种可能的变化,所产生的费用也远远低于因应对被侵权而产生的诉讼成本。

四、3D 打印技术背景下著作权保护的范围

《著作权法》赋予著作权人若干权利,其中包括复制权和改编权。[1] 著作权人可以依据这些权利控制3D CAD 文件副本的创建及派生作品的创作。在3D CAD 文件中所体现的模型的几乎任何变化都将被视为其复制件或衍生作品,所以复制权和改编权给予3D CAD 文件版权人相当强的保护。

无论是大陆法系还是英美法系,复制权的配置一直是影响出版行业的关键性因素,复制权也因此成为著作权人最核心的权利,成为著作权法的基础。[2] 各国著作权权利体系无不以复制权为中心而展开。在模拟版权时代,复制及其延伸活动构成了一切文学艺术作品使用的核心,是其他著作财产权存在的基础,可以说"版权即复制之权"。[3]

在著作权保护历史上,为维护利益平衡,复制权的内涵随着复

---

〔1〕《著作权法》第10条规定,"著作权包括下列人身权和财产权:……(五)复制权,即以印刷、复印、拓印、录音、录像、翻录、翻拍、数字化等方式将作品制作一份或者多份的权利……(十四)改编权,即改变作品,创作出具有独创性的新作品的权利……"

〔2〕参见彭学龙:《技术发展与法律变迁中的复制权》,载《科技与法律》2006年第1期。

〔3〕参见张今:《版权法中私人复制问题研究——从印刷机到互联网》,中国政法大学出版社2009年版,第40、43、45页。

制技术的进步一直处于不断的调整变化之中。复制通常是指从平面到平面或从立体到立体的同体复制。然而,3D 打印的方式通常有以下三种:(1)从立体到立体,即通过 3D 扫描仪对实用艺术作品进行扫描,形成电脑中的 3D 立体模型,再通过 3D 打印机打印出立体物品。具体而言,在产品设计者将实物产品投放到市场以后,竞争对手不必事先获取创作者制作的产品设计图,就可以通过 3D 扫描和数据分析等手段进行破解,得到 CAD 或 STL 文件,再借助 3D 打印进行再生产。(2)从文字到立体,即通过在电脑中输入一段文字描述,再打印出对应的物品。(3)从平面到立体,即先在电脑中通过 CAD 软件设计出要打印的立体物品的平面设计图,再打印出立体物品。

对于第二种从文字到立体的打印方法,鉴于文字与立体物品是两种不同形式的表达方式,一般不会认为是著作权法上的复制。[1] 第一种和第三种 3D 打印方式,都与 3D CAD 模型的生成、传播与打印密切相关:(1)在生成环节,可能是对原物品的复制,也可能是对其他 3D CAD 模型的直接复制。(2)在传播环节,与一般数字文件的传播类似。如果根据 3D CAD 模型打印出来的成品侵犯他人著作权,那么生成或传播这种 3D CAD 模型可能构成帮助或引诱侵权。(3)在打印环节,打印出的成品既可能是对 CAD 模型本身的复制,也可能是对原物品的复制。

总而言之,3D CAD 模型的生成、传播与打印,提升了个体的立体复制能力,引发的争议问题主要集中于从原物品到 3D CAD 模型或者从 3D CAD 模型到打印成品这种异体转换是否属于著作权法意义上的"复制"问题。[2] 我国著作权法对此问题语焉不详,实践中

---

〔1〕 参见杨延超:《3D 打印挑战知识产权》,载《经济参考报》2013 年 8 月 27 日,第 8 版。

〔2〕 参见宋智慧:《3D 打印技术背景下复制权的扩张》,载《电子知识产权》2017 年第 4 期。

的做法有时甚至会截然相反，这就需要明确这种异体转换是否属于著作权法中的“复制”。

(一)我国有关异体复制的立法和司法现状

我国《著作权法》第10条规定，复制权，即以印刷、复印、拓印、录音、录像、翻录、翻拍、数字化等方式将作品制作一份或多份的权利。著作权法中复制权的概念是开放式的，从列举的8种具体复制行为类型来看，都是平面到平面的同体转换，至于异体转换是否涵盖于复制权内涵中省略的“等方式”里，理论界一直存在争议。有学者认为，从文义解释看，“等方式”意味着著作权法对复制权的内涵采取“具体列举＋抽象概括”的兜底式立法，[1]对复制行为的表现形式未列举穷尽，[2]按照通常理解，将平面作品转换成立体作品或者将立体作品转换成平面作品也是复制。[3]我国1991年《著作权法》考虑到当时我国工业基础薄弱，不宜对工程设计图和产品设计图给予较强保护，规定“按照工程设计、产品设计图纸及其说明进行施工、生产工业品，不属于本法所称的复制”，[4]明确将异形复制排除在复制范畴之外，这一点没有争议。为适应加入世界贸易组织(World Trade Organization，WTO)的要求，加强对建筑作品的保护，2001年《著作权法》删除了上述条款，2010年《著作权法》延续了这一规定。有学者认为，对于这一条款的删除，改变了1991年《著作权法》不承认“异体复制”的立场，意味着在立法中肯定了异体复制。[5] 但

[1] 参见焦和平：《“异体复制”的定性与复制权规定的完善——以我国〈著作权法〉第三次修改为契机》，载《法律科学(西北政法大学学报)》2014年第4期。

[2] 参见王迁：《著作权法学》，北京大学出版社2007年版，第89页。

[3] 参见吴汉东等：《走向知识经济时代的知识产权法》，法律出版社2002年版，第76页。

[4] 1991年《著作权法》第52条第2款。

[5] 参见李明德、许超：《著作权法》(第2版)，法律出版社2009年版，第71页；李琛：《知识产权法关键词》，法律出版社2006年版，第124页；黄亮：《3D打印著作权问题探讨》，载《现代出版》2015年第2期；刘强、欧阳旸：《产品设计图著作权保护研究——以3D打印为视角》，载《重庆理工大学学报(社会科学版)》2014年第7期。

是很多立法参与者和部分学者对此持相反的观点，例如，曾参与2001 年《著作权法》修订的时任全国人大常委会法工委副主任的胡康生同志认为，复制有广义与狭义两种解释，狭义的复制是指印刷、复印、拓印、翻拍、录音、录像等，广义的复制还包括按照设计图制作建筑、雕塑等立体作品，我国《著作权法》采用的是狭义的复制概念。[1] 时任全国人大常委会法工委民法室主任的姚红同志也认为，2001 年修正后的《著作权法》对复制的规定仍采取狭义的概念，不包括按照建筑图纸进行施工。[2] 刘春田教授也认为，我国《著作权法》只保护狭义的复制权，对所谓"异体复制"或"重制"行为不予保护。[3] 2020 年《著作权法》第 10 条对复制权的修改依然没有明确复制权是否包含异体复制。

在司法实践中，对根据产品设计图制造产品的行为是否侵权也存在意见分歧。最高人民法院在《关于叶庆球与珠海市香洲船舶修造厂等著作权侵权纠纷案的函》(1999 年 9 月 22 日)中指出，"香洲船厂依照'VZXZ813'图纸建造渔船的行为不是侵犯著作权的行为"。[4]最高人民法院的这一态度在 2001 年《著作权法》第 52 条修改后仍有影响力。在"上海迪比特实业有限公司与摩托罗拉(中国)电子有限公司等著作权侵权纠纷上诉案"中，上海市第二中级人民法院认为"按照设计图生产印刷线路板的行为，是生产工业产品的行为，不属于著作权法意义上的复制行为"。[5] 但司法实践中也有

---

〔1〕 参见胡康生主编：《中华人民共和国著作权法释义》，法律出版社 2002 年版，第 46 页。

〔2〕 参见姚红主编：《中华人民共和国著作权法释解》，群众出版社 2001 年版，第 110 页。

〔3〕 参见刘春田：《知识产权法》(第 2 版)，中国人民大学出版社 2002 年版，第 72 页。

〔4〕 《最高人民法院关于叶庆球与珠海市香洲船舶修造厂等著作权侵权纠纷案的函》(〔1997〕知监字第 48 号函)。

〔5〕 上海迪比特实业有限公司与摩托罗拉(中国)电子有限公司、上海百联集团股份有限公司著作权纠纷案，上海市第二中级人民法院(2002)沪二中民五(知)初字第 132 号民事判决书。

很多判决肯定了异体复制的侵权性质。在“复旦开圆公司诉联华超市等案”中，被告未经授权擅自根据平面的生肖卡通形象制成立体储蓄罐进行销售，被法院判定为侵犯了原告的复制权。[1] 在“北京市京沪不锈钢制品案”中，法院也认为，被告依照原告公开发表的平面雕塑作品制作涉案不锈钢雕塑作品的行为，属于对原告作品“从平面到立体”的复制行为，侵犯了原告的著作权。[2] 在“南京现代雕塑中心与南京时代雕塑艺术有限公司等著作权纠纷案”中，被告根据原告“希望之光”雕塑作品平面电脑效果图，制作“科技之光”立体雕塑并以 6 万元销售，该雕塑被安装在产业园管委会的大院内，法院认为该行为侵犯了原告的著作权。[3] 在“日本圆谷制作株式会社诉上海豫圆商城国际购物中心著作权纠纷案”中，法院认为，原告日本圆谷制作株式会社对“奥特曼”形象的独创性设计是一种美术作品，依据《伯尔尼公约》受我国著作权法的保护。被告未经授权擅自制作了包含“奥特曼”形象主要特征的闹钟，法院根据《伯尔尼公约》中的复制权包含异体复制的相关规定，认定系争闹钟外观造型侵害了原告享有的“奥特曼”作品的著作权。

在同一案件中，一审法院和二审法院的认定结果有时也大相径庭。例如，在“腾讯 QQ 企鹅图像案”中，一审法院认为，“未经许可制造外形与腾讯 QQ 企鹅动漫形象类似的小夜灯，属于从平面到立体的复制，构成对复制权的侵权”，判决被告侵权，并判决被告赔偿原告 10 万元经济损失。在二审济南市中级人民法院的审理过程中，专家论证意见书认为，“从目前立法层面看，我国著作权法中的复制

---

〔1〕 参见复旦开圆文化信息(上海)有限公司与联华超市股份有限公司等著作权侵权纠纷上诉案，上海市高级人民法院(2008)沪高民三(知)终字第 54 号民事判决书。

〔2〕 参见范某海等诉北京市京沪不锈钢制品厂侵犯著作权纠纷案，北京市第二中级人民法院(2002)二中民初字第 8042 号民事判决书。

〔3〕 参见南京现代雕塑中心与南京时代雕塑艺术有限公司、中科昆山高科技产业园管理委员会侵犯著作权纠纷案，南京市中级人民法院(2003)宁民三初字第 30 号民事判决书。

并未明确包括从平面到立体的复制。尽管司法实践中有个别案件作出大胆的突破尝试,但毕竟受制于法律条文限制,所作出判决的法律依据受到质疑。本案如果认定平面到立体的复制行为属于著作权侵权行为,那明显缺乏法律依据”。[1] 最后,济南市中级人民法院以腾讯公司的美术作品与被告光阳电器公司的产品形象有明显差异、光阳电器公司的产品形象并非复制了腾讯公司的美术作品为由,驳回腾讯公司的诉讼请求。

(二)异体复制的域外考察

《伯尔尼公约》(1967 年斯德哥尔摩文本)第 9 条规定:“受本公约保护的文学艺术作品的作者,享有授权以任何方式或者形式复制该作品的专有权。”这种非常概括的下定义方式使复制概念的外延相当大,足以涵摄所有的复制方法,既包括按现有技术可实现的复制方式,如印刷、照相、复印、录制等,也包括所有未知的未来技术可能实现的复制方法,如异体复制等。

英国、法国、日本和俄罗斯等多个国家的著作权法均认可异体复制,如《英国版权法》第 17 条规定,“对艺术作品而言,复制包括对平面作品所进行的立体复制(也包括将立体作品转化为平面作品的复制)”。只要能够辨别设计图与产品之间的一致性,就可以认为二者互为复制件。《日本版权法》将复制定义为使用印刷等方法进行“有形的再创作”,《法国版权法》中的“复制”是“用各种可使公众间接得知的办法对作品加以有形固定”,“对于建筑作品,重复实施一份设计图纸或施工模型也构成复制”。美国的《1998 年船壳设计保护法》(Vessel Hull Design Protection Act)和拟议中的《禁止设计盗版法案》(Design Piracy Prohibition Act)规定,在船壳设计和时装设

[1] 李守运等:《两“企鹅”相争 腾讯铩羽而归》,载《中国知识产权报》2013 年 11 月 13 日,第 11 版。

计领域,根据设计图制造产品的行为属于知识产权保护的范围。[1] 英美国家的司法实践也支持这种观点。例如,在英国"大力水手案"中,法院认为,将"大力水手"波派由二维的卡通形象制作成三维的小塑像属侵权行为。在早年美国关于复制有著作权的卡通图纸的 Spark Plug、The Horse 以及 Betty Boop 的 3D 玩具案件中,该复制行为就被法院认定属于侵权。[2] 在美国"娱乐研究集团公司诉创意工厂集团公司案"中,根据二维的卡通人物形象做成的三维充气服装,因缺乏独创性而被认定为复制行为。[3]

(三)著作权法上的"复制"涵摄"异体复制"的理由

1. 从法律角度来看,3D 打印行为符合复制的特征

判断异体复制是否属于著作权法意义上的复制行为,关键看其是否符合复制行为的基本特征。第一,作品内容的再现性。既包括全部再现或相同再现,也包括部分再现或相近再现。第二,作品表达形式的重复性。即通过物质载体间的重复表达增加了有形载体的数量。第三,作品复制行为的非创造性。即复制过程不产生新的作品。[4] 如果说在 3D 打印技术出现以前,异体复制受到转换过程中手段、材料的精度所限,无法达到各要素的一一吻合,通过人力达成从平面到立体的精确复制基本没有可能,在此技术背景下,异体复制难以完全符合"作品内容的再现性""表达形式的重复性""复制行为的非创造性"。但在 3D 技术日渐成熟之后,排除人为施工带来的不稳定性、难以重复再现性,凭借机械制造基本可以满足异体

[1] 参见刘强、曾蓓:《3D 打印设计文件复制权问题研究》,载《怀化学院学报》2014 年第 3 期。

[2] 参见瞿昊晖:《论 3D 打印产品设计图作品的使用者利益——以美国判例为启示》,载《中南大学学报(社会科学版)》2015 年第 5 期。

[3] 参见罗娇:《"3D 打印"的著作权法律问题研究》,载《知识产权》2014 年第 8 期。

[4] 参见吴汉东:《著作权合理使用制度研究》,中国政法大学出版社 1996 年版,第 168 ~ 169 页。

复制的高精确度再现，符合复制的三个特征。因此，“复制”不应囿于同体转换，应延展至“异体复制”，应认定从平面到立体的复制是侵权行为。[1]

2. 从经济角度来看，产品设计图的关键价值在于制造

仅仅通过“印刷、复印、拓印等”复制手段使用设计图无法体现该设计图的核心价值。随着 3D 打印技术的广泛应用，对于普通消费者来说，通过文字或图形表达的产品设计图明显不同。如果没有 3D 打印技术，无论是基于产品设计的文字描述还是产品设计图纸，普通消费者一般都没有能力借以生产产品。在 3D 打印技术背景下，普通消费者可以凭借产品设计图制造想要的产品，产品设计图成为 3D 打印的一个必经步骤，其经济价值更加彰显。如果还是采取如同对产品设计文字表达一样的保护方式，就忽略了产品设计图的特殊经济价值。[2] 正如刘春田教授所言，“如果不对根据产品设计图制造产品的行为进行控制，将保护范围仅限于‘图纸’而未延及产品本身，将难以起到保护工业设计的作用”。[3] 因此，有必要重新界定 3D 打印背景下的“复制”概念的内涵。

我国 2020 年修正的《著作权法》将复制权的内涵修改为，“以印刷、复印、拓印、录音、录像、翻录、翻拍、数字化等方式将作品制作一份或者多份的权利”。是否包括异体复制，依然语焉不详。建议遵从《伯尔尼公约》的精神，通过著作权法实施条例或司法解释，明确将异体复制纳入复制权的内涵。只要是不具有创造性的重复性表达，重新再现了作品内容，无论是同体复制还是异体复制，都应当认定为复制行为。依据物品创建 3D CAD 文件只是在新媒介上表达

---

[1] 参见李永明、郑金晶：《3D 打印中 CAD 文件的定性与复制问题研究》，载《浙江大学学报（人文社会科学版）》2016 年第 2 期。

[2] 参见刘强、欧阳旸：《产品设计图著作权保护研究——以 3D 打印为视角》，载《重庆理工大学学报（社会科学）》2014 年第 7 期。

[3] 刘春田主编：《知识产权法》（第 4 版），中国人民大学出版社 2009 年版，第 63 页。

了相同的作品或派生作品，缺乏获得版权所需的原创性。在通过“扫描”或其他方式复制物品创建3D CAD文件时，产生的CAD文件实际上与原物完全相同，而原物与受版权保护的原始的3D CAD文件几乎相同，这样通过扫描物品得来的3D CAD文件与物品的原始3D CAD文件几乎相同。如果使用侵权3D CAD文件打印更多的物品，那么这些物品作为复制品也会侵犯版权。复制的3D CAD文件与原件不一样时，也可能被视为改编作品，仍然侵犯原作品的复制权。

复制权和改编权使版权人可以阻止他人未经许可制作受版权保护的物品的3D CAD文件。可见，3D CAD文件固有的可版权性，给予了3D CAD文件广泛的保护。[1]

五、3D打印背景下合理使用制度的反思

著作权法在致力于维护作者合法权益的同时，基于利益平衡原则，也要从公共利益和社会目的出发，维护知识共享，确保社会公众能“合理”地使用已经公开发表的作品。合理使用制度作为对版权侵权的抗辩，允许他人以有限的和转换的目的使用受版权保护的作品，如评论、批评或戏仿原文、私人研究等。在传统模拟技术条件下，一般民众不具备大量复制所需要的技术和资本，少量的、零星的私人复制对版权市场的影响微不足道。因此，在传统版权法的制度框架内，版权人不必也无权阻止公众的少量复制行为。私人复制几乎可以等同于合理使用。但随着互联网、激光复印、数据技术、3D打印等现代传播技术的发展，私人复制能力逐渐增强，普通民众已拥有大规模、低成本地精确复制及传播作品的能力。私人复制行为

---

〔1〕 See Frank Ward, *Parents & 3D Printing: Protecting the Democratization of Manufacturing by Combining Existing Intellectual Property Protections*, 25 DePaul J. Art Tech. & Intell. Prop. L., 2014, p. 91.

越来越威胁到著作权人的利益，在这样的技术背景下，如果再固守私人复制等同于合理使用的“古训”，版权保护就会沦为一句空话。[1] 在新的技术条件下，私人复制行为在版权法上的性质需要重新界定。

（一）私人复制行为属于合理使用的缘由

我国2010年《著作权法》第22条列举了合理使用的12种情形。2020年《著作权法》第三次修正将合理使用制度调整到第24条，在列举了12种具体的合理使用行为之外，又增加了兜底条款。大多数学者认为，私人利用3D打印复制作品，属于我国著作权法所列举的合理使用的第一种情形，即“为个人学习、研究或者欣赏，使用他人已经发表的作品”。“如果打印者只是将3D产品用于自己欣赏等合理用途，不构成侵权；如果用于商业目的则构成侵权。”[2] 对此观点，笔者对此不敢苟同。

我国《著作权法》把“为个人学习、研究或者欣赏”而复制的行为纳入合理使用范围，主要基于以下考虑：其一，从复制效果来看，“个人使用”并不会对著作权人的利益和著作权市场带来代替性的严重消极影响。其二，从执行角度看，著作权人或者著作权管理机关都难以将私人复制行为的规制成本控制在合理限度内。所以，我国《著作权法》将规制的重点放在了商业使用行为上。诚然，在整个模拟技术特别是印刷时代，由于生产成本高昂、技术手段复杂，“为个人学习、研究或欣赏”而复制他人已经发表的作品，数量少且零散，不会对作品市场和著作权人的利益造成显著的影响。况且，著作权人控制此类行为成本太高，即便法律赋予著作权人控制私人复制行为的权利，也无法付诸实施。本着“法律不理琐事”的原则，在这种

---

〔1〕 参见张今：《版权法中私人复制问题研究——从印刷机到互联网》，中国政法大学出版社2009年版，“序言”第2页。

〔2〕 柳萍：《3D打印对知识产权的挑战及对策分析》，载《新闻战线》2014年第10期。

情形之下,复制权的规制主要针对以获取非法利益为目的的盗版者,非商业性的私人复制行为被视为合理使用是最佳立法选择。

(二)基于3D打印的私人复制不应一律属于合理使用

版权是一个历史概念,合理使用也是版权制度发展的历史产物。无论是着眼于保护作者利益的版权,还是旨在维护公众权益的合理使用,其边界从来就不是固定不变的,而是随着技术的发展不断地调整变化。[1] 早在20世纪下半叶,随着静电复印技术、录音录像技术和广播电视技术的发展,私人复制问题逐渐显现。进入千禧年后,互联网和数字技术背景下的私人复制问题更加凸显。

私人复制的性质不是一成不变的,其效力范围与复制技术的发展水平成正比。复制技术越先进、复制成本越低、复制技术的应用越普及,复制权受到的限制越小,复制权的效力也就越强。[2] 从录音录像、静电复印等技术的发展和普及中可略见一斑。在印刷时代,私人复制属合理使用,是法律许可的行为。在录音录像技术出现之后,消费者的少量个人复制行为累积起来已经严重地侵害了著作权人的复制权和发行权,实质性地损害了著作权人的经济利益。德国、法国、日本等很多国家赋予著作权人报酬请求权,私人复制由合理使用转化为法定许可。20世纪以来,随着技术的发展,各种私人复制活动成为使用作品的一种常见方式,单个私人复制行为累加起来对著作权人的利益影响很大,私人复制行为已经不具备合理性的基础,著作权的触角逐渐延伸到个人使用作品的领域。[3]

3D打印机的普及与录音录像技术对私人复制权的冲击有异曲同工之处。3D打印使复制成本和技术门槛大大降低,复制质量显

---

〔1〕 参见张今:《版权法中私人复制问题研究——从印刷机到互联网》,中国政法大学出版社2009年版,"序言"第1~2页。

〔2〕 参见彭学龙:《技术发展与法律变迁中的复制权》,载《科技与法律》2006年第1期。

〔3〕 参见杨利华、冯晓青:《著作权扩张及其法律和经济学探讨》,载《法学论坛》2005年第3期。

著提高，消费者不肯花费高价购买知名商品，宁肯花费低廉的成本购买原材料，打印出自己需要的产品。随着私人复制行为的日益普遍，如果仍旧将消费者为满足个人生活需求而打印产品的行为都视为“合理使用”，势必会影响产品的市场销售状况，削减产品的市场利益。随着数字技术和 3D 打印的发展和普及，复制权应当由营利目的的复制延及至私人目的的复制。理由如下：

首先，“3D 打印”并非如传统平面打印一样属于简单的复制行为，它还兼具“制造”的功能。3D 打印的过程实质是将打印对象从数字载体转换为物理载体。传统印刷技术背景下，打印基本等同于复制，而通过 3D 打印的成果，不是对被复制内容的简单重复，无论是物理形态、打印材质还是载体的表现形式都发生了根本性变化。[1]

其次，私人 3D 打印大多不是出于“个人学习、研究或欣赏”的目的，更主要是为了利用打印产品的实用价值和“使用”功能。

最后，随着 3D 打印技术的发展，作品的私人复制对著作权人的冲击更大。虽然从微观看，单个消费者的少量复制行为不会对产品市场造成实质性的损害，但从宏观看，随着 3D 打印的普及，3D 打印设备的使用者将兼具消费者和自助生产者双重身份，复制人员分布广泛且数量庞大，众多“分散”的个人少量复制行为累积起来，丝毫不逊色于传统少数企业的“集中式”大量复制行为，甚至“带来的损害比传统技术条件下少数厂家集中制造侵权产品造成的损害更为严重”。[2]

可见，在 3D 打印技术背景下，需要重新界定复制概念的内涵，缩小其内涵，扩大其外延，将私人复制行为囊括其中，这就需要重新

---

〔1〕 参见马忠法、陈潜：《3D 打印中的“复制”与“合理使用”》，载《上海财经大学学报》2015 年第 3 期。

〔2〕 黄亮：《 3D 打印著作权问题探讨》，载《现代出版》2015 年第 2 期。

审视将私人复制排除在复制权效力之外的合理使用制度。

(三)3D打印技术背景下合理使用制度的立法模式选择

1. 合理使用制度的立法模式考察

概括来说,合理使用制度目前有两种立法模式:一种是以美国为代表的"因素主义立法模式",也叫"开放式体系",即,判断合理使用需综合考虑以下几个方面:使用作品的目的与性质;被使用作品的性质;使用作品的数量和实质性程度;使用结果对作品潜在市场价值的影响。在合理使用原则下,可以使用受版权保护的作品的目的清单"仅仅是说明性的"。只要侵权作品符合合理因素,即使没有被豁免的目的明确地涵盖,使用也会是"合理"的,不会构成侵权。[1]另一种是"规则主义立法模式",也称"封闭式体系",采取列举的方式在著作权法中逐一规定合理使用的具体行为方式。

在"坎贝尔诉阿库夫-罗斯·穆西案"中,美国最高法院认为,作品的转换使用或创作性使用没有取代原作品的使用,将有利于合理使用。如果一项作品"添加了新的东西,有了进一步的目的或不同的特性,用新的表达、意思或信息改变了原初的",则被认为是"转换性"(transformative)使用。[2] 任何具有转换性的、非商业价值的、不直接影响原产品的市场的3D打印物品,均应受到合理使用的保护。如消费者对3D打印机的实验使用被视为合理使用。但是,仅仅将三维的CAD数字模型文件转换为三维的实体对象,只是原始作品在不同媒介中的重新传播,可能不会带来改变,其对设计图的使用难以归类为转换性使用。此外,通过3D打印可以重复利用其他人的作品,消费者会选择直接打印产品而不是从授权的供应商处购买,从而节省了购买原始作品的费用,无疑会影响原作品的市场,

---

〔1〕 See Saahil Dama, Amulya Chinmaye, *Printing a Revolution: The Challenges of 3D Printing on Copyright*, 84 Geo. Wash. L. Rev. Arguendo, 2016, p. 68.

〔2〕 Campbell v. Acuff-Rose Music, Inc., 510 U.S. 569, 579 (1994).

不符合“非商业用途”的规定。因此,上传CAD文件以及通过3D打印进行复制不能归为合理使用。[1] 在“百代唱片公司诉英国天空广播公司案”中,关于免费分享受版权保护的材料的行为性质,阿诺德法官认为,即使侵犯版权材料的上传者没有从他们的行为中直接获利,他们仍然会从他们的行为中获得间接经济利益。在这些材料被上传后,上传者可以免费下载其他的录音,这往往是免费上传者所期待的回报。[2]

与因素主义立法模式相比,规则主义立法模式具有稳定性和可预见性的优势,在具体案件中易于应用,但这种立法模式缺乏概括性和灵活性,不能穷尽所有现存的情况,包容不了伴随新技术产生的新的法律问题。尤其是在网络时代和数字经济背景下,这种规则主义立法模式过于僵化,难以满足司法实践的需要。考虑到当前著作权法所处的复杂技术环境,合理使用的判定需要多样化和灵活性,许多采取规则主义立法模式的国家都考虑引入因素主义立法模式,如因素主义立法模式已相继被菲律宾(1997年)、新加坡(2006年)、以色列(2007年)的版权法所吸收。其他国家也在考虑引入因素主义立法模式。韩国为实施《美韩自由贸易协议》,于2012年版权法中新增第35-3条,即“除其他情形外,版权作品可以用于报道、批评、教育和研究目的”,并列举了与《美国版权法》第107条相类似的合理使用判断标准。欧盟委员会也将因素主义立法模式的合理使用制度作为版权例外制度的备选方案。澳大利亚法律改革委员会也建议用因素主义立法模式“替代现有的列举式版权例外”。加拿大《版权现代化法》新增了“教育”与“戏仿或者讽刺”两个要素

[1] See Saahil Dama, Amulya Chinmaye, *Printing a Revolution: The Challenges of 3D Printing on Copyright*, 84 Geo. Wash. L. Rev. Arguendo, 2016, p. 68.

[2] EMI Records v. British Sky Broadcasting, 2013, EWHC 379 (Ch.) 40.

作为判断合理使用的目的标准。[1]

2. 因素主义立法模式的优势

《伯尔尼公约》(1967年)第9条第2款规定了“三步检验法”，并将其作为合理使用的测试标准:第一步，合理使用所允许的复制行为只限于国内法明确列举的特殊情况;第二步，复制不与作品的正常利用相冲突;第三步，不能不合理地损害作者的合法权益。“三步检验法”与《美国版权法》中的“四要素”具有异曲同工之处。按照“四要素”说来判断3D打印情形下合理使用的适用:从第一要素“使用作品的目的与性质”来看，3D CAD文件打印物品是将作品从二维的数字模式向三维的实质物体的转换行为，是一种不构成合理使用的“空间转换”，因此从3D打印共享平台网站上下载3D CAD文件进而打印不适用转化性使用[2]抗辩;从第二要素“被使用作品的性质”来看，3D CAD数字文件大多存在未经正式发表的内容;从第三个要素“使用作品的数量和实质性程度”来看，在3D打印中通过3D CAD文件实现从二维到三维或从三维到三维实质地全部复制，而非少量的部分复制;从第四个要素“使用结果对作品潜在市场价值的影响”来看，3D CAD文件完全复制了原版权作品，消费者从共享网站上下载以后可以个人打印，客观上影响了版权作品的销量，大量累积的私人复制行为显然会对作品潜在的市场价值造成消极影响，不合理地损害著作权人的合法权益。[3] 综上所述，无论是依“三步检验法”还是“四要素”标准，私人复制行为即使不具有营利

〔1〕 参见王清、唐伶俐:《国际版权法律改革动态概览》，载《电子知识产权》2014年第5期。

〔2〕 转换性使用指对原作品的二次使用，必须是生产性的，且以不同的方式、为了不同的目的使用原作品。仅对原作品进行重新包装和重新发表将无法通过转化性使用检验。只有那些能促进版权、弘扬科学和艺术宗旨的转化性使用才能构成合理使用。与演绎使用相比，转化性使用更强调二次作品对原作品使用目的上的转变。

〔3〕 参见刘迪:《浅析3D打印技术下的合理使用制度——以美国版权法的“四要素”为切入点》，载《中国版权》2015年第5期。

性，也不能适用合理使用制度进行侵权抗辩。

3D打印技术的进步既改变了作品使用的传统商业模式，也动摇了利益主体间既定的平衡关系。“合理”这个模糊概念的内涵界定是不同利益主体之间博弈的结果，技术进步必然引发人们对合理使用制度的重新思考和架构。我国《著作权法》第三次修改前有关合理使用的立法体例，是在《著作权法》第22条中列举了12种具体的合理使用行为，在《信息网络传播权保护条例》第6条列举了8种网络环境下的具体合理使用行为，同时在《著作权法实施条例》第21条吸纳了《伯尔尼公约》的“三步检验法”，将其作为合理使用的一般性判断标准。近年在《著作权法》第三次修改过程中也试图对私人复制这类消费性使用行为进行限制。2010年《著作权法》中合理使用适用情形之一的“为个人学习、研究或者欣赏，使用他人已经发表的作品”，在2014年《著作权法（修订草稿送审稿）》中已经修改为“为个人学习、研究，复制他人已经发表的作品片段”，将整体复制排除在合理使用范围之外，有其合理性。但是，在2020年11月公布的《著作权法》中，这种合理使用行为又被改为“为个人学习、研究或者欣赏，使用他人已经发表的作品”，似乎把私人复制纳入合理使用的范畴，但同时也将《著作权法实施条例》中的“三步检验法”上升到法律层面，这样在处理3D打印等私人复制行为时，不但要判断是否属于合理使用所明确列举的具体使用行为，还要用“不得影响该作品的正常使用”及“不得不合理地损害著作权人的合法权益”的标准来综合衡量。

综上所述，以单纯使用为内容的私人复制这类消费性使用行为不符合著作权法的立法目标。随着信息网络技术的发展和商业模式的转变，3D打印产品设计图的授权许可成本将会极大减少，合理使用的适用对象应更多针对创作新作品的转换性行为，而非单纯的使用行为,[1]无论是私人打印还是商业打印。

六、追诉3D打印侵权行为的困境

随着3D打印越来越普及,通过诸如Thingiverse等在线平台分享、订购和销售3D打印数字模型文件和产品变得非常容易,这将导致作品未经授权被广泛地复制和传播。非法复制和传播作品弱化了版权所有者对其创作的控制,也剥夺了他们将作品商业化的权利,很可能导致大规模的侵权。"大规模侵权"这个词是版权行业用来描述"P2P盗版"问题的一个术语。通常,实物的生产商和分销商一般不会遭受广泛的网络侵权的影响。在版权所有者看来,"规模改变了一切",[2]尤其在网络侵权的背景下,3D打印的民主化特性不可避免地导致版权人失去对作品的控制,进而导致诉讼低效甚或无效。到目前为止,还没有一个有效的程序或制度能防止3D打印作品被非法复制或非法网络传播,也不能确保著作权人从非法复制者那里获得著作权补偿,这给3D打印的著作权保护带来了挑战。尽管诸如音乐产业等其他行业也面临类似的挑战,但如何打击大规模侵权行为,是3D打印行业的著作权所有者必须面对的新问题。

著作权侵权行为最易发生在以下三个阶段:(1)通过3D扫描仪扫描原始物理对象;(2)通过网络发布和共享3D扫描文件;(3)打印原始实物作品的复制品。在第一和第三阶段,可能涉及扫描者、打印者,以及扫描和打印设备的制造商被追究版权侵权责任:扫描者和打印者可能被追究直接侵权责任;3D扫描仪或打印机的设备制造商有可能因引诱或帮助侵权行为被追究间接侵权责任。在第

[1] 参见瞿昊晖:《论3D打印产品设计图作品的使用者利益——以美国判例为启示》,载《中南大学学报(社会科学版)》2015年第5期。

[2] Frank Ward, *Parents &3D Printing: Protecting the Democratization of Manufacturing by Combining Existing Intellectual Property Protections*, 25 DePaul J. Art Tech. & Intell. Prop. L., 2014, p. 91.

二阶段，上传3D CAD文件的行为人可能被追究直接侵权责任；发布和存储3D CAD文件的网络平台有可能被追究直接或间接的侵权责任。在目前的著作权法框架内，这些行为主体很难被追究侵权责任。

(一)个人3D扫描或打印用户的直接侵权责任难以追究

从经济角度看，针对擅自上传他人3D数字模型文件或打印他人受版权保护作品复制品的个别侵权人，追究其侵权责任是不经济的，也是不现实的。

首先，由于网络侵权的隐秘性，侵权者很难被找到。在提起侵权诉讼之前，版权所有人必须能够确定侵权人，以便对其提起诉讼。如果著作权人不能识别侵权人，就无法通过版权侵权诉讼获得补偿。由于网络上存在大量避免身份识别的匿名工具，如加密、网络别名和代理，侵权者甚至受到多层匿名的保护，很难定位。版权所有人首先必须找出正在上传或下载文件的用户，然后向网络服务提供者(ISP)请求告知IP地址，这样才能找到侵权用户。3D打印产品和设计的网络黑市使追究网络侵权行为变得更加困难。同时，3D打印技术的民主化削弱甚至消除了中间商的作用，从而增加了侵权者的数量。侵权行为越多，侵权人被抓住的概率就越低，这又鼓励了更多的侵权行为。随着网络侵权行为的增加，那些只发生在网络上以非商业为目的的分散侵权行为更加难以被追究。

其次，CAD数字模型文件分布广泛且易于访问。如海盗湾等网站向用户提供免费共享文件服务。即使权利人在诉讼中获胜，并获得对某一侵权人的禁令，其他侵权人也会很快出现。侵权行为层出不穷，会让诉讼变得像“打鼹鼠”游戏一样，此消彼长，使著作权人疲于应对。此外，许多平台的托管站点位于域外，超出了本国法律所及的管辖范围，使侵权行为更难被追究。

再次，诉讼费用可能远远高于侵权损害赔偿数额。权利人必须举证证明被告通过复制、制作、使用或销售行为侵犯了版权或专利，这使提起诉讼的成本高昂。个体和小商业企业版权所有者没有足够的资源来阻止广泛的侵权行为，而较大的拥有版权的企业往往也缺乏足够的激励。因为侵权人很可能只做了几个零部件，损害赔偿金会很低，损害赔偿责任对侵权人的威慑作用有限。即使权利人在诉讼中获胜并获得赔偿，也不可能得到足够的侵权补偿，相比于广泛的大规模的侵权行为所造成的损失，这点补偿只是杯水车薪。如果没有获得足够补偿的可能，任何诉讼都将成为公司的净损失。

从此前针对网络盗版音乐的诉讼可见一斑：大规模诉讼并没有显著阻止音乐文件共享的速度。3D打印专家利普森和库尔曼指出，3D打印领域目前缺乏诉讼，那些经营名牌产品的大公司还没有起诉小设计师和3D打印爱好者，其原因与其说是出于"善意"，不如说是出于经济考虑。[1] 侵权产品的销量还没有达到激励大公司参与诉讼的程度。由于通过诉讼遏制大规模的、分散的侵权行为是不可行的，因此对大公司来讲进行诉讼是不经济的。

最后，起诉顾客与知识共享理念相悖，有损公司的品牌声誉。知识共享理念备受3D打印在线社区的创作者和消费者推崇，维护版权的诉讼活动与这一理念以及3D打印运动中所倡导的自由文化思想背道而驰，会给版权所有者造成负面影响，减少其公众支持。大规模的分散的版权侵权行为可能导致执法量增大且难以取得实际效果，如果侵权人是版权人的客户或潜在客户，其品牌感知还会因频繁的诉讼而改变。如果强制执行过于严厉，人们甚至会认为根本的法律规则是不正当的或不公正的。正如奥斯本所言，"当群体强烈不喜欢某一法律的受益者时，他们会更倾向于违反法律"，并

---

〔1〕 See Hod Lipson, Melba Kurman, *Fabricated: The New World of 3D Printing*, Wiley Press, 2013, p. 228.

“在有利于该行业的法律中看到更少的合法性”。[1] 在公众都不愿意遵守法律时，法律权利不可避免地会变得更加难以被保护。

通过诉讼威胁来对抗一种广为接受的文化理念是极其困难的。它的高压手段会引起公众的强烈反对，甚至会将舆论引向相反的方向。美国唱片工业协会（RIAA）的事例说明了这一点。为了应对猖獗的网络盗版，由美国唱片工业协会牵头，代表唱片公司（如索尼公司、美国环球电影制片公司和华纳音乐等）发起了一场针对个人用户文件共享服务的诉讼，试图阻止数字音乐的自由传播。在这次活动中，唱片工业协会进行了大规模的公众宣传活动，甚至把分享音乐比作恐怖主义活动，并提起了数千起诉讼，是为了“让潜在的下载者感到恐惧”。然而，这场活动在针对个人用户的层面上遭遇困境。“对一名大学生或单身母亲索赔六位数的损害赔偿”非但没有阻止音乐的非法下载现象，反而让普通大众觉得唱片公司变得“贪婪、不诚实和恃强凌弱”，由此导致了对唱片公司的负面评价。[2] 因此，这项轰轰烈烈的反网络盗版活动未能像当初预想的那样消除数字音乐的复制和共享行为，唱片工业协会不得不在 2008 年放弃了该活动。

（二）3D 扫描仪或打印机的设备制造商的间接责任难以认定

从理论上来讲，对于个人利用 3D 扫描仪或打印机实施的侵权行为，这些设备的制造商起到了帮助或引诱侵权的作用，因此追究这些设备制造商的间接侵权责任更为可行。然而，美国最高法院在“索尼 Betamax 录像机案”中确立的“实质性非侵权用途”原则否定了这一点。

---

〔1〕 Lucas S. Osborn, *Regulating Three-Dimensional Printing: The Converging Worlds of Bits and Atoms*, 51 San Diego L. Rev., 2014, p. 605.

〔2〕 See Ben Depoorter, *Intellectual Property Infringements & 3D Printing: Decentralized Piracy*, 65 Hastings L. J., 2014, p. 1499.

20世纪80年代,索尼公司和其他几家设备制造商开始生产录像机产品。录像机的所有者常常未经许可便从广播电视上复制版权内容,以便日后使用。对于版权人来说,通过若干单独诉讼起诉录像机的个人用户以阻止这种广泛的侵权行为是不可行的,于是,在1976年,美国环球电影制片公司起诉索尼公司。其诉称:尽管索尼公司没有直接做出任何侵犯版权的行为,但它生产和出售的Betamax录像机使版权侵权成为可能,所以,索尼公司应根据帮助侵权原则对录像机用户的侵权行为承担间接侵权责任。尽管索尼公司为录像机所有者提供了侵犯版权的手段,但法院认为,由于索尼公司出售的设备"能够进行实质性的非侵权使用",索尼公司不知道也不能推定它知道所出售的设备将被用于侵犯版权,所以,索尼公司并不构成帮助侵权。[1]

同理,3D扫描仪和打印机的制造商不太可能因为使版权侵权成为可能而承担间接责任。因为3D扫描仪和打印机的即时应用可以为用户提供比录像机更"实质性的非侵权用途"。因此,试图对第一和第三阶段行为的各方追究责任或者无效率,或者无胜诉可能。相反,追究责任的重点应该放在第二阶段的行为上,即通过网络发布和共享3D扫描文件上。[2]

(三)对在线分销平台追究版权责任的困境

在线分销平台(Online Distribution Platforms,ODPs)使3D CAD数字文件在网络中的传播成为可能。3D CAD数字文件是享有版权的作品的信息载体。信息在网络中的传播过程通常会涉及两类行为:一类是信息网络传播行为,即在向公众开放的网络中向用户提

---

〔1〕 See Universal City Studios, Inc. V. Sony Corporation of America, 480 F. Supp. 429 at 435 – 436 (CD Cal. 1977).

〔2〕 See Aliza Rana, *Scan, Copy, Print: How to Minimize Copyright Infringement during the 3D Technology Revolution*, 2018 Colum. Bus. L. Rev., 2018, p. 669 – 670.

供各种类型信息的行为；另一类是网络服务提供行为，即为信息在网络上的传播提供技术、设备支持和中介服务的行为，包括接入、缓存、信息存储空间和信息定位服务等。按照著作权法的规定，前者为信息网络传播权所直接控制的行为，他人未经许可实施上述行为，除非属于著作权法所规定的限制与例外情形，否则将构成对信息网络传播权的直接侵犯；后者虽不被信息网络传播权所涵盖，但如果符合相关法定要件，则行为人亦需承担帮助、教唆侵权等共同侵权责任。两类行为在行为性质、侵权构成要件、过错标准、责任形式等各个方面均存在很大区别，只有在准确界定哪些行为是信息网络传播权直接控制的信息网络传播行为的基础上，才能区分两类行为的性质，正确适用法律，明确法律责任。

在网络环境下，最典型的 3D CAD 数字文件的网络传播行为有三种：第一种是网络平台经营者直接将 3D CAD 数字文件置于开放的网络服务器上供用户在线欣赏或下载；第二种是用户将 3D CAD 数字文件上传到开放的网络平台服务器上供其他用户在线欣赏或下载，如用户将 3D CAD 数字文件上传到 Thingiverse 网站的服务器上；第三种是用户将 3D CAD 数字文件上传到 P2P 软件划定的“共享区”，供同类 P2P 软件的用户搜索和下载。第一种情形下，网络平台服务提供者直接行使了信息网络传播行为，有可能构成直接侵权，在第二种和第三种情形下，网络平台服务提供者为 3D CAD 数字文件在网络上的传播提供技术、设备支持和中介服务，具体而言，包括接入、缓存、提供信息存储空间和信息定位服务等，有可能构成间接侵权行为。

1. 在线分销平台的直接侵权责任考察

直接侵权责任的认定关键取决于被诉行为是否侵犯了著作权人的专有权利，在网络环境下，主要考察是否侵犯他人的信息网络传播权。

我国《著作权法》第10条第12项将信息网络传播权界定为“以有线或者无线方式向公众提供、使公众可以在其选定的时间和地点获得作品的权利”。该规定源于《世界知识产权组织版权条约》(WCT)第8条,“文学和艺术作品的作者应享有专有权,以授权将其作品以有线或无线方式向公众传播,包括将其作品向公众提供,使公众中的成员在其个人选定的地点和时间可获得这些作品”。上述规定均将信息网络传播行为指向“作品提供行为”,且要求该行为足以使用户获得作品。对于何为“作品提供行为”,《最高人民法院关于审理侵害信息网络传播权民事纠纷案件适用法律若干问题的规定》第3条第2款规定:“通过上传到网络服务器、设置共享文件或者利用文件分享软件等方式,将作品、表演、录音录像制品置于信息网络中,使公众能够在个人选定的时间和地点以下载、浏览或者其他方式获得的,人民法院应当认定其实施了前款规定的提供行为。”对“作品提供行为”的认定标准在理论和实践中一直存在争议,主要包括服务器标准、用户感知标准〔1〕以及实质性替代标准〔2〕等。目前在理论上和司法实践中,主流观点是服务器标准。

著作权法有关信息网络传播权的规定决定了信息网络传播行为必然是一种对作品的传输行为,且该传输行为足以使用户获得该作品。在网络环境下,这一传播行为的对象是作品的数据形式。在信息网络传播过程可能涉及的各种行为中,只有初始上传行为符合上述要求,因此,信息网络传播行为应指向的是初始上传行为。因

〔1〕 用户感知标准,是按照用户的主观感知,认定网络服务者属于提供作品还是提供服务行为,以此认定信息网络传播行为。分析网络用户在浏览或者下载网站内容时的主观意识和内心认知,判断网站的网页及内容提供者,以此区分作品上传行为和提供服务行为。用户感知标准具有较强的主观色彩和不确定性。

〔2〕 实质性替代标准,是指设链者采用技术手段实质呈现作品或者实质控制作品的用户界面即属于信息网络传播权行为,该标准也可称为“实质性呈现标准”。实质性替代标准属于用户感知标准的升级版。该标准的适用并不考虑用户是否足以认识到该行为是链接行为,而仅考虑提供链接者的获益及对著作权人的损害。

任何上传行为均需以作品的存储为前提,未被存储的作品不可能在网络中传播,而该存储介质即服务器标准中所称的“服务器”。

作品在网络中的传播可能存在多个独立的传播过程,而每一个传播过程均可以使用户获得作品。从信息传播的角度看,在每一个独立的信息传播过程中,必然存在且仅存在唯一一个对作品的传输行为,该行为将作品的数据形式置于向公众开放的网络中,正是因为这一行为的存在才使公众可以最终获得作品,该行为便为初始上传行为。任何初始上传行为均是对作品的传输,而被传输的作品必然首先存储于有形的“存储介质”中,离开这一存储介质,在目前的技术条件下,该传播行为将不可能实施。其存储介质即服务器标准中所称的“服务器”。“服务器”泛指一切可存储信息的硬件存储介质,既包括网站服务器,亦包括个人电脑、手机等。

在“快乐阳光诉同方案”[1]和“腾讯与易联伟达侵害信息网络传播权纠纷案”[2]中,二审法院均采用服务器标准认定信息网络传播行为。理由为:无论是普通链接还是深层链接(deep-link)[3]行为,链接行为的本质决定了其均不涉及对作品任何数据形式的传输,而仅提供了某一作品的网络地址。用户是否可以获得作品完全取决于被链接网站,如果被链接网站删除了作品,即使该链接地址仍然存在,网络用户仍不可能获得作品。但反之,如果链接提供者删除了该链接,则只要被链接网站实施了初始上传作品到信息网络

〔1〕 同方股份有限公司与湖南快乐阳光互动娱乐传媒有限公司侵害作品信息网络传播权纠纷案,北京知识产权法院(2015)京知民终字第599号民事判决书。

〔2〕 北京易联伟达科技有限公司与深圳市腾讯计算机系统有限公司侵害作品信息网络传播权纠纷案,北京知识产权法院(2016)京73民终143号民事判决书。

〔3〕 网络链接可分为“普通链接”和“深层链接”两种类型。深层链接,又称内链,是指设链网站所提供的链接服务使用户在未脱离设链网站页面的情况下,即可获得被链接网站上的内容,此时页面地址栏里显示的是设链网站的网址,而非被链接网站的网址。但该内容并非储存于设链网站,而是储存于被链接网站。简言之,设链者以自己的网页外观形式呈现其他网页所拥有的实质内容,并且对于这些内容,设链者并没有在服务器上储存下来,只是提供指引作用。

的行为,且未删除该作品,则该作品仍然处于公开传播状态,用户仍然可以获得这一作品。这一情形充分说明,任何链接行为本身均不会使用户真正获得作品,无法如初始上传行为一样,满足信息网络传播权定义中有关使用户“获得作品”的要求。所以,依据服务器标准,无论是深层链接行为,还是普通链接行为,均不属于信息网络传播行为。

在美国“Perfect 10 诉谷歌案”中,谷歌搜索结果显示了原告图片的缩小版和高质量的缩略图版本,点击时,提示用户从保存图片的第三方网站访问完整尺寸的图片。[1] 在第九巡回上诉法院评估谷歌的图片搜索结果是否直接侵犯了原告的著作权时,法院采用了服务器标准,即存储电子信息并将其直接提供给用户的在线平台负有侵权责任。服务器测试的重点是网络平台为用户保存信息还是仅为用户提供链接,如果仅链接到侵权内容就可能免除平台的直接侵权责任。据此,上诉法院认为谷歌不会因为链接到全尺寸图像而被追究直接侵权责任。[2]

根据服务器标准来判断在线分销平台的行为,如果在线分销平台直接将享有著作权的他人作品的 3D CAD 数字文件存储在平台服务器上,以供用户浏览或下载,那么分销平台可能会被追究直接侵权责任。例如,用户在 Thingiverse 网站上搜索到 3D CAD 数字文件后,可以直接从网站下载文件到自己的电脑上。此时,Thingiverse 网站便可能直接侵犯他人的著作权;如果 Thingiverse 网站将用户重新定向到另一个平台,或者将用户链接到另一个平台资源来获取 3D CAD 数字文件,那么按照服务器标准,因侵权 3D CAD 数字文件没有存储在 Thingiverse 网站的服务器上,该网站就不会直接侵犯他人

---

[1] Perfect 10, Inc. v. Amazon. com, Inc. , et al. 508 F. 3d 1146, 1159 (9th Cir. 2007).

[2] Perfect 10, Inc. v. Amazon. com, Inc. , et al. 508 F. 3d 1146, 1176 (9th Cir. 2007).

的著作权。

2. 在线分销平台的间接侵权责任考察

尽管在线分销平台有时应对版权侵权行为承担直接责任，但实务中更普遍地运用间接侵权责任理论来追究在线分销平台的责任。间接侵权与直接侵权是相对而言的，它是指行为人并未直接实施受专有权利规制的行为，但因其行为与他人的直接侵权行为之间存在特定关系，或基于公共政策原因而被法律规定为侵权行为。[1] 在知识产权制度发展早期，只有具备一定财力、技术和经营场所的经济实体才有条件实施严重损害知识产权人利益的直接侵权行为，但随着复制和传播技术的发展，尤其是信息网络技术的普及，侵权形态呈现多样复杂化。各国普遍将网络服务提供者构成间接侵权的情况在著作权法中加以明确规定。因构成间接侵权的各种行为都不在专有权利的控制范围内，将其界定为侵权并科以法律责任是基于政策考量以及这些行为本身的可责性，所以间接侵权的构成不同于直接侵权，必须以行为人具有主观过错为要件。

如果用户对版权作品进行 3D 扫描、将其上传至在线分销平台或下载并打印（复制）版权作品，则实施了多重直接侵犯版权行为。由于版权作品的 3D 扫描复制品构成作品的复制品，在未经版权所有者许可的情况下，这些行为侵犯了版权人复制作品的基本权利，上传扫描文件侵犯了所有者发行作品的权利。在对个别侵权人提出直接责任的要求后，版权人还可根据间接侵权理论，对鼓励、促进或从侵权行为中获利的人追究责任。在各国立法和司法实践中，引诱、教唆他人实施直接侵权行为，或明知他人的行为构成直接侵权，但仍然为其提供实质性帮助的，构成间接侵权。[2]

---

〔1〕 参见王迁：《知识产权法教程》（第 7 版），中国人民大学出版社 2021 年版，第 22 页。

〔2〕 参见［德］克雷斯蒂安·冯·巴尔：《欧洲比较侵权行为法》（上卷），焦美华译，法律出版社 2004 年版，第 81 页。

根据引诱侵权理论,在线分销平台不太可能会被追究责任。引诱侵权是指采取积极措施鼓励直接侵权的间接侵权理论。在“米高梅电影公司诉 Grokster 公司案”中,法院应用了引诱理论。最高法院认为,Grokster 公司是类似于 Napster 的 P2P 文件共享平台,满足引诱理论所要求的承担责任的充分主观意图。最高法院强调了三个重要事实:Grokster 公司(1)旨在满足侵犯版权要求的已知来源,(2)并没有试图开发过滤工具或其他机制来减少侵权活动,(3)通过出售广告空间、指导电脑广告等方式赚钱。[1] 3D CAD 数字文件在线分销平台不具有这些特征,也不满足“米高梅电影公司诉 Grokster 公司案”中所创设的引诱侵权标准。“米高梅电影公司诉 Grokster 公司案”强调,促进使用侵权平台的不当目标“必须明确,必须通过言语或行动进行肯定的沟通”。Grokster 公司自诩为 Napster 的替代品,满足引诱侵权的主观过错标准。3D CAD 文件在线分销平台并未将自己标榜为共享侵权内容的平台。在线分销平台并没有主动诱导侵权行为,至少从外部来看,在线分销平台更专注于平台的创新、非侵权使用,比如发行用户创建的独特的 3D CAD 的设计。平台的强制性条款和条件要求用户承认并证明他们对上传内容拥有知识产权。许多在线分销平台为用户提供了许可选项,这表明他们希望用户上传的文件具有足够的原创性,以保护其版权。值得注意的是,包括 Shapeways 和 Thingiverse 在内的大型在线分销平台都有活跃的博客和聊天室,讨论知识产权和 3D 技术的交叉问题。因此,根据引诱侵权理论,在线分销平台不太可能构成间接侵权。[2]

再来考察在线分销平台是否应承担替代责任的问题。承担替代责任需要满足两个要素:(1)被告必须拥有监督侵权行为发生的

---

〔1〕 Metro-Goldwyn-Mayer Studios Inc. v. Grokster, Ltd. ,545 U. S. 913,936 (2005).

〔2〕 See Aliza Rana, *Scan, Copy, Print: How to Minimize Copyright Infringement during the 3D Technology Revolution*, 2018 Colum. Bus. L. Rev. ,2018, p. 677 – 678.

权利和能力；(2)被告必须通过侵权行为获得了直接的经济利益。[1] 与其他形式的间接责任相反，被告不能通过抗辩自己不知情而逃避替代责任。[2] 在“A & M 唱片公司诉 Napster 公司案”中，法院认为，由于 Napster 公司未来的收入直接依赖于“用户基础的增加”，随着“可用音乐的质量和数量的增加”，“更多用户在 Napster 公司系统中注册”，所以 Napster 公司的经济利益非常明显。在监督方面，法院认为 Napster 公司对用户具有监督能力。[3] 与“A & M 唱片公司诉 Napster 公司案”不同的是，在“Perfect 10 诉谷歌案”中，法院认为谷歌并不承担替代责任，因为侵权行为发生在谷歌无法控制的第三方网站上，谷歌没有控制侵权网站的实际能力，也没有获得用户访问这些侵权网站所带来的利润。法院还认为谷歌网站上的缩略图“相当具有改造性”，对原告 Perfect 10 的市场影响仅仅停留在纸面上，所以属于合理使用。[4]

在线分销平台符合替代责任的首要条件是利用受版权保护的内容取得经济利益。与 Napster 公司一样，在线分销平台依赖网络用户数量的增加来产生当前和未来的收入，有些在线分销平台甚至从用户上传的文件的销售中获得直接利润分成。在线分销平台也具备一定的控制系统访问的能力。在线分销平台是封闭的系统，理论上和法律上都能控制用户上传、发布和销售文件。相比之下，谷歌的开放互联网系统无法控制第三方网站上的文件。然而，法律权利不等于实践能力。从在线分销平台上上传和下载文件的难易程度以及保存文件的庞大数量可以看出，这些平台实际上没有能力控

[1] 参见[美]朱莉·E.科恩、[美]莉蒂亚·P.劳伦等：《全球信息经济下的美国版权法》(下)，王迁、侍孝祥等译，商务印书馆2016年版，第761页。

[2] See Aliza Rana, *Scan, Copy, Print: How to Minimize Copyright Infringement during the 3D Technology Revolution*, 2018 Colum. Bus. L. Rev., 2018, p. 678.

[3] A & M Records, Inc. v. Napster, Inc., 239 F. 3d 1004, 1022 – 1029 (9th Cir. 2001).

[4] Perfect 10, Inc. v. Amazon. com, Inc., et al. 508 F. 3d 1173 – 1174 (9th Cir. 2007).

制侵权行为。近年来,为了便于信息的交流和传播,促进网络服务业的发展,各国法律和司法实践普遍认为网络服务提供者没有监控网络活动的义务。美国DMCA第512条第m款规定:网络服务提供者没有监视网络、寻找侵权活动的义务。欧盟《电子商务指令》(Directive on Electronic Commerce,DEC)第15条也规定:成员国不得规定网络服务提供者负有监视其传输或存储的信息的义务,以及积极发现相关侵权事实的义务。可见,不能因为在线分销平台没有发现和制止平台上的侵权行为就推定其具有主观过错,在线分销平台是否负有替代的法律责任取决于在线分销平台对其平台上发布的文件是否有足够的实际上的和法律上的控制能力。[1]

在线分销平台可能对其用户的行为负有帮助责任(contributorily liable)。一方在明知侵权行为正在发生的情况下,引诱、促使或实质参与帮助另一方实施侵权行为的人,可能被认定为帮助侵权人而被追究侵权责任。帮助侵权责任的两项要件如下:(1)对侵权作出实质性贡献;(2)明知或应知侵权行为。[2] 在网络环境下,被告自身的参与行为鼓励或协助侵权行为的发生时,应追究其帮助侵权责任。[3] "A & M唱片公司诉Napster公司案"对在线环境下替代责任进行考量的同时,也考察了帮助侵权责任。第九巡回上诉法庭认为,Napster公司很容易满足"实质贡献"的要求,因为Napster公司的目的是让用户能够轻松地找到和下载音乐,如果没有它,用户将无法同样便捷地访问可能侵犯版权的MP3文件。但是,"明知"这一问题更难解决。法院认为,不能仅仅因为Napster公司充当点对点共享平台就认为满足了"明知"要求,对于网络平台,"需要有对具体侵权行为的实

---

〔1〕 See Aliza Rana, *Scan, Copy, Print: How to Minimize Copyright Infringement during the 3D Technology Revolution*, 2018 Colum. Bus. L. Rev., 2018, p. 681.

〔2〕 See Aliza Rana, *Scan, Copy, Print: How to Minimize Copyright Infringement during the 3D Technology Revolution*, 2018 Colum. Bus. L. Rev., 2018, p. 682.

〔3〕 参见[美]朱莉·E.科恩、[美]莉蒂亚·P.劳伦等:《全球信息经济下的美国版权法》(下),王迁、侍孝祥等译,商务印书馆2016年版,第759页。

际知情的证据”才对共同侵权负有责任。如果系统运营商意识到具体的侵权行为后并没有删除侵权材料,即他们实际知道并且正在对侵权行为作出贡献,就满足了共同责任的两个要求。[1] 与“A & M唱片公司诉Napster公司案”类似,在线分销平台的存在是为了简化3D CAD文件在用户之间的发布,如果没有平台,用户将无法访问侵权文件。因此能够满足“实质帮助”条件。因为使用在线分销平台有“合法、无害的目的”,包括发布新的3D CAD文件创作,所以很难认定在线分销平台符合“明知”这一帮助侵权要件。版权法中的移除通知的发出可以作为实际知晓的证据。只有在发出了这样的移除通知后,在线分销平台没有移除侵权材料的,才会被追究帮助侵权责任。

我国《民法典》第1169条第1款规定:“教唆、帮助他人实施侵权行为的,应当与行为人承担连带责任。”在这种情况下,行为人主观上的过错是明显的,而且其教唆和帮助行为与损害结果之间存在因果关系,将该行为界定为侵权具有合理性。在我国的《著作权法》、《专利法》和《商标法》中,只有《商标法》对部分间接侵权行为予以了明确规定。2020年修改的《著作权法》并未规定间接侵权行为,但是,《民法典》中有关间接侵权的规定当然可以适用于著作权领域。

3. “避风港规则”与在线分销平台的侵权责任

如上所述,在线分销平台可能对侵犯版权负有直接责任,更可能因引诱或帮助侵权而承担间接责任。在任何诉讼中,在线分销平台相较于直接侵权人的经济实力更加强大,因此更容易成为被诉对象。由于侵权材料可能会在整个互联网上快速而广泛地传播,网络服务提供者被追究责任的空间非常大。为了保障互联网的健康发展,美国DMCA第512条首创了对网络服务提供者的责任豁免机

---

[1] A & M Records, Inc. v. Napster, Inc., 239 F.3d 1004, 1021-1022 (9th Cir. 2001).

制——“通知与删除规则”，也称为“避风港规则”，被包括我国在内的世界许多国家所采用。欧盟在 2000 年制定的《电子商务指令》也有类似规定。2006 年我国在借鉴 DMCA 和 DEC 的基础上制定了《信息网络传播权保护条例》，该法第 20 ~ 23 条[1]首次引进了“避风港规则”，《民法典》第 1195 条[2]和第 1196 条[3]也有类似规定。在线分销平台为用户在线通信提供传输、路由或连接，其只提供用

---

[1] 《信息网络传播权保护条例》第 20 条规定：“网络服务提供者根据服务对象的指令提供网络自动接入服务，或者对服务对象提供的作品、表演、录音录像制品提供自动传输服务，并具备下列条件的，不承担赔偿责任：(一) 未选择并且未改变所传输的作品、表演、录音录像制品；(二) 向指定的服务对象提供该作品、表演、录音录像制品，并防止指定的服务对象以外的其他人获得。”

第 21 条规定：“网络服务提供者为提高网络传输效率，自动存储从其他网络服务提供者获得的作品、表演、录音录像制品，根据技术安排自动向服务对象提供，并具备下列条件的，不承担赔偿责任：(一) 未改变自动存储的作品、表演、录音录像制品；(二) 不影响提供作品、表演、录音录像制品的原网络服务提供者掌握服务对象获取该作品、表演、录音录像制品的情况；(三) 在原网络服务提供者修改、删除或者屏蔽该作品、表演、录音录像制品时，根据技术安排自动予以修改、删除或者屏蔽。”

第 22 条规定：“网络服务提供者为服务对象提供信息存储空间，供服务对象通过信息网络向公众提供作品、表演、录音录像制品，并具备下列条件的，不承担赔偿责任：(一) 明确标示该信息存储空间是为服务对象所提供，并公开网络服务提供者的名称、联系人、网络地址；(二) 未改变服务对象所提供的作品、表演、录音录像制品；(三) 不知道也没有合理的理由应当知道服务对象提供的作品、表演、录音录像制品侵权；(四) 未从服务对象提供作品、表演、录音录像制品中直接获得经济利益；(五) 在接到权利人的通知书后，根据本条例规定删除权利人认为侵权的作品、表演、录音录像制品。”

第 23 条规定：“网络服务提供者为服务对象提供搜索或者链接服务，在接到权利人的通知书后，根据本条例规定断开与侵权的作品、表演、录音录像制品的链接的，不承担赔偿责任；但是，明知或者应知所链接的作品、表演、录音录像制品侵权的，应当承担共同侵权责任。”

[2] 《民法典》第 1195 条规定：“网络用户利用网络服务实施侵权行为的，权利人有权通知网络服务提供者采取删除、屏蔽、断开链接等必要措施。通知应当包括构成侵权的初步证据及权利人的真实身份信息。网络服务提供者接到通知后，应当及时将该通知转送相关网络用户，并根据构成侵权的初步证据和服务类型采取必要措施；未及时采取必要措施的，对损害的扩大部分与该网络用户承担连带责任。权利人因错误通知造成网络用户或者网络服务提供者损害的，应当承担侵权责任。法律另有规定的，依照其规定。”

[3] 《民法典》第 1196 条规定：“网络用户接到转送的通知后，可以向网络服务提供者提交不存在侵权行为的声明。声明应当包括不存在侵权行为的初步证据及网络用户的真实身份信息。网络服务提供者接到声明后，应当将该声明转送发出通知的权利人，并告知其可以向有关部门投诉或者向人民法院提起诉讼。网络服务提供者在转送声明到达权利人后的合理期限内，未收到权利人已经投诉或者提起诉讼通知的，应当及时终止所采取的措施。”

户选择的材料,而不修改发送或接收的材料内容,属于网络服务提供者,可以适用著作权法为网络服务提供者提供的避风港条款。

避风港条款免除了存储用户侵权材料的网络服务提供者的辅助责任。适用避风港条款的条件如下:(1)网络服务提供者必须采用并实施合理的政策,用以终止重复侵权人的服务或账户访问,并将这一政策告知其用户;(2)网络服务提供者不得干扰版权所有者用来识别或保护受版权保护的作品的标准技术措施。此外,在线分销平台必须指定一名代理人接收涉嫌侵权的通知,并向公众和版权局提供该代理人的联系信息。[1] 首先,网络服务提供者不知晓或推定知晓引起侵权行为的事实或情况。即使在线分销平台知晓具体的侵权活动,其只要迅速删除或阻止访问侵权内容,仍受避风港条款的保护。[2] 其次,网络服务提供者不能直接从其有权利与能力控制的侵权行为中获取经济利益。[3] 由于网络服务提供者没有监视网络活动的义务,[4] 网络服务提供者如果发现网络系统中存储有用户上传的侵权内容或是链接指向了侵权内容,以及在收到著作权人发出的符合法定要求的书面通知后,立即移除了侵权内容或断开了对侵权内容的链接,就不对损害后果承担侵权责任。可见,只要符合"通知与删除规则"的要求,在被告知侵权内容时迅速作出反应,并保持相对被动的网络平台角色,而不是主动监控的网站角色,在线分销平台就能够根据避风港条款免除版权侵权责任,从而给版权所有者带来了检测和纠正侵权行为的沉重负担。

七、防范 3D 打印侵权的版权法措施

拥有私人 3D 打印机的个人几乎无须借助任何外界帮助就可以

[1] 17 U.S.C. § 512(i)(c)(2)(2017).
[2] 17 U.S.C. § 512(c)(1)(2017).
[3] 17 U.S.C. § 512(c)(1)(B)(2017).
[4] 17 U.S.C. § 512(m)(2017).

在家里打印出产品。无论谁拥有一台 3D 打印机和 3D 扫描仪都能简单地扫描和复制任何现有产品。3D 打印侵权成本低、侵权行为隐蔽的特点,促进了大规模的直接由个体消费者实施的非商业性知识产权侵权行为,增加了执法的经济成本。权利持有人追究知识产权侵权的资源有限,随着侵权数量的增加,每个个体侵权者被追究的可能性降低,这将进一步减轻 3D 打印侵权者的顾虑,助长侵权行为。如同之前的 P2P 文件共享,3D 打印侵权行为分散,执法没有效率且成本高昂,实质上增加了知识产权保护的难度。[1]

正如"圈地运动"的经典事例所表明的,私人执行成本的减少(如铁丝网的发明)通常会扩大私人的财产权利。反之,私人执行成本的增加会缩减私人的财产权利。3D 打印引发了一系列新的法律问题,现有的著作权法律原则在适用于 3D 打印侵权纠纷方面存在障碍,知识产权诉讼无法提供威慑 3D 打印侵犯版权的有效对策。为了最大限度减少 3D 打印技术所带来的版权作品的非法传播,必须与广泛的侵权行为作斗争,鼓励各利益相关方以合法和互利的方式行事。使用合法产品还是假冒产品往往取决于"在特定市场上的易用性、定价和可得性的结合"。[2] 从长远角度来看,电子产品和制造行业应该销售最受欢迎的专利产品的 3D CAD 文件以便于家庭打印。为消费者提供负担得起、便利且合法的途径以获取他们所需要的作品,可以有效避免侵权行为的发生。音乐产业在面对 Napster 公司这样的在线音乐共享服务及其后续技术时所采取的措施具有一定的借鉴意义。为了使解决方案具有持久性,该方案必须为有关各方创造正确的激励,可以尝试从法律防范和技术保护等方面入

〔1〕 See Ben Depoorter, *The Legal Dimension of 3D Printing: Intellectual Property Infringements &3D Printing: Decentralized Piracy*, Hastings Law Journal 65, 2014, p. 1483.

〔2〕 Frederic Filloux, *The Digital Piracy Problem Is Riddled with Hypocrisy*, The Guardian, https://gigaom.com/2012/01/23/419-the-digital-piracyproblem-is-riddled-with-hypocrisy.

手,降低 3D 打印所带来的著作权侵权风险。[1]

(一)加强著作权登记和著作权标记制度

将投入市场的立体产品通过 3D 扫描建模的方式获得其 CAD 数字文件,再通过 3D 打印获得复制件的反向工程行为,按现行法规定不属于侵权行为,但其行为客观上侵害了产品设计者的合法利益,也扰乱了正常的市场竞争秩序,在 3D 打印技术使反向工程变得更容易的情况下,应重思反向工程的合法性,强化对反向工程行为的限制。

虽然按国际惯例,著作权采取自动保护原则,但是我们提倡权利人向著作权登记机关申请著作权登记,取得著作权登记证书。如果已经登记的 3D 打印产品设计被他人通过"反向工程"擅自打印并投放市场,那么著作权人有权要求侵权人停止实施侵权行为并可以要求经济赔偿;而对于没有进行过登记和公示的 3D 打印产品设计,权利人则只能要求对方停止侵权而无权要求经济损害赔偿。[2]

最可行的办法是依托专利权申请制度,创建一个 3D CAD 文件存储库,来接收和存储由知识产权所有者上传的产品 3D CAD 模型,这些模型可以与 3D 打印请求中用户上传的模型相匹配,以确定用户是否正在使用侵权模型的整体或部分。该部分在下一章详述。

(二)引入私人复制补偿金制度

私人复制补偿金(levy)制度是随着磁带录音机技术的快速发展由德国率先建立的。最初针对消费者私人翻录行为对音乐制品市场销量造成削减的事实,通过对录制设备收取一定数额的补偿金,弥补音乐制品著作权人因此遭受的损失,后来征收范围扩大到空白

---

〔1〕 参见宋智慧:《3D 打印对版权制度的挑战》,载《光明日报》2015 年 10 月 23 日,第 10 版。

〔2〕 参见刘强、陈舜翊:《开放源代码硬件许可协议知识产权问题研究——以 3D 打印为视角》,载《北京理工大学学报(社会科学版)》2016 年第 1 期。

媒介和复印设备。德国于1965年在《著作权法》第53条和第54条规定,私人为个人目的可以复制作品,但必须支付报酬。录音录像设备和空白载体的制造商应当支付一定的补偿金。除英国、爱尔兰和卢森堡著作权法没有规定该制度外,其他欧洲国家陆续建立了补偿金制度。日本在1992年建立了补偿金制度,规定针对数字复制机器和复制媒介的生产商和进口商按比例征收补偿金。美国也在1992年颁布了《家庭录音法案》(Audio Home Recording Act),着手对数字式录音录像设备、空白录音带和录像带的厂商征税。加拿大在1999年《著作权法》中规定,由版权管理组织向空白录音媒介的生产商、销售商和进口商征税。目前,著作权补偿金制度已为世界上50多个国家所采纳。随着互联网技术的发展,对于计算机、掌上电脑和手机等设备,比利时、瑞士、俄罗斯作为先行者也已征税,有些国家还在讨论中。如《伊恩·哈格里夫斯报告》提议以版权例外的形式规范私人的复制行为,对此欧盟委员会正在审查对新技术设备是否征税。[1]

著作权补偿金制度已经运行了四十余年之久,具有成熟性和稳定性,但在我国立法上还是空白。在数字技术及3D打印技术的背景下,我国应该引入私人复制补偿金制度,并将补偿金支付者由复印设备、录制设备和录制媒介的生产者、经营者,扩展至3D打印设备、3D打印材料的生产者、经营者。由著作权集体管理组织代表著作权人,向3D打印设备及材料的制造者、经营者征收一定数额的补偿金,然后根据集体管理分配制度转交给3D作品著作权人,使其从私人复制行为中得到经济补偿,以弥补其所受到的私人复制的不合理侵害,激励其创作积极性。3D打印设备制造商或经营者再将补

---

〔1〕 参见王清、唐伶俐:《国际版权法律改革动态概览》,载《电子知识产权》2014年第5期。

偿费转嫁给最终使用者,这样能够达到作品使用者付费的目的,可以避免因个人复制侵权行为隐蔽、分散,由权利人逐一个别追究侵权行为的无效率状态。[1]

(三)禁止规避技术措施规则与例外

传统商业模式下,占有纸张、磁带等作品的有形物理载体是接触作品的前提,任何人只要控制了复制、发行、出租等作品的有形物理载体的制作和提供等产业链,就基本上控制住了作品的接触范围进而获得收益。同时,制作、销售作品复制件的技术难度与经济成本也限制了违法复制件的传播。互联网环境下,公众能够十分容易地复制、传播、接触版权人的作品,社会公众对作品的利用,已经发生了从占有载体间接获得作品到无须占有作品就能"接触"作品,从而实现作品的使用价值。[2] 在 3D 打印"所打即所得"模式下更是如此,公众能以极低的成本获得完美的或接近完美的作品复制件。通过互联网传播数字作品排除了中间商的必要作用,严重削弱了版权人对作品的控制权,使侵权追究变得异常困难。仅仅控制复制、出租、发行等版权法所规定的专有行为已经无法保证版权人的利益。许多版权人转而通过采取技术措施控制对数字作品的"接触",或通过技术措施控制作品的具体使用方式,如通过防复制技术措施来阻止使用者复制作品,以恢复对作品的有效掌控,维护自身的利益,这些技术手段被称为"技术措施"。但是"技术所能提供的保护也都能被技术所打败"。[3] 从技术保护措施诞生之时起,各种破坏它们的工具、手段和行为就相伴而生。技术措施的出现也催生了利用特殊的技术或工具避开、破坏技术措施的行为。规避技术措施的

---

〔1〕 参见宋智慧:《3D 打印对版权制度的挑战》,载《光明日报》2015 年 10 月 23 日,第 10 版。

〔2〕 参见刘颖:《版权法上技术措施的范围》,载《法学评论》2017 年第 3 期。

〔3〕 崔国斌:《著作权法:原理与案例》,北京大学出版社 2014 年版,第 842 页。

行为破坏了版权人自我设置的保护屏障,如果放任不管,就会使版权人无法主动防御网络中频发的侵权行为,使技术措施形同虚设,因此有必要对技术措施予以法律保护,阻挡规避技术措施的行为,发挥技术措施的作用,激励版权人持续创新。

技术措施对于有效保护数字版权起到了重要作用。然而,其对版权作品接触和使用的控制也破坏了版权人与使用者之间的利益平衡。版权人通过技术措施会尽可能使自己的利益最大化,阻止一切不受欢迎的使用行为,“不但将非法的使用拒之门外,而且合理使用也无法得到尊重”。[1] 技术措施扩张了版权人的权利,有可能不适当地限制了他人对不受版权保护的内容、超过版权保护期的作品的使用以及其他合理使用行为,使现有版权制度中的利益分配格局简单地被技术措施所替代,技术措施被喻为因特网时代的“圈地运动”。[2] 技术措施与合理使用制度之间存在一种天然的矛盾和紧张状态,因此,在保护技术措施的同时也要对其予以限制。技术措施的保护与限制问题关涉数字环境下版权人和社会公众的利益平衡。面对技术措施对合理使用的削弱和限缩,需要明确界定技术措施保护制度的外延,并在技术措施的保护与合理规避之间寻求适当的边界,以矫正版权人与公众间的利益失衡,在保护版权人利益的同时,促进社会知识与信息的传播、使用和扩散。

1. 受版权法保护的技术措施的条件

技术措施,又称技术保护措施(technological protection measures),其出台背景是数字录音机逐渐大众化,法律不能对个人录制音乐的复制行为进行有效地规制,严重损害了版权人作品潜在的市场和价值。1992 年美国《家庭录音法案》率先将技术保护措施明确规定为

---

〔1〕 丛立先:《网络版权问题研究》,武汉大学出版社 2007 年版,第 116 页。

〔2〕 张耕:《略论版权的技术保护措施》,载《现代法学》2004 年第 2 期。

合理维权手段。该法第1002条a款规定,在美国境内制造、销售,或是在其他国家地区制造、销售后进口到美国的数字录音设备,须事先采用技术保护措施,使其无法复制有合法来源的唱片。美国1998年出台的DMCA对技术保护措施作了进一步规定。该法第1201条"特定模拟设备和特定技术措施"规定,在美国境内制造、进口或销售的家用录像机、摄像机等6种用于模拟摄录的设备必须可以适用"自动复制控制技术"或"彩条复制控制技术",以便版权人可以通过在节目中加插禁止录制的识别信号控制终端用户的复制行为,[1]并将技术措施定义为能够有效控制进入受版权保护的作品并能有效保护版权权利的任何技术措施。

为了遏制规避技术措施的行为,保护版权人的利益,1996年《世界知识产权组织版权条约》(WCT)和《世界知识产权组织表演和录音制品条约》(WPPT)要求成员国采取保护技术措施。WCT第11条规定:"缔约各方应规定适当的法律保护和有效的法律补救办法,制止规避由作者为行使本条约或《伯尔尼公约》所规定的权利而使用的、对就其作品进行未经该有关作者许可或未由法律准许的行为加以约束的有效技术措施。"WPPT第18条与此规定相类似,均要求缔约方对特定技术措施予以保护,并规定了受保护的技术措施需要符合主体、有效性、目的等方面的要求。2001年,欧盟《信息社会版权与相关权指令》将"技术措施"界定为,"任何技术、装置或组件,其被设计用于在其正常运行时,能够防止或限制那些未经版权人或相关权人授权而对作品或相关客体实施的行为"。可见,欧盟主要从主体、范围、目的等方面对受保护的技术措施进行限制。随后各国陆续修法,明令禁止规避技术措施。强化权利管理信息的保护力度

---

〔1〕 参见王迁:《"索尼案"二十年祭——回顾、反思与启示》,载《科技与法律》2004年第4期。

成为各国版权法改革的重点,尽量将新型权利管理信息纳入保护范围,并提倡利用尽可能多的方式在作品传播的各个阶段强化保护。[1]《澳大利亚数字议程法案》第6条规定,技术保护措施是指通过使用接触密码、方法或通过控制复制设备,在其通常运行过程中去阻止或抑制版权侵权行为的一种设备、产品或与某程序相结合的组件。综上所述,从国际条约到各国的立法文件,尽管对技术措施的范围尚存在分歧,但对于用法律来保护技术措施,已基本达成共识。同时,为防止技术措施的保护陷入混乱局面,对技术措施的保护都限定了严格的条件。

根据WCT和WPPT的规定,技术措施受到保护必须满足两个前提条件:一是技术措施需用于保护版权的客体;二是技术措施必须用于保护那些既未得到版权人授权又不属于法律允许的使用行为。[2] 从纯技术角度来看,任何能够起到特定作用的技术性手段都可以被称为"技术措施",但版权法上的"技术措施"必须是用于保护作品、表演、录音制品和广播信号等版权法的特定客体的技术措施。如果一种技术手段并不用于保护著作权的客体,与版权法没有关联,版权法自然无须保护此类技术措施,此类技术措施也就不属于版权法上的技术措施。[3] 例如,在我国首例技术措施案——"北京精雕科技有限公司诉上海奈凯电子科技有限公司侵害计算机软件著作权纠纷案"中,法院认为,计算机软件著作权人为实现软件与机器的捆绑销售,将软件运行的输出数据设定为Eng这种特定文件格式,以限制其他竞争者的机器读取以该特定文件格式保存的数据,从而将其在软件上的竞争优势扩展到机器,Eng格式文件并非著作

---

〔1〕 参见王清、唐伶俐:《国际版权法律改革动态概览》,载《电子知识产权》2014年第5期。

〔2〕 参见郑重:《版权保护技术措施的危害及其规制》,载《知识产权》2014年第11期。

〔3〕 参见王迁:《"技术措施"概念四辨》,载《华东政法大学学报》2015年第2期。

权的客体,对 Eng 文件格式采取加密措施,不属于著作权法所规定的著作权人为保护其软件著作权而采取的技术措施。他人研发软件读取其设定的特定的 Eng 文件格式的,不构成侵害计算机软件著作权。[1]前述两项技术措施受保护的前提条件是为了在版权保护与社会公共利益之间保持平衡,但技术措施本身无法识别哪些使用是合理的,哪些使用是非法的,要实现这一利益平衡非常困难。

我国2001年及2010年《著作权法》[2]只有一条有关技术措施的规定,即"未经著作权人或者与著作权有关的权利人许可,故意避开或者破坏权利人为其作品、录音录像制品等采取的保护著作权或者与著作权有关的权利的技术措施的"行为属于侵权行为。2013年《信息网络传播权保护条例》第26条规定了保护信息网络传播权的技术措施,即"用于防止、限制未经权利人许可浏览、欣赏作品、表演、录音录像制品的或者通过信息网络向公众提供作品、表演、录音录像制品的有效技术、装置或者部件"。我国2014年《著作权法(修改草案送审稿)》第68条首次对"技术措施"进行了完整的定义,即"权利人为防止、限制其作品、表演、录音制品或者广播电视节目被复制、浏览、欣赏、运行、改编或者通过网络传播而采取的有效技术、装置或者部件"。2020年《著作权法》除部分文字调整之外,基本照搬自《信息网络传播权保护条例》,规定了技术措施的含义与类别、[3]允许规避技术措施的例外情形[4]以及禁止对技术措施实施的行为,[5]形成了保护技术措施的比较完整的体系。该规定隐含主体、对象、目的和有效性要件,但对于具体的"有效性"标准却没有

---

〔1〕 北京精雕科技有限公司诉上海奈凯电子科技有限公司侵害计算机软件著作权纠纷案,上海市高级人民法院(2006)沪高民三(知)终字第110号民事判决书。

〔2〕 参见2010年《著作权法》第48条第6项;2001年《著作权法》第47条第6项。

〔3〕 2020年《著作权法》第49条第3款。

〔4〕 2020年《著作权法》第50条。

〔5〕 2020年《著作权法》第49条第2款。

细化。我国应在后续的实施条例或司法解释中细化有效性的标准，使司法实践有所遵循，防止类案不同判，维护司法公信力。

2. 版权法保护的技术措施的类型

技术保护措施分两种：一种是"接触控制措施"（access control measure），即通过特定密钥、算法，或其他软件技术方法去限制他人对作品或计算机软件的打开读取。美国DMCA规定，如果一种技术措施在正常运行过程中，只有经过版权人许可应用某种信息、程序或处理过程后，他人才能接触作品，则这种技术措施属于"接触控制措施"，能够有效"控制对作品的接触"。所谓"接触"，是利用作品使用价值的行为。一些学者认为，随着版权作品的传播转移到以接触为前提的网络空间，作品的利用已经从拥有复制品转变为对作品内容的直接体验，如果版权法忽略接触控制将使版权虚无化，从长远来看对消费者也不利，因此建议赋予作者"接触权"（access right）。[1] 虽然各国版权法并未将接触作品规定为版权人的专有权利，但当"接触"成为人们利用作品的重要方式时，版权法仍应保护阻止他人接触作品这种特定行为的控制措施。版权法保护"接触控制措施"的正当性在于"版权人在版权法中的正当利益"。[2] 对不同种类的作品，接触的方式不同。对文字作品、影视作品、计算机软件作品的接触分别是"阅读"、"观看"和"运行"。[3] 例如，微软公司的 windows 计算机运行系统，要求使用者通过合法的激活程序才能正常运行，控制的是对计算机软件的接触。比较常见的"接触控制措施"有网站浏览控制密码和歌曲在线播放密码等。另一种是"版权保护措施"，即防止作品被非法复制、发行、交互传播的技术措施。

---

〔1〕 See Jane C. Ginsburg, *From Having Copies to Experiencing Works: The Development of an Access Right in U. S. Copyright Law*, 50 J. Copyright Soc'y U. S. A, 2003, p. 113, 124. 转引自郑重：《版权保护技术措施的危害及其规制》，载《知识产权》2014年第11期。

〔2〕 王迁：《版权法保护技术措施的正当性》，载《法学研究》2011年第4期。

〔3〕 参见刘颖：《版权法上技术措施的范围》，载《法学评论》2017年第3期。

美国 DMCA 规定,如果一种技术措施在正常运行过程中能制约、防止或者以其他方式限制他人擅自行使版权人的权利,则该技术措施属于“版权保护措施”,能够“有效保护版权人依本法所享有的权利”。[1] 例如,苹果公司在 iBook(电子阅读应用程序)中应用了数字版权管理措施,使里面下载的书籍不能被随意复制。

WCT 和 WPPT 对技术保护措施仅作了原则性规定,对于何种技术性手段属于受保护的“技术措施”,何种行为是受禁止的“规避行为”,各国规定不同。“规避行为”包括直接规避行为和向他人提供规避手段。“直接规避行为”是行为人为满足自己的需要而规避技术措施的行为;“向他人提供规避手段”包括禁止制造、进口、销售、出租、许诺销售或通过网络提供规避工具,或者提供规避服务,以及禁止对规避工具或服务的广告宣传。2016 年,《跨太平洋伙伴关系协定》(Trans-Pacific Partnership Agreement,TPP)促进了环太平洋地区对技术保护措施的广泛保护,对直接规避行为,TPP 第 18.68 条第 1 款[2]只禁止规避“接触控制措施”;对间接规避行为,该条款则没有明确禁止提供的是用于规避“接触控制措施”的还是“版权保护措施”的,可以推定对两种间接规避行为都予以禁止。欧盟、美国、澳大利亚等普遍禁止向他人提供规避手段,但是各国立法对于是否禁止以及禁止何种破解“技术措施”的行为有不同做法。以《欧盟信息社会版权与相关权指令》(2001 年)和实施该指令的欧盟成员国为代表的一些国家,同时禁止对两类技术措施实施直接规避行为。美国 DMCA 第 1201 条第 a 款规定了禁止规避“接触控制措施”,并且禁止制造、进口、向公众许诺销售、提供主要用于规避“接

[1] 王迁:《“技术措施”概念四辨》,载《华东政法大学学报》2015 年第 2 期。

[2] TPP 第 18.68 条第 1 款规定:缔约国应对明知或有合理理由知道未经授权规避用于控制接触的有效技术措施的任何人,或生产、进口、发行、向公众要约销售或出租主要用于规避有效技术措施的装置、产品、组件的任何人追究承担民事、行政乃至刑事责任。

触控制措施”的任何技术、产品、服务、装置、组件或它们的组成部分;第1201条第b款规定,禁止制造、进口、向公众许诺销售、提供主要用于规避有效保护版权人权利的任何技术、产品、服务、装置、组件或它们的组成部分。可见,美国对两类技术措施区别对待:仅就“接触控制措施”禁止直接规避行为,而不禁止破解“版权保护措施”的行为,因为版权法已经禁止版权侵权,因此没有必要增加新的禁止性规定,破解这类技术措施如果不是出于“合理使用”的需要,可以直接适用版权法对侵权行为的处理规定。《澳大利亚版权法》[1]与美国DMCA类似,对于直接规避行为,只保护“接触控制措施”,对于帮助规避行为,则保护两种技术措施。

提供规避技术措施的行为干扰了版权人对其合法权益的自力保护,其行为本身具有可责难性,是一种违反版权法特殊规定的违法行为。但是我国2001年和2010年《著作权法》只是笼统地规定禁止规避技术措施,规定未经许可故意避开或者破坏权利人为其作品、录音录像制品等采取的保护著作权或者与著作权有关的权利的技术措施的,视为侵权行为,但未明确禁止向他人提供规避手段的行为,也未明确技术措施的定义、范围以及禁止规避技术保护措施行为的例外情形等。《信息网络传播权保护条例》第26条第2款虽然对涉及信息网络传播权的技术措施明确禁止提供规避手段,但仅针对信息网络传播权,适用范围狭窄。2014年,由国家版权局负责起草,并由当时的国务院法制办公室公开征求意见的《著作权法(修订草案送审稿)》第68条首次对“技术措施”进行了更为完整的定义,即“权利人为防止、限制其作品、表演、录音制品或者广播电视节目被复制、浏览、欣赏、运行、改编或者通过网络传播而采取的有效

---

〔1〕《澳大利亚版权法》第116条AO和第116条AP规定,版权人有权起诉生产、进口、发行、提供用于规避技术措施(包括接触控制措施与版权保护措施)的装置、组件、服务。

技术、装置或者部件”，然而，2020 年《著作权法》并没有采用 2014 年《著作权法(修订草案送审稿)》中对技术措施较为完善的规定，而是在第 49 条[1]第 2 款照搬了《信息网络传播权保护条例》中有关技术措施的定义，这虽然弥补了《信息网络传播权保护条例》保护范围过窄的不足，但是，《信息网络传播权保护条例》所涉及的技术措施只针对保护信息网络传播权，将其简单地纳入《著作权法》中，大大限缩了受保护的技术措施的类型。同时，我国对于“接触控制措施”与“版权保护措施”给予同等保护，保护水平与欧洲持平，远超过美国、澳大利亚和新西兰。[2]

我国《著作权法》第 49 条第 3 款中规定的“版权保护措施”为“用于防止、限制未经权利人许可……通过信息网络向公众提供作品、表演、录音录像制品”的技术措施，即将“版权保护措施”仅限于保护信息网络传播权的技术性手段，未包括保护著作权人其他专有权利的手段。如防止数字化作品被复制的技术性手段就没有被包括在受保护的技术措施之列，显然不合理。同时，《著作权法》第 49 条第 3 款中规定的“用于防止、限制未经权利人许可浏览、欣赏作品、表演、录音录像制品”指的就是“接触控制措施”。该部分规定的“接触”行为仅限于“浏览”和“欣赏”，明显遗漏了“运行”行为，缺乏对计算机程序的“接触控制措施”。这样，严格从文义解释来看，防止计算机程序未经许可被运行的技术措施不受我国著作权法保护，而迄今在我国发生的与技术措施纠纷有关的案例中，涉及规避计算

---

〔1〕 2020 年《著作权法》第 49 条规定：“为保护著作权和与著作权有关的权利，权利人可以采取技术措施。未经权利人许可，任何组织或者个人不得故意避开或者破坏技术措施，不得以避开或者破坏技术措施为目的制造、进口或者向公众提供有关装置或者部件，不得故意为他人避开或者破坏技术措施提供技术服务。但是，法律、行政法规规定可以避开的情形除外。本法所称的技术措施，是指用于防止、限制未经权利人许可浏览、欣赏作品、表演、录音录像制品或者通过信息网络向公众提供作品、表演、录音录像制品的有效技术、装置或者部件。”

〔2〕 参见王迁：《知识产权法教程》(第 7 版)，中国人民大学出版社 2021 年版，第 326 页。

机程序中的“接触控制措施”的占绝大多数,[1]这显然与立法意图不符。所以,将《信息网络传播权保护条例》中对技术措施的不完整定义“升格”至2020年《著作权法》中,属于“改劣”,应及时修改《著作权法》,完善对技术措施的定义,将用于防止未经许可运行计算机程序的“接触控制措施”和“版权保护措施”中的防复制措施都纳入其中。[2] 在目前的法律背景下,应对“技术措施”这一法律概念做出合理的扩大解释,以便符合 WCT 和 WPPT 中有关技术措施的保护水平。

3. 3D 打印可采取的技术措施

3D 打印作品传播的源头为设计 3D CAD 文件,传播中介为网络平台,传播终端为 3D 打印机。[3] 在文件制作、传播和打印的每一个阶段都可以采用相应的技术措施予以保护,通过限制使用的对象范围和技术范围,避免他人未经许可的复制。尽管有学者认为,技术保护措施在消费者和公司之间制造了一场持续的军备竞赛。侵犯知识产权的海盗很可能会领先于任何技术保护方案。技术保护措施也阻止不了他人通过使用更复杂的 3D 扫描仪扫描 3D 产品,调整生成的蓝图,再运用 3D 打印生成实物,从而摆脱版权人的控制。[4] 但相较法律手段,技术措施在控制作品传播上更为有效,大

---

[1] 如王某峰等诉深圳市沙井沙一股份合作公司等侵犯计算机软件著作权纠纷案,参见广东省深圳市中级人民法院(2007)深中法民三初字第 160 号二审民事判决书;广东省高级人民法院(2008)粤高法民三终字第 213 号二审民事判决书。深圳市盈宁科技有限公司诉王某兵侵犯计算机软件著作权纠纷案,参见江苏省南通市中级人民法院(2005)通中民三初字第 0032 号民事判决书。上海地创网络技术公司等诉北京万户名媒科技公司侵犯计算机软件著作权纠纷案,参见上海市浦东新区人民法院(2008)浦民三(知)初字第 453 号民事判决书。北京文泰世纪科技公司诉孙某峰等侵犯计算机软件著作权纠纷案,参见广东省深圳市龙岗区人民法院(2009)深龙法民初字第 4153 号民事判决书,等等。

[2] 参见王迁:《立法修改视角下的技术措施保护范围》,载《中外法学》2022 年第 3 期。

[3] 参见李永明、郑金晶:《3D 打印中 CAD 文件的定性与复制问题研究》,载《浙江大学学报(人文社会科学版)》2016 年第 2 期。

[4] See Hod Lipson, Melba Kurman, *Fabricated: The New World of 3D Printing*, Wiley Press, 2013, p. 229, 249.

大减少了著作权侵权纠纷,避免了因侵权高度分散化而不易追究责任的困境。

著作权人可以通过控制打印设备或控制打印软件的途径对侵权行为予以防范。可以建立三维数字模型数据库和保护 3D 打印著作权的“生产系统”,制定严格的行业规范。引导三维数字模型作者进行版权登记,组建专门的三维数字模型数据库,强制要求制造商将 3D 打印机与该数据库联网。通过“生产控制系统”的管理,3D 打印机准备打印产品前,要与该数据库中的模型进行比对,如果相同或近似,使用人需事先向著作权集体管理部门交纳一定的使用费,否则无法进行打印,从而实现对 3D CAD 数字文件版权的有效保护。[1]

首先,制定严格的行为规范,要求 3D 打印机必须能够制造出跟踪产品的标志,并且只有联网才能操作打印系统。为便于管理者监管所有 3D 打印机用户,可以要求所有的用户都像登记车辆、房屋等一样注册自己的 3D 打印机,或者获得操作和购买打印机的合法许可。虽然要求用户注册和联网会带来些许不便,但考虑到 3D 打印机可能被用于批量生产枪支、非法药品等危险产品,建立注册规则对个人用户来说并不太麻烦,这是确保管理机构监管 3D 打印行为的最合理和最可行的方法。其次,要建立一个拥有授权和跟踪系统的网站,用户必须登录才能获得所有 3D 打印请求的批准。该网站运行一个 Web 身份验证系统,通过识别软件或人工对 3D 打印用户的请求进行审查。这样可以监管公众的 3D 打印活动,并限制他们打印某些物品的能力。最后,应该提供一个存储库来接收和存储由知识产权所有者上传的 3D CAD 数字模型。认证系统将用户请求

〔1〕 参见宋智慧:《3D 打印对版权制度的挑战》,载《光明日报》2015 年 10 月 23 日,第 10 版。

打印的模型与存储库中的模型相匹配,以便跟踪、验证或拒绝打印请求,并在可能发生侵权行为时通知相应的权利所有者。利益相关者可以通过查找用户的注册信息直接针对个体侵权人。这将作为一种预防措施,阻止大多数人以非法的方式使用打印机侵犯他人的版权。[1] 总之,技术措施给知识产权人提供了监控、跟踪和防范知识产权侵权行为的手段。认证要求为管理部门提供了一个监管框架,可以控制公众自制潜在的危险产品。对于非限制打印的物品,如车辆部件、食物等,技术措施也有助于解决 3D 打印不受控制、难以追踪和监管的问题。

根据有关国际条约"关于技术措施的义务"条款,[2] 3D CAD 数字模型的权利人有权采取技术措施阻止他人使用自己的作品。目前 Fabulonia 公司开发出了一种针对 3D 打印机的"网络盒子",设计者通过"网络盒子"对文件进行加密并只授权特定打印机进行打印,用户即使能拿到打印实物也无法看到三维数字蓝图,因此不能任意打印。[3] 迪斯尼也公布了在 3D 打印方面开发防拷贝装置的计划。[4] 与任何计算机设备或系统一样,互联网连接要求和认证系统都可能受到黑客攻击,绕过身份验证功能,然后使用打印机,而不需

---

〔1〕 See Shlomit Yanisky-Ravid, Kenneth S. Kwan, *3D Printing the Road Ahead: The Digitization of Products When Public Safety Meets Intellectual Property Rights A New Model*, 38 Cardozo L. Rev., 2017, p. 951.

〔2〕 1996 年《世界知识产权组织版权条约》第 11 条规定:缔约各方应规定适当的法律保护和有效的法律补救办法,制止规避由作者为行使本条约或《伯尔尼公约》所规定的权利而使用的、对就其作品进行未经该有关作者许可或未由法律准许的行为加以约束的有效技术措施。1996 年《世界知识产权组织表演和录音制品条约》第 18 条("关于技术措施的义务")规定:缔约各方应规定适当的法律保护和有效的法律补救办法,制止规避由表演者或录音制品制作者为行使本条约所规定的权利而使用的、对就其表演或录音制品进行未经该有关表演者或录音制品制作者许可,或未由法律准许的行为加以约束的有效技术措施。我国著作权法没有规定技术措施的条款,2006 年《信息网络传播权保护条例》第 12 条有关于"技术措施合理限制"的规定。

〔3〕 参见曹阳:《个性化 3D 打印技术知识产权问题研究》,载《上海政法学院学报(法治论丛)》2016 年第 1 期。

〔4〕 See Matthew Rimmer, *The Maker Movement: Copyright Law, Remix Culture and 3D Printing*, 41 U. W. Austl. L. Rev., 2017, p. 80.

要连接到互联网,也不需要对他们的打印请求进行授权。但是,绝大多数人并没有足够的技术能力破解这个系统,况且,还可以采取安全措施保护网站的完整性。此外,非法绕过认证程序的技术保护措施需要承担的法律后果应该有足够的威慑作用。[1] 如果使用人破解了这些技术措施,则无论其是否是"商业使用目的",均可认定使用人未经同意或未经法律允许使用他人作品,直接视为侵权。

4. 禁止规避技术措施的例外

技术保护措施是把"双刃剑"。技术措施入法作为数字时代版权扩张的一种重要形式,在保护版权人合法利益的同时,也容易被版权人利用阻碍公众接触公有领域的共享信息,严重侵蚀版权法所划定的合理使用空间。正如劳伦斯·莱斯格所言,网络环境中的技术措施不能识别公有领域信息和专有领域信息,实行"一刀切"的保护严重威胁着信息的共享。[2] 禁止规避技术措施的例外,就是把不应当被纳入保护的技术措施和不应当被禁止的规避行为排除在版权控制的范围之外,以避免技术措施滥用所引发的负面影响,是符合利益平衡需求及公众利益的。

技术措施可能带来的消极影响有:第一,版权人滥用技术措施对超过保护期的作品或不受版权保护的内容进行实际控制,妨碍公众接触本应属于公有领域的信息,违法扩张私有领域。第二,运用技术措施限制竞争者进入相关市场和对相关信息的使用,非法获取垄断利益。例如,借助技术措施实现捆绑销售或销售区域划分等。在上述"北京精雕科技有限公司诉上海奈凯电子科技有限公司侵害计算机软件著作权纠纷案"中,法院认为,北京精雕科技有限公司通

---

〔1〕 See Shlomit Yanisky-Ravid, Kenneth S. Kwan, *3D Printing the Road Ahead: The Digitization of Products When Public Safety Meets Intellectual Property Rights-A New Model*, 38 Cardozo L. Rev. ,2017,p. 955.

〔2〕 参见[美]劳伦斯·莱斯格:《代码:塑造网络空间的法律》,李旭等译,中信出版社 2004 年版,第 156 页。

过对Eng文件格式采取加密措施,旨在实现JDPaint软件与其雕刻机床(机械本体)之间的捆绑关系,并使捆绑了精雕CNC雕刻系统的计算机拥有市场竞争优势,这种行为不属于为保护其软件著作权而采取的技术措施。他人研发软件读取其设定的特定文件格式的,不构成侵害计算机软件著作权。[1] 在3D打印领域,3D打印机生产商常常利用市场优势地位开发个别参数指标很可能成为某市场运作的支配性设计,实施垄断行为,获取垄断利润。[2] 常见的3D打印机"材料验证程序"就是支配性设计的一种,3D打印机制造商借此强制消费者使用特定材料,变相实现捆绑销售,引起公众的强烈不满。[3] 第三,即使是正当使用技术措施,也可能使版权法所规定的合理使用等版权限制制度形同虚设。[4] 例如,控制接触技术措施使人们无法自由接触作品,即使基于个人研究、学习或欣赏这些合理使用的目的也如此,长此以往,不但科技创新研发活动的范围会遭到前所未有的严格限制,而且公民的言论自由也将会受到重大影响。[5]可见,未加限制的技术保护措施可能使权利人对信息传播进行绝对垄断,"一刀切"地禁止所有规避技术措施的行为也不可取。在保护版权人技术措施的同时,也应防止版权人利用技术措施

---

〔1〕 参见北京精雕科技有限公司诉上海奈凯电子科技有限公司侵害计算机软件著作权纠纷案,上海市高级人民法院(2006)沪高民三(知)终字第110号民事判决书。

〔2〕 参见郑友德、王活涛:《论规制3D打印的法政策框架构建》,载《电子知识产权》2014年第5期。

〔3〕 3D打印机生产商在打印机系统控制程序中植入"材料验证程序",若输入打印机的材料无法通过程序验证,则3D打印机的系统控制程序将无法被正常启用,进而无法正常打印。这不仅侵犯了消费者本应享有的打印材料自由选择权,还进一步阻断了权利人的自力救济途径。然而,根据《美国千禧年数字版权法》第1201条的规定,"对作品进行有效访问控制的技术措施"受到美国相关立法的保护,禁止规避。参见周琨、李雪珏:《美国规避3D打印机给料限制技术措施立法例考察》,载《图书馆论坛》2017年第7期。

〔4〕 参见肖冬梅、方舟之:《美国禁止规避技术措施例外制度的缘起、演进与启示》,载《图书馆论坛》2016年第6期。

〔5〕 参见龚珊珊、严小翔:《从新〈著作权法〉反规避条款看知识产权与言论自由的冲突》,载《电子知识产权》2021年第10期。

谋求非版权法上的利益甚至非法的利益。[1]

合理使用是最为灵活的法律标准之一,因此其不适合通过软件的代码得以实施。有关合理使用的个案经常在不同的利益方之间引起广泛的争议。各利益方不大可能就合理使用的法律边界形成充分共识,更不用说要通过标准化的系统实施合理使用了。合理使用在司法实践中有了更多的创造性解释,这体现了其自身标准的主观性和灵活性,也决定了合理使用制度的弹性很难在技术措施的代码中得到适当的回应。[2]

为了消弭技术措施的消极影响,保障公众的信息获取权,美国 DMCA 将技术措施纳入保护范围,同时还规定了禁止规避技术措施的例外制度及更新规则。DMCA 不禁止直接规避"版权保护措施"的行为,仅禁止直接规避"接触控制措施"的行为,同时设定了相应的例外机制。禁止规避"接触控制措施"的例外情形主要有两大类,一类是 7 种固定的法定一般例外情形,[3]该规定始终未变;另一类是授权国会图书馆确定的动态的临时例外,[4]由国会图书馆通过行政立法按法定程序每 3 年调整一次。从 DMCA 禁止规避技术措施临时例外的演变规律可知,临时例外的增删与新技术的应用如影相

[1] 参见覃斌武:《评美国版权法技术措施规则的司法分歧》,载《知识产权》2016 年第 11 期。

[2] 参见来小鹏、许燕:《技术措施与合理使用的冲突与协调——对〈著作权法〉第 49 条及第 50 条的再思考》,载《中国应用法学》2022 年第 3 期。

[3] 《美国千禧年数字版权法》第 1201 条第 d 款至第 j 款规定了 7 种例外情形,分别是:非营利性图书馆、档案馆及教育机构尝试过其他获取手段都未成,为作出是否购买决定而接触版权作品;执法机关、情报机构和政府为发现计算机和网络系统安全隐患而进行调查、保护行为;反向工程;加密研究;成年人保护;保护个人身份信息;为研究、调查、防范计算机系统及其网络系统存在的安全隐患而进行的安全测试。参见 17U. S. C. 1201。

[4] 《美国千禧年数字版权法》第 1201 条第 a 款授权美国国会图书馆通过行政立法每 3 年确定临时例外,并规定了临时例外确定的具体机制,主要涉及负责临时例外的立法主体、确立是否给予临时例外的步骤与考虑因素、临时例外的法律性质与程序。此外,还要求美国国会图书馆向国会作临时例外的执行评估报告。参见 17U. S. C. 1201。

随。[1] 国会图书馆近年来通过立法程序豁免了一些规避技术措施的行为,包括"允许消费者越狱自己的苹果手机,允许DVD所有者为教育目的绕过内容加密系统"和"允许盲人规避电子图书的锁,以实现朗读功能"等。

DMCA反规避条款在3D打印方面的应用引发了3D打印行业、3D打印机制造商和开放互联网支持者之间的激烈争论。2015年,国会图书馆馆长举行了第六届三年一期的程序来评估DMCA第1201条的豁免。在此过程中,倡导开放互联网的公共知识组织(Public Knowledge)向国会图书馆的图书管理员请愿,请求豁免3D打印机给料限制技术措施。基于此,DMCA中禁止规避技术措施的临时例外新增了"规避3D打印机给料限制技术措施例外规定",即当规避仅仅是基于使用替代原料,不是基于访问设计软件、设计文件或专有数据等其他目的时,允许消费者规避打印机中"给料限制"技术措施,以便在3D打印机中使用他们想用的任何材料,而不仅限于3D打印机制造商提供的原料。因为3D打印机制造商利用反规避条款控制了3D打印机墨盒,而墨盒并非技术的可复制方面,超出了3D打印机可版权要素的范围。然而,对这项豁免也施加了限制:"豁免不得延伸到任何生产用于商业用途的商品或材料的3D打印机上的任何电脑程序,而且应受到法律或监管方面的监督。"[2]这是3D打印等新技术在社会生活各个领域深入渗透和广泛应用的产物,也是各方利益主体博弈的结果。[3]

我国2010年《著作权法》在第48条第6项原则性地规定了禁

---

〔1〕 参见肖冬梅、方舟之:《美国禁止规避技术措施例外制度的缘起、演进与启示》,载《图书馆论坛》2016年第6期。

〔2〕 Sarah Craig, *Protection for Printing: An Analysis of Copyright Protection for 3D Printing*, 2017 U. Ill. L. Rev. 2017, p. 309.

〔3〕 周琨、李雪珏:《美国禁止规避技术措施例外制度评析(五)——规避3D打印机给料限制技术措施立法例考察》,载《图书馆论坛》2016年第8期。

止规避技术措施的例外，但没有规定一般例外的情形。[1]《信息网络传播权保护条例》第 12 条规定了技术措施的 4 种例外情形（“学校课堂教学或者科学研究”“阅读障碍者”“执行公务”“安全性能测试”的例外），但未明确其与合理使用的关系，且法律位阶较低，不利于保护公众利益。2020 年《著作权法》第 50 条第 1 款[2]除了将《信息网络传播权保护条例》第 12 条规定的 4 种技术措施的例外上升到法律层面，还增加了一种例外情况，即“进行加密研究或者计算机软件反向工程研究”。这考虑到软件的开发关乎软件产业的发展和其他各个产业的进步。将软件开发者的反向工程研究作为技术措施的例外，将助推我国软件产业乃至整体竞争力的提升。虽然 2020 年《著作权法》第 50 条列出了 5 项禁止规避技术措施的例外情形，但仅限于直接规避行为，且例外条款整体显得单薄，欠缺开放的概括式兜底条款，不能满足现实多样化及动态化需要，容易弱化和剥削公众的合理使用利益。[3] 我国对技术措施的保护水平超过美国、澳大利亚和新西兰，同时禁止规避“版权保护措施”和“接触控制措施”，更禁止向他人提供规避手段，但我国著作权法规定的技术措施

---

〔1〕 2010 年《著作权法》第 48 条规定：“有下列侵权行为的，应当根据情况，承担停止侵害、消除影响、赔礼道歉、赔偿损失等民事责任；同时损害公共利益的，可以由著作权行政管理部门责令停止侵权行为，没收违法所得，没收、销毁侵权复制品，并可处以罚款；情节严重的，著作权行政管理部门还可以没收主要用于制作侵权复制品的材料、工具、设备等；构成犯罪的，依法追究刑事责任：……（六）未经著作权人或者与著作权有关的权利人许可，故意避开或者破坏权利人为其作品、录音录像制品等采取的保护著作权或者与著作权有关的权利的技术措施的，法律、行政法规另有规定的除外……”

〔2〕 2020 年《著作权法》第 50 条第 1 款规定：“下列情形可以避开技术措施，但不得向他人提供避开技术措施的技术、装置或者部件，不得侵犯权利人依法享有的其他权利：（一）为学校课堂教学或者科学研究，提供少量已经发表的作品，供教学或者科研人员使用，而该作品无法通过正常途径获取；（二）不以营利为目的，以阅读障碍者能够感知的无障碍方式向其提供已经发表的作品，而该作品无法通过正常途径获取；（三）国家机关依照行政、监察、司法程序执行公务；（四）对计算机及其系统或者网络的安全性能进行测试；（五）进行加密研究或者计算机软件反向工程研究。”

〔3〕 参见来小鹏、许燕：《技术措施与合理使用的冲突与协调——对〈著作权法〉第 49 条及第 50 条的再思考》，载《中国应用法学》2022 年第 3 期。

保护的例外情形却远少于发达国家，尤其对禁止提供规避手段没有规定例外情形，加之缺乏技术措施保护例外制度的适用调整机制，目前的5种例外情形不能满足实践需求，尤其是在3D打印的情况下。依据我国现行著作权法，上述3D打印机“给料限制”技术措施不属于允许规避的情形，受此限制的3D打印机消费者不得不支付高额费用购买材料，打印机生产商因销售指定材料获取垄断利润，其他材料销售商的公平竞争受到限制，社会各方将利益失衡。因此，需要充分考虑我国当前的技术状况和社会需求，通过继续修改著作权法增加技术措施保护的例外情形。[1]

一方面，著作权法不应禁止直接规避技术措施的行为，包括直接规避“接触控制措施”和“版权保护措施”。因为他人在规避技术措施后通常会针对作品实施版权专有权利控制的行为，若该行为属于合理使用，则不属于版权法禁止的侵权范围；如果该行为不是合理使用，则该行为本身就已经侵权，直接追究版权侵权责任即可，无须再另行规定禁止直接规避技术措施的行为。[2] 此外，普通民众并不具备规避技术措施的专业能力，所以禁止直接规避行为本身意义并不大。再者，两类措施的区分并不明显，即使像美国一样对两类措施区分保护，那么版权人也会尽量采用二者融合的技术措施，这样关于“版权保护措施”的例外机制将形同虚设。[3]

另一方面，版权法应禁止间接规避技术措施的行为，包括间接规避“版权保护措施”和“接触控制措施”，同时规定例外情形。提供规避技术措施工具、手段或服务的人与后续真正的作品使用者并非

---

〔1〕 参见宋智慧：《版权技术保护措施及例外制度尚待完善》，载《知识产权报》2017年3月17日，第10版。

〔2〕 参见来小鹏、许燕：《技术措施与合理使用的冲突与协调——对〈著作权法〉第49条及第50条的再思考》，载《中国应用法学》2022年第3期。

〔3〕 参见王迁：《版权法对技术措施的保护与规制研究》，中国人民大学出版社2018年版，第314~318页。

同一主体,允许间接规避行为的存在相当于可以集结全世界范围的力量去攻破技术措施,这样技术保护措施制度就失去了存在的意义。间接规避行为所导致的严重后果是不可控的,与直接规避行为不可相提并论,著作权人的合法利益会遭受严重侵害,版权法的利益格局也会失衡。但技术措施非普通公众所能掌握,如果完全禁止提供规避技术的服务,会阻碍普通公众接触作品的机会,侵蚀合理使用的空间。为了缓解禁止间接规避技术措施与合理使用制度之间的冲突,应该在禁止间接规避行为的同时规定相应的例外制度,允许向特定的适格对象提供规避工具、手段或服务,并配套以相应的实施程序。例如,《澳大利亚数字议程法案》规定了禁止间接规避技术措施的行为,同时规定了一般例外及私人例外,一般例外主要涉及与政府事务相关的例外,私人例外涵盖了计算机安全测试、图书馆或档案馆、教育机构等的例外。在私人例外的实施程序上,该法案规定使用者在接受规避工具、手段或服务前应当提供本人签署的声明,载明使用者的个人信息、使用行为所属的法定例外情形等。[1] 此外,若违反相关规定需承担严格的法律责任。向特定的适格对象提供规避工具、手段或服务,实际使用者的数量是可控且有限的,其使用作品的真实意图能够被提供者知悉,版权人利益受损的可能性会尽量缩小,有利于维护版权人与公众利益之间的动态平衡。[2] 我国《著作权法》对间接规避"接触控制措施"和"版权保护措施"的行为均持禁止的态度,但未规定任何禁止间接避开技术措施的例外情形,应在将2020年《著作权法》第50条第1款所列举的5项例外情形适用于间接规避技术措施的行为外,增加公众当前亟须的其他例外规定,如补充对间接规避3D打印"给料限制"技术措施的行为

---

〔1〕 参见王迁:《论禁止规避技术措施的范围》,载《法学家》2016年第6期。

〔2〕 参见来小鹏、许燕:《技术措施与合理使用的冲突与协调——对〈著作权法〉第49条及第50条的再思考》,载《中国应用法学》2022年第3期。

予以豁免的规定，增加图书馆和档案馆[1]避开技术措施的例外规定等。[2]

(四)“避风港规则”的调整适用

由于发布3D CAD数字文件的托管网站在使公众获得3D CAD数字文件方面起着重要的作用，加之追究个体侵权者的责任又非常困难，版权人和执法机构往往会把重点放在发布侵权的3D CAD数字文件的托管网站上，并把它们作为移除通知函的发送目标，大多数网站接到移除通知后也通常能遵照执行。比如，Thingiverse网站接到荷兰设计师乌尔里希·施万尼茨(Ulrich Schwanitz)要求移除彭罗斯三角形的3D CAD数字文件的通知后，马上就删除了这些文件。该网站在收到卡通电影《丁丁历险记》版权人比利时莫兰萨(Moulinsart)公司的移除通知后，随即删除了《丁丁历险记》中的CAD设计文件等。

依据“避风港规则”，如果信息存储空间中出现了用户上传的侵权内容，或者信息存储空间中的链接指向了其他网站中的侵权内容时，权利人可以发出删除通知并提供初步证据，告知信息存储空间服务提供者或搜索和链接服务提供者相关的侵权事实，网络服务提供者在接到通知后，如果及时移除了涉嫌侵权的内容或断开了链接，在符合其他免责条件的情况下，除非权利人有证据证明网络服务提供者事先知晓侵权事实存在，否则网络服务提供者即可以进入“避风港”，不承担责任。[3] 如果网络服务提供者不遵守“通知与删除”规则，则可能承担直接侵权责任或者帮助或替代间接侵权责任。

---

[1] 图书馆、档案馆作为人类记忆的重要保有者和信息传递的重要主体，无论是保存馆藏还是保障公众的基本信息获取权，都起着不可或缺的作用。有必要明确图书馆、档案馆在穷尽其他方法之后还无法获取版权作品时，给予其破解技术措施的例外。

[2] 参见肖冬梅、方舟之：《美国禁止规避技术措施例外制度的缘起、演进与启示》，载《图书馆论坛》2016年第6期。

[3] 参见王迁：《论“通知与移除”规则对专利领域的适用性——兼评〈专利法修订草案(送审稿)〉第63条第2款》，载《知识产权》2016年第3期。

根据这些规定,Thingiverse 等网站一旦被通知其网站上的某一项目侵权,就必须在规定的时间内采取行动,要么删除材料,要么向控告人说明该材料不违反其用户政策的原因。如果没有接到这样的删除通知,网络服务提供者就不对其网站上的侵权内容承担法律责任,因为它对发布的内容不能进行编辑和控制。然而,互联网平台对平台上显而易见的侵权内容有义务直接删除,无须等待他人告知,否则就要承担侵权责任,这就是“红旗规则”,也被称为“明知规则”,它是对“避风港规则”的有益补充。

网站在互联网媒介中扮演重要角色,它通常将“通知与删除”规则纳入其用户的使用条款中。按照这些条款,3D CAD 数字文件的创建者必须对上传的内容拥有版权,任何侵犯他人版权的项目都可以通过删除通知来移除。[1] 例如,在“Viacom 诉. YouTube 案”中,在线视频服务提供者 YouTube 在接到传媒大鳄 Viacom 的侵权通知后,在一夜之间删除了大约 10 万部视频。这表明“避风港规则”是打击大规模侵权的较为有效的方法。[2]

“避风港规则”是网络知识产权领域的基础规则,源于美国的 DMCA,并为欧盟成员国、日本、印度等众多国家和地区移植。“通知与删除”规则也被我国《信息网络传播权保护条例》和原《侵权责任法》[3]吸纳,《民法典》第 1195 条[4]承继了原《侵权责任法》有关

---

〔1〕 *Makerbot Terms of Use*, Thingiverse, https://www.thingiverse.com/legal; *Shapeways Terms and Conditions*, Shapeways, http://www.shapeways.com/terms and conditions, 2016-06-17.

〔2〕 Viacom Int'l. Inc. v. YouTube, Inc., 718 F. Supp. 2d 514, 524 (S.D.N.Y. 2010).

〔3〕 原《侵权责任法》第 36 条第 2 款规定:“网络用户利用网络服务实施侵权行为的,被侵权人有权通知网络服务提供者采取删除、屏蔽、断开链接等必要措施。网络服务提供者接到通知后未及时采取必要措施的,对损害的扩大部分与该网络用户承担连带责任。”

〔4〕 《民法典》第 1195 条规定:“网络用户利用网络服务实施侵权行为的,权利人有权通知网络服务提供者采取删除、屏蔽、断开链接等必要措施。通知应当包括构成侵权的初步证据及权利人的真实身份信息。网络服务提供者接到通知后,应当及时将该通知转送相关网络用户,并根据构成侵权的初步证据和服务类型采取必要措施;未及时采取必要措施的,对损害的扩大部分与该网络用户承担连带责任。权利人因错误通知造成网络用户或者网络服务提供者损害的,应当承担侵权责任。法律另有规定的,依照其规定。”

"通知与删除"规则的规定,并增加了转通知义务。从相关法律规定中可知,判断网络服务提供者承担侵权责任的标准是其是否具有主观过错,即是否明知或应知侵权。于"明知或应知"所链接的作品侵权的,应当承担共同侵权责任。但"明知或应知"的判定标准及网络服务提供者审查义务的内容,法律未作明确规定。在"北京紫禁城三联影视发行有限公司与凌源市信息网络管理中心等侵害著作权纠纷申请再审案"中,最高人民法院认为,被告作为网络服务提供者在网页上提供P2P链接播放在线影片的行为,属于提供链接行为,原告未能举证证明被告存在"明知或应知"的情形,所以,被告接到通知及时断开链接就无须承担侵权责任。[1] 可见,原告方需承担举证责任,网络服务提供者承担的审查义务较低。

尽管"避风港规则"在处理3D打印版权侵权纠纷方面被普遍应用,但也存在一些问题。在现有注意义务标准下,网络服务提供者接到删除通知后需要判断该项目是否确实侵犯了版权。然而,判断3D CAD数字文件的网络传播行为是否侵权,既要看3D CAD数字文件是否符合著作权法中作品独创性的要求,还要判断依3D CAD文件打印的物品的艺术性与功能性能否区分,是否符合可分离标准,这需要专业的判断,网络服务提供者显然不具备这种专业知识,其缺乏判断3D CAD数字文件是否侵权的能力。出于保护自身利益的考虑,网络服务提供者会过于谨慎,不考虑文件的合法性就删除网站内容,这样极有可能导致合法的项目被从网站上删除。比如,前述乌尔里希·施万尼茨针对彭罗斯三角形的3D CAD设计文件向网站发出移除通知就没有法律依据,因为他不是三角形的权利人。他对彭罗斯三角形图像没有版权,对从图像转换到3D CAD数

---

〔1〕 北京紫禁城三联影视发行有限公司与凌源市信息网络管理中心等侵害著作权纠纷案,最高人民法院(2013)民申字第787号民事裁定书。

字文件的过程也不享有版权,因为过程、程序等不受版权保护。[1]但在此案中,Thingiverse 网站并没有对其提出反诉。同样,在前述凯蒂·佩里(Katy Perry)的左鲨鱼服装纠纷中,也不能确定左鲨鱼服装是否享有版权,因为服装的审美情趣和功能效用具有内在关联,[2]很可能因为艺术性与功能性不能分离而被排除在版权保护之外,这样的话,凯蒂·佩里发出的删除通知就没有法律依据。

网络服务提供者接到移除通知后就断然删除涉嫌侵权作品的做法会打击设计师制作和上传文件的热情,产生激冷效应(chilling effect),使技术进步的速度变慢,对创新产生负面影响。正如"战锤40000"的 3D CAD 数字文件的创建者克莱夫·汤普森收到删除通知时所说,"千禧年数字版权法让我丧气,事发后,我再没上传任何自己设计的可打印的模型"。[3] 攻击信息存储空间的服务提供者显然会降低设计师的热情,影响工业进步。2016 年 4 月,主要的几家 3D 打印公司,如 Makerbot、Shapeways、Stratasys、Kickstarter 等众筹实体向政府提交了一份意见书。该意见书指出,网络服务提供者是自由言论和经济活动的重要平台,它使个人和小企业能轻松发布内容,并与全球受众便捷沟通。在网络生态系统中,网络服务提供者的关键作用主要在于其大众的可及性,它使数百万用户得以方便地创建和发布内容。在网络服务提供者产生之前,人们若要使他们创作的内容广泛传播则需要大量的资源。而如今,在简单地接受网络服务提供者的使用条款之后,用户的原创内容就会瞬间通过网络被

---

〔1〕 *Ulrich Schwanitz Penrose Triangle 3D Design Takedown*, ELEC. Frontier Found, https://www.eff.org/takedowns/ulrich-schwanitz-penrose-triangle-3d-designtakedown, 2017-08-09.

〔2〕 *Left Shark Dispute*, HARV. J. SPORTS & ENT. L., http://harvardjsel.com/2015/02/left-shark-dispute/.

〔3〕 Clive Thompson, *3D Printing's Forthcoming Legal Morass*, WIRED, http://www.wired.co.uk/news/archive/2012-05/31/3dprinting-copyright.

传播到全球受众。网络服务提供者需要对其用户创作的内容承担责任时,就限制了网络服务提供者支持自由社区的能力和动力,而这些共享社区是经济、文化和政治活动的基础。[1] 这种潜在的冲突会影响思想的自由交流和创新的传播,最终影响网络服务提供者的大众可及性。

这种情况也使盗版网站有机可乘。3D 打印枪的发明者科迪·威尔逊(Cody Wilson)推出了自己的 3D CAD 数字模型搜索引擎 Defcad(又被称为 3D 打印海盗湾)。海盗湾本身也推出了自己的 3D 设计(又被称为 Physibles)部分,为用户提供下载并打印因侵犯版权而被合法托管网站删除的设计文件。海盗湾可以使用户打印任何受版权保护的作品,从耐克鞋到光剑都可以打印。[2] 这迫使 3D 打印技术公司和众筹公司对网络服务提供者的责任问题采取积极的对策行动。可见,基于传统技术构建的"避风港规则",需要再次进行解释。法院需要对网络服务提供者涉及传播 3D CAD 数字文件的注意义务重新进行界定,综合考虑 3D CAD 数字文件类型的特点、知名度及侵权信息的明显程度来判断网络服务提供者的注意义务。[3]

基于互联网的高效、及时、去中心化和共享等特点,各国立法普遍不对网络服务提供者科以审查义务。[4] 因此,发出删除通知和收取版权费给版权所有者带来了巨大的成本,他们必须自己定位、识别和发送删除通知,或者有偿委托他人代理。每个版权所有者单独

---

〔1〕 See Matthew Rimmer, *The Maker Movement: Copyright Law, Remix Culture and 3D Printing*, 41 U. W. Austl. L. Rev. 2017, p. 75.

〔2〕 See Saahil Dama, Amulya Chinmaye, *Printing a Revolution: The Challenges of 3D Printing on Copyright*, 84 Geo. Wash. L. Rev. Arguendo, 2016, p. 68.

〔3〕 参见熊琦:《3D 打印行为的著作权规制:旧瓶能否装新酒?》,载《电子知识产权》2014 年第 5 期。

〔4〕 参见徐伟:《网络服务提供者"知道"认定新诠——兼驳网络服务提供者"应知"论》,载《法律科学(西北政法大学学报)》2014 年第 2 期。

执行这些工作都不胜其扰，而运用技术手段监测其作品的侵权3D CAD数字文件的发行能起到良好的效果。YouTube视频网站的内容识别系统可资借鉴。YouTube视频网站的内容识别系统首先将版权所有者向其提交的音频和视频文件建成数据库。然后，YouTube网站将用户上传的视频与数据库中的文件进行比较，以确定视频中是否包含侵权的内容。如果发现侵权内容，YouTube视频网站将根据版权所有者的指示采取相应措施，例如，屏蔽视频或跟踪侵权视频收视率并统计其广告收入与版权人共享。YouTube在内容识别系统上取得的成功，很大程度上是因为其母公司——谷歌——具有强大的搜索功能和较大的规模，很适合自我监控。[1]

可以借鉴YouTube的内容识别系统，创建一个用于在线检测侵权行为的3D CAD文件的中央数据库，版权所有者可以利用3D扫描的便利，将其作品的3D CAD文件提交给该中央数据库。由于在在线服务平台上保存的内容是公开的，并且易于搜索，因此不需要获得平台许可。将用户存储的3D CAD文件与数据库中版权所有者提交的文件进行比较，如果经检测发现与受版权保护的作品相同或相似，平台就会向版权所有者发出提示，版权所有者在评估该文件是否侵权后，再决定是否发出删除通知。该中央数据库可以依托版权局创建，也可以由独立的第三方创建，并向版权所有者收取象征性的费用，以换取"自动"的通知和删除服务。一旦该中央储存库建立，就可以很容易地向在线服务平台提供搜索服务。在线服务平台在发布用户提交的3D CAD数字文件之前，可以将该文件与受版权保护的材料进行比对，自动检测侵权内容，如果该文件与中央数据库中的文件内容相同或近似，而平台依然发布的话，就会因"实际

[1] *How to Manage Your Copyrights on YouTube: How Content ID Works*, YouTube (Sept. 28, 2010), https://support. google. comlyoutube/answer/2797370? hl = en [perma. cc/Q7Z4 - 9KQZ].

知晓”侵权而需要对侵权内容负责。此时,在线服务平台将别无选择,只能采取措施处理通过其网站传播的侵权内容。[1] 3D CAD 文件中央数据库的建立将减轻版权所有者独立搜索其作品的侵权使用行为的负担,降低维权成本,更重要的是,它也向侵权人发出一种信号:这种行为是非法的,正在受到监控。这一解决方案激励在线服务平台主动采取行动监视和处理侵权行为。作为版权所有者和在线服务平台之间的媒介,中央存储库的建立将有效地减少侵权活动,同时不会对版权所有者和在线服务平台中的任何一方造成过度的负担。

(五)知识共享协议

知识产权和信息自由向来存在紧张关系。面对新技术给知识产权保护带来的难题,还要从商业模式的变革入手解决该问题。诚然,3D打印技术增加了知识产权侵权的可能性,但同时也促使知识密集型企业由“封闭式创新”发展为“开放式创新”。[2] 随着创新工具——3D打印机的价格持续走低,借助互联网,消费者可以方便地将自己对产品的改进意见公之于众,从而激发潜在的创新者加入提升社会整体创新能力的大军。

技术发展的历史表明,对潜在的侵权人一味发起敌对行动不会产生有利的结果。尽管业界有许多尝试,但是网上盗版依然远未消亡,音乐下载猖獗,盗版软件仍然盛行。有学者认为,所有花费在与盗版抗争上的金钱、时间和精力都是非常无用的,甚至适得其反。

---

〔1〕 See Aliza Rana, *Scan*, *Copy*, *Print*: *How to Minimize Copyright Infringement during the 3D Technology Revolution*, 2018 Colum. Bus. L. Rev., 2018, p. 693.

〔2〕 “封闭式创新”是管理学上的概念,是研发公司的传统创新模式,指的是企业自行寻找并发现研发突破点,将研发创意发展成为产品,在自家的工厂内生产这些产品,并为产品提供发行、资金和服务支持,这一切都发生在企业内部。而“开放式创新”则是指“利用具有特定目的的知识流入和流出来加速内部创新,并相应地扩展创新的外部利用市场”。在“开放式创新”模式中,有价值的创意可以来自企业内部,也可以来自企业外部。参见何天翔:《开放式创新与3D打印知识产权问题》,载《中国政法大学学报》2018年第3期。

如果用户对版权作品能以合理的价格获得许可,盗版问题也会显著减少。创作者应该努力增设渠道,确保消费者能够以合理的价格获得3D CAD数字文件,与潜在的侵权者互惠互利,才会有力地打击未授权的复制行为。例如,在比利时莫兰萨公司向网站发出《丁丁历险记》中的月球发射火箭的3D CAD数字文件的移除通知时,迈克尔·温伯格(Michael Weinberg)指出,打击这些消费者不是明智的决定,因为打印火箭的人是公司最大的粉丝。公司与其攻击他们,不如以合理的价格售卖《丁丁历险记》中衍生品的3D CAD文件,这样粉丝就可以合法地进行打印。[1]

1. 知识共享协议的由来

知识共享(Creative Commons,CC)大体可以被看作"反知识产权"与"权利文化"[2]之间的折中态度,它源自公共领域的伦理观念——知识应该自由传播、开放共享。知识共享为权利人提供多种可供选择的授权形式及条款组合,创作者可以自由选择保留某种权利或放弃某些权利。知识共享可以为知识产权制度提供必要的补充。

2002年劳伦斯·莱斯格发起设立了非营利性的知识共享组织。该组织为开放存取提供了可选择使用的版权法律文件——公共许可协议。公共许可支持创客运动倡导的开源文化,同时允许版权所有者保留其作品的某些权利,包括是否允许衍生作品或其作品的商业使用,使用户在明确知道所有者的权利范围后,就不容易侵犯版权,同时也增加了作品的流通性和可衍生性。20世纪末以来,自由

〔1〕 See Steve Henn, *As 3D Printing Becomes More Accessible*, *Copyright Questions Arise*, NPR, https://www. npr. org/sections/alltechconsidered/2013/02/19/171912826/as-3-d-printing-become-more-accessible-copyright-questions-arise.

〔2〕 "权利文化"指代与"反知识产权"观念相对立的传统知识产权观念,即对知识产权过度保护并破坏了利益平衡。参见胡波:《共享模式与知识产权的未来发展——兼评"知识产权替代模式说"》,载《法制与社会发展》2013年第4期。

软件运动、[1]维基百科、开放存取、公开课等各种知识共享模式蓬勃发展,形成惠及众人、可持续生存的公共社区。[2]

2.知识共享协议的不足

知识共享协议允许版权人将其作品添加到一个巨大且不断增长的数字共享平台中,从而更方便作品的复制、发行、编辑等版权使用。数字共享平台要求用户接受各种条款和条件,包括与网站上的知识产权所有权相关的条款。为了确保上传文件的用户是作者,并支持他们对版权的管理,许多平台都采用了许可选项,其中最常见的就是知识共享许可证。网站通常要求上传者向网站授予许可,并要求上传者承诺其对上传的作品拥有知识产权。[3] 然而,知识共享许可并不能取代版权登记或法定保护,在某些情况下,用户上传的许多文件并不是他们自己的作品,而是侵权作品。在线发行平台没有应用任何工具来区分侵权和非侵权作品,部分原因是"避风港规则"免除了平台监管侵权活动的义务。这样一来,知识共享许可证不仅不能保护原作者的版权,反而为侵权人提供了对后续侵权行为的保护。根据知识共享许可协议的要求,侵权人而不是真正的作者被认为是这项作品的许可人。比如,将他人享有版权的作品的3D扫描的CAD数字文件上传到在线发行平台的情形。原创者如果发

---

[1] 自由软件系由斯托尔曼教授最早倡议的,基本理念是开放源代码和软件程序自由共享。许多计算机专业人士自愿加入其中,逐渐形成一套完全不同于官方软件版权制度的"规范":无数专业人士本着自由共享精神参与软件的编写和修改,遵循共同的行为规则,放弃版权上的经济利益和基于版权法律本可以对软件享有的控制权利。即软件程序编写者提供软件程序和源代码,任何人可以自由使用,不支付许可使用费,也可不受限制地对软件进行修改和升级;经修改后的软件亦应遵循开放共享的要求。

[2] 参见胡波:《共享模式与知识产权的未来发展——兼评"知识产权替代模式说"》,载《法制与社会发展》2013年第4期。

[3] *GrabCAD Website Terms of Use*, GRABCAD (June 28, 2016), https://grabcad.com/terms [perma.cc/LNP3-723U].

现他们的作品被错误地归于其他人，也没有追究补偿的捷径。[1] 这些知识共享许可没能阻止侵权行为，反而为侵权行为人提供了一些表面的保护，并没有考虑这些许可是否有效和恰当，因此，在侵权作品的案例中，可能造成弊大于利的后果。[2]

3. 可资采取的解决方案

有学者建议，与其指望在线发行平台解决版权侵权问题，不如让 3D 打印机制造商来监控这一活动。这就要求 3D 打印机有网络连接功能，从而与上文所描述的与中央存储库相类似的数据库相连。[3] 但是，现有的版权法免除 3D 打印机制造商的版权侵权责任，因此 3D 打印机制造商缺乏根据现有版权原则采取此类行动的动机。

即便不能访问制造商最初使用的数字文件，通过 3D 扫描生成版权作品的 3D CAD 文件也非常容易。针对此问题，迪士尼等公司正在尝试一种防止通过扫描进行反向工程的对策：迪士尼最近获得了一项反扫描反光材料的专利，这种材料可以防止对其流行的角色和小雕像进行 3D 扫描。同时，迪士尼公司使用反扫描反光材料进行 3D 打印。[4] 然而，这项反扫描反光材料专利技术还没有普及，即使该技术被广泛应用，也会给版权所有者带来额外的不经济和不实

---

〔1〕 See Generally Terms of Use, Creative Commons, https://creativecommons.org/terms (last updated Nov. 7, 2017) [perma.cc/3VCG - YXGT].

〔2〕 See Aliza Rana, *Scan, Copy, Print: How to Minimize Copyright Infringement during the 3D Technology Revolution*, 2018 Colum. Bus. L. Rev., 2018, p. 688.

〔3〕 See Shlomit Yanisky-Ravid, Kenneth S. Kwan, *3D Printing the Road Ahead: The Digitization of Products When Public Safety Meets Intellectual Property Rights-a New Model*, 38 Cardozo L. Rev., 2017, p. 921, 951 - 953.

〔4〕 See Corey Clarke, *Disney Publishes Patent for Anti-Scanning Filament 3D Printing Method*, 3D Printing Industry (June 12, 2017, 2:48 PM), https://3dprintingindustry.comi/news/disney-publishes-patent-anti-scanning-filament-3d-printing-method-115659 [perma.cclSAH5 - 4E9Z].

际的负担。[1]

有些公司借鉴传媒业所采取的适合利益相关者之间合作的类似 Netflix 和 iTunes 这样合法的传播模式，采取了另一解决方案，既能维护其知识产权又能拥抱 3D 技术革命，受到人们的青睐。[2] 例如，孩之宝（Hasbro）公司与大型在线发行平台 Shapeways 公司合作，修改了其知名品牌“小马宝莉”的许可政策，开发了一个利润分配协议，用于制作和销售由 3D 艺术家设计的“小马宝莉”小塑像。该利润分配协议惠及所有利益相关方。根据该协议，如果孩之宝公司的某个产品的 3D 设计在 Shapeways 平台以 30 美元的价格出售，那么 Shapeways 平台获得 20 美元，艺术家获得 6.50 美元，孩之宝公司获得 3.50 美元。[3] 允许受版权保护的材料的传播，有利于市场和消费者，同时也有利于企业从 3D 打印产业中获益。版权人与其把这些网站看作对手，不如通过它们来保护和实现自己的经济利益。

但是，通过对 3D 打印领域的法律和实证研究发现，绝大多数在线 3D 打印市场的用户没有选择作品的许可模式。大约有 65% 的在线平台用户将他们的作品置于“易受侵犯的开放境地”。为了防止这种情况的发生，平台可以为用户提供更多类型的许可模式，并在上传时将最合理的许可模式作为默认选项，而不是默认取消选项。[4] 知

---

〔1〕 See Aliza Rana, *Scan, Copy, Print: How to Minimize Copyright Infringement during the 3D Technology Revolution*, 2018 Colum. Bus. L. Rev., 2018, p. 690.

〔2〕 See Saahil Dama, Amulya Chinmaye, *Printing a Revolution: The Challenges of 3D Printing on Copyright*, 84 Geo. Wash. L. Rev. Arguendo, 2016, p. 68.

〔3〕 See Mike Senese, *Hasbro and Shapeways Expand Partnership, Allow Fans to Sell Transformers Fan Art and More*, Makezine, http://makezine.com/2014/08/25/hasbro-and-shapeways-expand-partnership-allow-fans-tosell-transformers-fan-art-and-more/.

〔4〕 See Dinusha Mendis, Davide Secchi, *A Legal and Empirical Study of 3D Printing Online Platforms and an Analysis of User Behaviour*, Center for Intellectual Property & Management, Bournemouth University 16 (2015), https://www.gov.uk/government/uploads/system/uploads/attachment_data/file/549045/Study-I.pdf. p. 43.

识共享社区应向3D打印文件版权人、生产者和消费者提供更多的关于许可使用的公共教育材料。[1] 例如,YouTube或Etsy等在线内容提供者经常会在其服务条款或用户指南中明确描述所发布的内容的知识产权保护,这会更好地确保用户遵守知识产权法。

此外,在3D打印技术背景下,个性化定制将成为潮流,由于3D打印文件的设计者具有大众性,文件所涉及的产品的种类具有多样性,常常会因缺乏专业且详细的许可使用合同,未明确约定某种使用行为是否正当,这就需要通过默示许可进行补充解释。著作权默示许可,是指著作权人与使用人未明确约定,但通过双方的约定、行为等因素而推定权利人做出了著作权许可。前3D打印时代的传统著作权默示许可主要针对建筑设计、实用艺术作品和外观设计等受委托创作作品的许可使用。在出现3D打印设计图纸的著作权人与使用者的协议没有约定的情形时,可按如下步骤推定当事人之间是否有许可意图,据此认定作品使用行为的正当性。首先,确定当事人之间存在特定的合同关系;其次,确认当事人之间就争议的作品使用行为没有做出约定,且不是有意地不做约定;最后,对当事人的意图进行推断。[2] 可以采用表示主义解释方法对当事人的预期进行推断,同时要考虑如下因素:当事人之间预备性磋商的内容;当事人在合同订立前后的行为;合同的性质和目的;交易习惯及诚实信用原则等。[3]

总之,知识共享属于伦理层面,其以自愿为原则,以信息自由为价值理念,虽然借助了许可合同的法律形式,但却是法律制度之外

---

〔1〕 See Ben Depoorter, *Intellectual Property Infringements & 3D Printing: Decentralized Piracy*, 65 Hastings L. J., 2014, p. 1492 – 1493.

〔2〕 参见瞿昊晖:《论3D打印产品设计图作品的使用者利益——以美国判例为启示》,载《中南大学学报(社会科学版)》2015年第5期。

〔3〕 参见隋彭生:《合同法学教程》,中国人民大学出版社2021年版,第14~16页。

的一种社会自组织方式,它不是“知识产权制度的替代模式”,[1]而是知识产权法律制度必要的有益的补充,弥补了知识产权法的内在缺陷,应积极探索和鼓励多种知识共享模式,以促进 3D CAD 数字文件的传播和再创作。

正如伊恩·哈格里夫(Ian Hargreaves)教授所指出的,“数字技术是基于复制的技术,版权成为了数字技术的管理者,这并不是版权被设计来完成的角色”。[2] 根据现行法律,版权人无法找到可行的方式来监控 3D 打印侵权行为,并有效保护自身的作品权利。版权的作用已经超出了最初设想的范围,调整著作权法律以适应目前及可预见的未来技术发展趋势,在继续为著作权人提供高水平保护的同时,清除作品使用的障碍,为创新活动提供保障,这是当前国际版权法律制度改革的基本方向。[3] 虽然努力通过技术保护措施可能引发 3D 打印机和耗材生产商以及黑客之间的技术较量,花费高昂的技术成本,浪费非生产性资源,通过在原材料或 3D 打印机上无选择地征税会增加 3D 打印合法使用的成本,但在 3D 打印技术使著作权侵权执法效率低下且成本高昂,现有法律原则的适用面临障碍,知识产权诉讼失灵的情况下,从著作权登记、征收补偿金、技术保护和“避风港规则”等方面防范 3D 打印侵权风险,是目前可采取的最佳措施。同时,在正式制度安排的知识产权法律系统之外以民间性的知识共享系统为补充,使二者协同发展,是知识产权制度可采取的合理的发展模式。

---

〔1〕 博伊尔提出,开放存取等知识共享模式和政府奖励制度可以成为专利和版权制度的替代或补充模式。它们与已有的专利、版权等制度构成多元化的知识产权未来模式,以弥补既有知识产权制度之不足,使其针对不同产业形态都能发挥激励创新功能。参见胡波:《共享模式与知识产权的未来发展——兼评“知识产权替代模式说”》,载《法制与社会发展》2013 年第 4 期。

〔2〕 See Ian Hargreaves, *Digital Opportunity: A Review of Intellectual Property and Growth*, http://dera. ioe. ac. uk/16295/7/ipreview-finalreport_Redacted. pdf. ,2011.

〔3〕 参见王清、唐伶俐:《国际版权法律改革动态概览》,载《电子知识产权》2014 年第 5 期。

第三章　3D打印背景下专利法的反思与回应

目前知识产权盗窃相当普遍，已经成为大多数工业化国家所普遍关注的问题。在美国，假冒消费品已经有很大的市场了。据统计，仅在2013年，在边境查获的假冒和盗版商品价值就约17.4亿美元。同期，全世界的假冒商品国际贸易估计为2500亿美元。与之形成对比的是，美国约有5570万个工作岗位直接或间接地源于知识产权密集型行业。[1] 在知识产权的三种主要形式中，版权和商标受到的影响最大。互联网的发展带来了无限的、即时的思想和信息的全球共享，给著作权法带来了严重的影响，互联网3D打印同样会对物理产品的全球共享产生类似的影响，也会给专利法带来类似的冲击。传统技术背景下，许多专利技术的实施都需要专业知识，而这是普通侵权者所不具

〔1〕 *Counterfeiting Adds Ups*, INT'L Anticounterfeiting Coalition, http://www.iacc.org/counterfeiting-statistics, 2017-03-03.

备的,所以专利受到侵权的概率较小。3D 打印改变了这一状况,因为它革新了数字化制造的途径,可以比传统制造方法更快、更廉价地制造更复杂的产品。只要从互联网上下载专利产品的共享数字模型文件,花费近乎打印材料的成本,便可在家里自行制造以往全球化生产和流转的高价值商品。3D 打印技术与新技术相结合,使用互联网上共享的文件,使世界上任何地方的任何人即使缺乏工程或制造专业知识,也可能迅速而廉价地生产侵权产品,这将使潜在侵权人的数量成倍地增加。[1] 一些新兴技术甚至使用户无须从互联网下载文件,通过扫描仪即可重新创建受专利法保护的对象。

专利法和版权法一样,都是为了促进科学和艺术的进步,但是版权法与艺术有关,专利法与科学有关。专利法在有限的时间内保护新的、有用的和非显而易见的技术,以换取对技术的公开披露。如前所述,3D 打印引发的知识产权纠纷可以在著作权法框架内得到部分解决,但基于著作权法"思想—表达二分法"原理,只有达到独创性要求的专利产品的艺术性方面才能得到著作权法的保护,而产品的技术功能和实用性因素,被排除在著作权法保护范围之外,"聪明"的模仿者在享受专利产品实用性功能的同时,总能轻而易举地规避著作权法上的侵权责任。比如,用不同的程序语言表达产品图形的构思,就可以规避著作权法上的侵权责任。此外,著作权的排他性较弱,权利人无法阻止他人独立创作完成相似的 3D 打印数字模型文件。所以,仅仅依据著作权法控制 3D 打印数字模型的传播远远不够,在产品技术功能的实现方面还要寻求专利法的有力保护。

---

〔1〕 See Frank Ward, *Parents & 3D Printing: Protecting the Democratization of Manufacturing by Combining Existing Intellectual Property Protections*, 25 DePaul J. Art Tech. & Intell. Prop. L. ,2014,p. 91.

3D 打印缩短了原型制造时间,加快了新技术应用的速度,使小发明家更有可能获得专利保护。[1] 同时,3D 打印将信息网络技术与先进材料技术、数字制造技术紧密结合,促进了网络时代数字化制造业的发展,大大降低了个人制造产品的技术门槛和经济成本。恰如千禧年之前数字传播技术给版权制度带来的挑战,3D 打印技术在给普通百姓带来便利的同时,也严重威胁到了专利权人的权益。专利法的目的是授予成功的专利申请人在专利保护期内对专利所涉发明创造享有独占的权利。作为享有独占权的对价,专利持有人必须公布制造和使用其专利项目的说明。由于对非商业实体的专利侵权行为的豁免规定,随着消费级 3D 打印的发展,这一目标将无法实现。目前没有任何法律依据对侵犯专利权的 3D CAD 文件适用直接专利侵权的规定,而间接侵权的适用也同样有限。由于消费级 3D 打印的发展,专利权出现版权化、数字化和跨区域性特点,专利持有者目前享有的垄断地位将被削弱,专利权人的经济利益事实上已经达到底线,专利法在商业 3D 打印的发展中处于最不稳定的地位,"成为知识产权领域中最具风险的领域"。[2]

3D 打印对现有专利保护体系提出了新的要求,我们不得不反思既有的专利制度能否应对这场即将到来的"第三次工业革命",[3] 分析含有专利产品的 3D CAD 文件这一新生事物的专利法地位,以

---

〔1〕 See Adam Lewental, *Print Your Own Pandora's Box: 3D Printing, Intellectual Property Law, and the Internet for Lay-Lawyers*, 1 Bus. Entrepreneurship & Tax L. Rev., 2017, p. 153.

〔2〕 Peter Twomey, *A New Dimension to Intellectual Property Infringement: An Evaluation of the Intellectual Property Issues Associated with 3D Printing*, 17 Trinity C. L. Rev., 2014, p. 20 – 21.

〔3〕 参见张韬略、黄洋:《3D 打印时代我国专利权人的维权困局及出路》,载《电子知识产权》2014 年第 5 期。

促进专利权各方主体新的动态平衡。[1]

一、3D 打印中的专利侵权风险和特征

(一)3D 打印中的专利侵权风险

我国专利法规定专利侵权认定适用全面覆盖原则,即"发明和实用新型专利权被授予后,除本法另有规定的以外,任何单位或者个人未经专利权人许可,都不得实施其专利,即不得为生产经营目的制造、使用、许诺销售、销售、进口其专利产品,或者使用其专利方法以及使用、许诺销售、销售、进口依照该专利方法直接获得的产品。外观设计专利权被授予后,任何单位或者个人未经专利权人许可,都不得实施其专利,即不得为生产经营目的制造、许诺销售、销售、进口其外观设计专利产品"。[2]

《专利法》第 64 条采取折中主义规定了专利的保护范围,即"发明或者实用新型专利权的保护范围以其权利要求的内容为准,说明书及附图可以用于解释权利要求的内容。外观设计专利权的保护范围以表示在图片或者照片中的该产品的外观设计为准,简要说明可以用于解释图片或者照片所表示的该产品的外观设计"。可见,判断某行为是否构成专利侵权,需要考察以下几个要素:第一,该行为是否以生产经营为目的,这是构成专利侵权的前提条件;第二,该行为是否属于《专利法》第 11 条所列举的制造、使用、许诺销售、销售、进口等行为;第三,争议方案是否落入专利保护范围,从而构成相同侵权或等同侵权;第四,该行为是否具有法定的免责事由。[3]

---

〔1〕 参见蔡元臻:《3D 打印冲击下专利间接侵权制度研究》,载《科技与法律》2014 年第 1 期。

〔2〕 参见《专利法》第 11 条。

〔3〕 参见崔国斌:《专利法:原理与案例》,北京大学出版社 2012 年版,第 496 页。

在从立体到立体的 3D 打印过程中，首先通过 3D 扫描技术，将专利产品扫描，获取不同角度的产品的相关精准数据，进行 3D CAD 建模，再转换成打印机可识别的 STL 文件，然后通过 3D 打印机制造出来。如此获得的 3D 物品，除尺寸有可能与原专利产品不同外，其他方面几乎完全相同。拥有产品的 3D CAD 数字文件几乎相当于拥有了产品实物，就像电子书与实体书之间没有本质区别一样。[1] 3D 打印是对原专利产品的全盘复制，打印人没有付出任何创造性劳动。在没有经过产品专利权人授权的情况下，该物品如果构成实用艺术作品，将侵犯著作权法；如果属于专利产品，未经许可的制造专利产品的行为，又会落入专利保护范围，构成专利侵权。对打印物品的后续复制、出售、修改等行为也极有可能会侵犯权利人的相关专利权。

（二）3D 打印专利侵权的主体和行为表现

3D 打印技术使专利技术实施的门槛降低，专利侵权主体更加多元化，专利侵权行为表现更为复杂。

1. 3D 打印机设备的生产和使用面临的专利侵权风险

核心技术受专利法保护一直是限制 3D 打印机大规模普及的障碍。3D 打印技术早在 20 世纪 80 年代就已经出现，但是由于核心技术受专利法保护，3D 打印机价格相当昂贵，直到近几年，随着熔融沉积成型等技术的陆续到期，更多的人投入研发，把 3D 打印机价格从动辄数十万元降到仅需几千元（如 MakerBot 打印机），3D 打印机才变得普及起来。[2] 现在全球范围内仍有一万余件 3D 技术专利掌

---

〔1〕 See Holbrook T., Osborn L., *Digital Patent Infringement in an Era of 3D Printing*, UC Davis Law Review 48, 2015, p. 1319 – 1385.

〔2〕 2010 年可知的全球最廉价 3D 打印机是以色列 Solido 公司生产的 SD – 300 型号 3D 打印机，售价为 12,000 欧元。当时一台中档 3D 打印机的售价约为 40,000 欧元，市场上 3D 打印机的平均售价超过 150,000 欧元。在 2012 年，3D 打印机的平均售价已经降至 79,500 美元（约合 60,000 欧元）。到 2012 年年底，市场上家用 3D 打印机的最低价仅为 1299 美元。参见冬冬：《3D 打印行业被过高估值投资者犹豫是否要出手》，载《东方早报》2013 年 6 月 2 日，第 12 版。

握在专业厂商手上。中国近年来在3D打印领域的专利数量迅速增长,在激光直接加工金属工艺方面尤为突出,1995年以来,我国3D打印专利申请量达到1289件,其中授权734件。与国外专利权人主要是企业不同,我国专利权人以西安交通大学、华中科技大学、上海交通大学和清华大学等知名高校为主。[1]

有专家认为,"3D打印机的研发已经不是技术上的问题,而是专利把很多事情卡死了"。[2] 如果3D打印设备自身存在专利技术,他人未经许可实施该专利技术生产3D打印设备,以及使用、销售、许诺销售、进口该侵权3D打印机,都可能引发专利侵权风险。这与一般的专利侵权行为并无不同。对近10年美国较有影响的3D打印专利侵权诉讼的不完全统计显示,从2012年起,3D打印专利侵权诉讼呈密集高发态势,2012~2013年就发生7起诉讼,高于2004~2011年3D打印专利诉讼数量的总和(6起),主要集中于3D打印设备与工艺专利侵权,还涉及一些3D打印外围技术(如软件与数控技术)以及3D打印机零部件侵权。[3] 如联合科技公司(Align Technology Inc.)向国际贸易委员会指控从事3D打印正畸矫正器的ClearCorrect公司和ClearCorrect Pakistan公司侵犯了其7项不同的专利。[4]

随着3D打印产业的发展,与这项技术相关的专利侵权将呈现"井喷"趋势。即使获得专利授权,合法的3D打印设备生产商也可能将面临由强大的专利垄断权利人所提起的类似"索尼 Betamax 录

---

〔1〕 参见刘鑫、余翔:《3D打印技术对专利实施的潜在挑战与对策思考》,载《科技进步与对策》2015年第10期。

〔2〕 参见《3D打印发展没那么简单:专利成拦路虎》,载电子发烧友网,http://www.elecfans.com/article/90/155/2013/0306309188.html。

〔3〕 参见刘鑫、余翔:《3D打印技术对专利实施的潜在挑战与对策思考》,载《科技进步与对策》2015年第10期。

〔4〕 See Matthew Rimmer, *The Maker Movement: Copyright Law, Remix Culture and 3D Printing*, 41 U. W. Austl. L. Rev., 2017, p. 83.

像机案"[1]一样的专利侵权诉讼的风险。[2] 然而,任何对专利法的修改都不能以牺牲消费者 3D 打印的创新为代价。在将 3D 打印与 MP3 文件侵权进行对比时,必须注意,3D 打印侵权需要更多的成本投入,通常需要购买硬件 3D 打印机用于打印 CAD 文件,另外,打印出来的对象也不会是专利对象的直接拷贝。这与 MP3 文件明显不同。在 MP3 文件复制中,仅需将个人电脑和网络连接,此外不需要其他任何初始投资,而下载的 MP3 文件则是受版权保护的文件的副本,保真度非常高。因此,学者普遍认为,不应该对 3D 打印硬件进行限制。[3]

2. 3D 打印专利产品或使用专利方法直接制造产品的侵权

3D 打印机用户打印受专利法保护的实际物理对象时,因复制该产品可能侵犯了专利权。专利,尤其是外观设计专利通常成为通过 3D 打印实现数字化的主要目标。如果未经许可通过 3D 打印发明或实用新型专利产品,或依照专利方法直接获得的专利产品,相当于擅自制造该专利产品,无疑属于专利侵权行为。对该打印产品进一步的使用、销售、许诺销售或进口的行为也构成专利侵权。如果 3D 打印物品是外观设计专利产品,在外观设计专利所指定使用的产品上实施该外观设计的,该种未经许可的为生产经营目的打印外观设计专利产品的行为,以及进一步的许诺销售、销售、进口其外观设计专利产品的行为也一并构成专利侵权。这种制造、销售或进

---

〔1〕 1976 年,美国环球影业公司和迪士尼电影公司起诉制造和销售 Bebamax 录像机的索尼公司,认为正是这种录制设备使消费者未经许可录制享有版权的电影,而索尼公司制造和销售这种录像机的唯一目的就是引诱购买者录制电视节目,包括拍摄的电影。电影版权人要求索尼公司作为"帮助侵权者"为消费者的版权侵权行为承担责任。参见张今:《版权法中私人复制问题研究——从印刷机到互联网》,中国政法大学出版社 2009 年版,第 55 页。

〔2〕 参见巩姗姗:《3D 打印技术对专利合理使用的影响》,载《知识产权》2015 年第 9 期。

〔3〕 See Peter Twomey, *A New Dimension to Intellectual Property Infringement: An Evaluation of the Intellectual Property Issues Associated with 3D Printing*, 17 Trinity C. L. Rev., 2014, p. 22.

口专利产品的行为与传统专利侵权模式也基本相同。

3. 为3D打印提供帮助的专利侵权

3D打印的关键一步是3D CAD数字文件的制作，它可以通过对专利产品的三维扫描获得，还可以通过自行设计获得。3D数字文件的专业制作可能成为普通个人打印3D物品的阻碍，但目前有很多提供3D CAD数字文件下载的在线服务提供者，如Thingiverse或海盗湾网站等，如果其未经专利权人许可就上传并提供下载服务，无论是否收费，都在客观上引诱和帮助了专利侵权行为，与接受3D在线打印服务的个人一起，可能构成共同侵权。

(三)3D打印专利侵权的特征

3D打印使产品的传播和制造技术更新换代，如同复印技术、广播电视、互联网等传播技术发展使版权侵权更为便利一样，3D打印技术的发展方便了未经许可的产品制造行为，增加了专利权人对产品制造、传播和使用行为控制的难度，降低了其从产品专利实施中获得经济利益的可能性。

1. 侵权门槛降低，侵权成本减少

传统制造方法属于减材制造，技术流程复杂且专业，包括技术准备过程(包括产品设计、工艺设计等)、基本生产过程(包括毛坯制造、零部件制造等)和相关辅助生产过程。其中每一个生产阶段都需要资金、机械设备等技术支撑和成本保障，复杂的工序需要有组织化的投入和生产，个体通过一己之力难以完成。即使专利权人依法公开其专利技术方案，由于受技术、人力、物力等生产要素的制约，侵权也很难实际发生。3D打印属于增材制造方法，工序简单、易于操作，突破了生产的技术“瓶颈”，个人凭借一台3D打印机就可以完成产品的制造过程，加大了专利侵权的风险。

3D打印用户在家里就可以按需自主打印出产品，节约了传统产品制造方式下运输的时间和费用。又由于诸如CAD文件等产品设计文件可以通过网络传播，产品流通方式大大简化。流通环节的减少和流通方式的简化大大降低了侵权成本。

2. 侵权行为分散化，侵权责任追究难

传统技术背景下，专利侵权需要中间商的参与，专利法主要靠物理限制来阻止侵权行为的发生。在 3D 打印和网络支持下，数字化的 3D CAD 文件非常易于传播，打印者如果不能自己设计，还可以通过网络下载专利产品的 3D CAD 文件，由此可能出现分散的、数量众多的大规模专利侵权现象，专利侵权可能成为群体性的行为。专利权人控制或限制其发明或外观设计被他人复制或利用的努力，在实践层面变得越来越困难。[1]

3D 打印技术将规模化、专业化的传统制造流程转化为个性化的私人定制。任何人无须掌握专业技术，仅需一台 3D 打印机和打印材料，借助辅助设计软件，或者通过互联网获得 3D CAD 建模，就可以打印出实物。随着越来越多的 3D 打印网络服务提供者免费提供企业或个人上传、下载 3D CAD 数字模型服务，发明创造人想要控制未经许可的复制或利用行为在实践中障碍重重。未经许可打印出享有专利权的产品属于侵犯专利权的行为，侵权行为主体涉及 3D 打印在线服务提供者及接受 3D 在线打印服务的个人。

这种新型的专利侵权通常是通过网站、比特流（Bit Torrent）或其他文件共享方式从第三方获取数字文件。与版权侵权不同的是，专利侵权不像音乐盗版一样仅仅下载该文件就构成侵权，下载者还必须制造、使用或销售专利产品才能构成专利侵权。证明侵权人有生产行为是采取任何专利侵权强制措施的前提，而版权所有者只需

---

〔1〕 参见伍春艳、焦洪涛：《3D 打印技术发展与专利法回应》，载《科技与法律》2014 年第 4 期。

要证明文件被拷贝即可，这使追究专利侵权变得更加艰难。[1]

二、追究 3D 打印侵权行为的专利法障碍

在 3D 打印领域有多种专利保护措施。首先，它可以保护 3D 打印技术。其次，它可以保护使用 3D 打印制造的专利产品部件。到目前为止，许多公司已经获得了 3D 打印技术专利，也由此引发了制造商之间的一些纠纷。在 3D 打印专利侵权认定问题上遭受挑战的，主要是擅自打印享有专利权的新产品的行为。为了降低 3D 打印技术带来的较高的专利侵权风险，权利人有时迫不得已扩大专利保护范围，不但对产品作为核心保护申请专利，还对通过 3D 打印该专利产品的方法以及装载了该产品设计文件的 3D 打印机申请专利，进行外围保护。[2] 尽管如此，3D 打印行为对产品设计专利权人的合法权益造成侵害时，基于传统专利侵权认定规则，要认定行为人侵犯专利权都会遭遇相应的法律障碍。

与 3D 打印相关的商业模式主要包括 3D 打印机的销售和 3D 打印服务。3D 打印服务的模式较多，有“商业模式”、“开放模式”和“众包模式”（crowd sourcing model）等。“商业模式”是利用网络平台接受用户提交的 3D 数字模型文件并交付 3D 打印成品，同时也向用户提供 3D 数字模型文件，该模式以 Shapeways 公司为代表。“开放模式”仅仅向用户提供可以下载的三维数字模型文件，由用户自己打印出产品，以 MakerBot 公司为代表。“众包模式”是接收公众提交的产品设计创意的 3D 数字模型文件，从中选择出特定产品进行生产和销售，产品的设计者和修改者可以与其分享收益，以

〔1〕 See Frank Ward, *Parents & 3D Printing: Protecting the Democratization of Manufacturing by Combining Existing Intellectual Property Protections*, 25 DePaul J. Art Tech. & Intell. Prop. L., 2014, p. 91.

〔2〕 参见刘强：《3D 打印技术专利侵权问题研究》，载《武陵学刊》2014 年第 1 期。

Quirky 公司为代表。[1]

3D 打印催生的产品生产模式和商业模式的变化使专利侵权行为的认定变得更加复杂。传统专利法规制的侵权行为通常针对的是实物产品:未经授权的工厂的“制造”行为、零售商的“许诺销售”和“销售”行为、购买者的“使用”行为等。3D 打印时代,专利产品出现数字化表达的趋势,3D CAD 数字文件几乎承载了产品的全部信息,拥有产品的 3D CAD 图纸类似于拥有产品实物。而数字文件的设计、传播、使用都可以通过网络大规模分散开展,人们可以便捷地从 3D 打印社区共享和下载非法的专利产品的 3D CAD 数字文件,这更增加了专利权人控制其专利的难度,也给传统专利侵权制度带来了挑战。

首先,3D CAD 数字文件获取非常方便,这必将导致私人制造行为的增多,3D 打印使任何人成为潜在的专利侵权人,这是目前专利制度设计时没有考虑过的事情。那么,个人非营利目的的打印行为是否侵犯专利权?另外,专利侵权赔偿中损失数额的确定,通常是等同于因侵权而减少销售时损失的利润。在个人侵权案件中,只制作一个零部件,即使是故意的,专利权人损失的利润也是微不足道的。

其次,3D CAD 数字文件在 3D 打印中起到关键作用,对其进行设计和销售是否构成专利直接侵权?专利权赋予权利人产品制造、使用或销售产品的专有权,而构成侵权则要求侵害这些权利。传统专利制度并不将专利产品的模具或设计图纸的制作或传播视为直接侵权行为。创建 3D CAD 文件不是专利产品的制造、使用或销售行为,不构成专利直接侵权行为,这使专利权人对于网络上肆意传

〔1〕 参见伍春艳:《试论 3D 打印技术背景下专利间接侵权的认定》,载《华中科技大学学报(社会科学版)》2014 年第 5 期。

播的非法数字文件无计可施，大规模的分散的群体性侵权几乎不可避免。

最后，3D打印服务提供者在线免费提供或销售专利产品的3D CAD数字模型文件的行为，以及网络服务平台提供上传、下载和交易3D CAD数字模型文件的行为是否构成专利间接侵权？即使间接侵权也会要求专利权人不仅展示3D CAD文件的拷贝，还要证明实际制造、使用或出售专利部件。因此，间接侵权也难以认定。

（一）个人非“为生产经营目的”使用行为侵权认定上的障碍

知识产权法以利益平衡为基本理念，专利法也一样。专利权的配置要兼顾权利人与社会公众之间的利益平衡。出于知识共享目的，一些国家将非“为生产经营目的”实施专利的行为予以豁免。我国《专利法》第11条规定：“发明和实用新型专利权被授予后，除本法另有规定的以外，任何单位或者个人未经专利权人许可，都不得实施其专利，即不得为生产经营目的制造、使用、许诺销售、销售、进口其专利产品，或者使用其专利方法以及使用、许诺销售、销售、进口依照该专利方法直接获得的产品。外观设计专利权被授予后，任何单位或者个人未经专利权人许可，都不得实施其专利，即不得为生产经营目的制造、许诺销售、销售、进口其外观设计专利产品。”按照法律的文义解释，“为生产经营目的”实施专利是构成专利侵权的前提条件，“为生产经营目的”既包括以营利为目的，也包括不以营利为目的，如环境保护、天气预报、道路维修等。[1]《爱尔兰1992年专利法案》对不具有商业性质的违规行为予以明文豁免，2006年《专利（修订）法案》第42条第（a）款规定，专利保护不会延伸到“出于非商业目的而私下进行的行为”。因此，除非侵犯专利权人专利的CAD文件的创建者或发行者意图在商业上使用CAD文件，否则

---

〔1〕 参见汤宗舜：《专利法教程》（第3版），法律出版社2003年版，第166页。

CAD 文件创建者,以及随后分享或下载该文件的任何人,几乎完全不受该法律的约束。[1] 鉴于个人借助 3D 打印机制造产品并用于个人使用非“以生产经营为目的”,因此其行为并不构成专利侵权。

非“为生产经营目的”利用专利主要包括两种情形:一种是我国《专利法》第 75 条第 4 项规定的“专为科学研究和实验而使用有关专利的”,美国、欧盟、德国、日本也有类似规定,无论主体是营利机构还是非营利机构;另一种是普通大众(不包括单位、团体等)出于个人目的使用专利的行为。如《德国专利法》第 11 条、《法国知识产权法典》L. 613 – 5 条均规定,“在私人领域,无营利目的的行为”不属于专利侵权。《欧洲专利公约》第 26 条第 3 款也作了类似的规定。在美国,并非所有的非“为生产经营目的”的使用都适用专利侵权的例外,还需以娱乐为目的,抑或为满足好奇心或哲学尝试而实施专利,才不构成专利侵权。[2] 因此,在美国,不能因为 3D 打印产品属于私人非营利行为而免除侵权责任。

《欧洲专利公约》《德国专利法》及我国专利立法等将私人非商业性使用不视为专利侵权,主要是考虑到个人制造专利产品存在的难度、规模和社会影响不大,追究侵权责任不符合诉讼经济原则,故将非商业性的个人实施行为视为专利侵权的例外。这种立法规定并未考虑到 3D 打印技术对专利产品的私人制造所带来的重大影响。随着 3D 打印技术的日渐成熟,个人非商业性使用即将成为专利实施的重点领域,对专利权人的利益影响也将逐步扩大,重新审视该行为的法律性质具有重要法律意义。

---

〔1〕 See Peter Twomey, *A New Dimension to Intellectual Property Infringement: An Evaluation of the Intellectual Property Issues Associated with 3D Printing*, 17 Trinity C. L. Rev., 2014, p. 21.

〔2〕 参见蔡元臻:《3D 打印冲击下专利间接侵权制度研究》,载《科技与法律》2014 年第 1 期。

（二）CAD文件的制作者和传播者的专利直接侵权责任难以追究

3D打印时先把3D CAD文件转换成STL文件，再通过3D打印机打印出来，获得想要的产品。3D CAD产品设计文件是3D打印的关键。取得3D CAD文件一般通过以下途径：（1）自行设计；（2）利用3D扫描仪扫描专利产品获取CAD文件；（3）通过专门性网站（如Thingiverse、海盗湾等网站）有偿或无偿地下载他人制作并上传的3D CAD文件。鉴于3D CAD文件制作的专业性，第三种方式是普通消费者获取3D CAD文件的主要途径。3D CAD文件的传播和销售行为会成为利用专利产品获取较高商业利益的重要环节，这一行为客观上帮助或引诱了非专业的普通个体的3D打印行为。相比分散的终端打印者，专利权人更有动力向3D CAD文件的传播者和销售者追究责任。但是，按现行专利法，3D CAD文件的传播和销售行为本身难以构成专利侵权，专利权人无法追究其侵权责任。

按现有专利法，专利权的范围包括控制制造、使用、许诺销售、销售、进口专利产品的行为。制作、传播和销售专利产品的3D CAD文件无法构成专利法意义上的“制造”、“使用”或“销售”行为。[1]因而，专利产品的3D CAD文件的制作、许诺销售、销售、使用不属于专利产品的制作、许诺销售、销售、使用行为，根据现行专利法的规定，不属于直接侵权，专利权人也无权制止他人对其专利产品的3D CAD文件的制作、销售和传播行为。这对专利权人极其不利，特别是在举证方面更有难度。

1. 制作CAD文件难以归入专利侵权中的“使用”行为

我国《专利法》第11条中的“使用”，一般是指利用专利产品，使

---

〔1〕 参见吴广海：《3D打印中的专利权保护问题》，载《知识产权》2014年第7期。

其技术功能得到应用。[1] 对于产品专利，若专利权人在权利要求书中对产品用途没有限定，则无论该产品被用于何种用途，只要未经专利权人许可，该使用行为均构成专利侵权。那么，未经专利权人许可，对专利产品进行 3D 扫描并制作 CAD 文件的行为是否属于专利侵权实施中的“使用”行为呢？

我国《专利法》把发明和实用新型的上位概念都界定为“新的技术方案”，可见，专利法保护的客体并非产品本身，而是制造该产品的技术方案，即发明者对其发明创造的构想。这种技术方案是利用自然规律的技术手段的集合，在说明书中表现为技术特征。一项发明要获得一段时间内的专有权利，需以该技术向社会充分公开为对价。按照充分披露原则的要求，在一项产品的专利被授权后，其技术信息已经充分公开，社会不特定公众可以通过专利检索，获取必要的专利信息、绘制其原理图或从网络上下载。而 3D CAD 文件只是描述了专利产品的大小、形状、构造等参数信息的“文件包”，只是对公开事实信息的表达，并非专利制度所保护的技术方案。[2] 即便通过计算机辅助程序对这些信息集合进行表达，并附着在计算机可读取的媒介上，这类发明对象（CAD 程序指令所指向的信息集合）也不具备创造性，难以获得专利保护。[3]

单纯占有或存储专利产品的行为是否属于对专利产品的使用呢？美国司法实务中认为，产品的“使用”是利用产品实现它的实际功能，而不是占有或用于说明性的展示，不应不适当地扩大专利侵权的范围，单纯的“占有”“展示”专利产品的行为不能构成专利侵权。《与贸易有关的知识产权协定》和我国《专利法》对此类行为没

---

〔1〕 参见尹新天：《中国专利法详解》（缩编版），知识产权出版社 2012 年版，第 108 页。

〔2〕 参见刘文琦：《3D 打印中 CAD 文件侵权问题研究：理论逻辑与立法反思》，载《浙江工商大学学报》2016 年第 5 期。

〔3〕 参见张韬略、黄洋：《3D 打印时代我国专利权人的维权困局及出路》，载《电子知识产权》2014 年第 5 期。

有明确规定。本书认为,“占有”“存储”“展示”等行为并未使专利产品直接服务于某种目的,将其解释为“使用”不符合逻辑。对专利产品进行三维扫描包括“占有”和“扫描”两个行为阶段,均没有实现任何专利产品的基本功能,充其量是基于测量的立体图形的绘制过程。[1] 因此,制作3D CAD文件的行为不属于对专利产品的“使用”行为,难以被认定为专利侵权行为。

2. 销售3D CAD文件难以归入专利侵权中的“销售”行为

我国《专利法》第11条明确列举了专利侵权行为,无一例外地都以专利产品为对象。其中专利侵权中的“销售”行为,指的是对专利产品的销售,同样须以专利实体产品的存在为前提。如果被诉侵权的产品还未实际存在,所谓的“侵权行为”尚处于一种不确定的状态,也无法和专利产品进行技术比对。美国司法实践中也秉持“非既存产品不能成立专利侵权”的观点,认为“专利侵权不能被解释为除实际制造、使用或销售专利发明外的任何行为,只有产品以完整的物质形态表现出来才有专利侵权的可能”。英国上诉法院在“圣奥尔本斯市和区议会诉国际计算机有限公司案”中也持这样的观点。[2] 有形性通常被定义为有一种物理形态或能够被感官感知。除非该物品本身以实物形式出现,否则它就不能被视为一种商品。对于存在于诸如3D CAD文件等无形媒介中的专利发明,美国判例法规定,“整个设备必须被建造和准备使用……直到该设备已建成并已准备好使用,才能清楚是否发生了侵权行为”。[3] 专利产品的3D CAD文件只是反映专利产品各项信息的产品设计图,并非专利产品本身,销售3D CAD文件的行为不是有形专利侵权产品的转

---

〔1〕 参见刘文琦:《3D打印中CAD文件侵权问题研究:理论逻辑与立法反思》,载《浙江工商大学学报》2016年第5期。

〔2〕 St. Albans City and District Council v. International Computers Ltd. [1996] EWCA Civ. 1296, [1996] 4 All ER. 481.

〔3〕 491 F. Supp. 194 (1979), 197.

让,不符合“侵权销售要以侵权产品的有形实体存在为前提”[1]的规则,不能构成侵犯专利权的销售行为。许诺销售所针对的对象也同样仅适用于有形产品,所以,在 3D 打印机打印出专利产品之前,销售或许诺销售 3D CAD 产品设计文件都不会构成专利侵权行为,专利法不能阻止专利侵权 3D CAD 文件的转让,故而难以有效保护专利权人的权利。

(三)3D CAD 文件的制作者和传播者的专利间接侵权责任难以追究

如前所述,传播和销售 3D 打印产品设计文件的行为在现有专利法框架内,无法构成专利直接侵权,那么是否有其他对权利人的延伸救济措施?一些国家的专利法设置了间接侵权制度,是在专利直接侵权责任无法追究时给予专利权人的延伸救济和加强保护。在间接侵权理论下,专利权人可以向存储 3D CAD 文件的网站寻求损害赔偿,如果这些文件被打印出来,就可能侵犯了专利权。

在知识产权的不同领域,间接侵权的主要表现形态有所区别。如上一章所述,著作权间接侵权主要发生于网络环境中,表现形态主要是提供信息存储空间或搜索链接服务的网络服务提供者在知道或应当知道用户传播的内容侵权时,未及时移除相关内容或者断开链接予以制止。在专利领域,直接侵权行为大多为未经许可制造和销售专利产品,间接侵权的主要表现是向他人提供专用于制造专利产品的零部件从而帮助或引诱他人实施直接侵权行为。[2]

专利间接侵权包括引诱侵权和帮助侵权。《美国专利法》第 271 条第(b)款和第(c)款分别规定了这两种间接侵权行为。引诱侵权是指积极诱导他人实施直接专利侵权的行为。帮助侵权,是指许诺

---

[1] 刘文琦:《3D 打印中 CAD 文件侵权问题研究:理论逻辑与立法反思》,载《浙江工商大学学报》2016 年第 5 期。

[2] 参见王迁:《知识产权法教程》(第 7 版),中国人民大学出版社 2021 年版,第 483 页。

销售或销售专利装置、组合品或其部件或者用于实施某一专利方法的材料或装置的帮助侵权行为,行为人明知这种部件或装置是为侵犯专利权而制,且这种材料或装置不具备实质性非侵权用途。两种间接侵权行为都对侵权人的主观故意提出了较高要求,对于帮助侵权,还要求销售的部件表现为物质形态且构成专利产品的重要组成部分,所以单纯提供抽象的指示性信息无法构成专利间接侵权。可见,美国专利法对于类似3D CAD数据上传和网络平台提供者的规制力度不够,甚至很难追究免费3D CAD文件上传者和网络平台提供者的责任,因此很难真正保障专利权人的利益。

《英国专利法》和《德国专利法》所规定的专利间接侵权行为,是指未经专利权人许可向无权实施该专利的人许诺销售或交付"与发明的主要要素相联系的工具"。[1] 该规定相较《美国专利法》的规定更具有合理性,在间接侵权问题上,能够有效规制3D CAD数字文件的提供者,但是对于网络平台服务者的行为,因为立法缺失而难以规制。[2] 在3D打印时代,判定专利间接侵权的关键是专利产品的3D CAD数字模型文件是否属于"与发明的主要要素相联系的工具",取决于许诺销售或销售3D CAD数字模型文件的行为是否为直接侵犯专利权的行为提供了"必要条件"。有些学者认为,3D数字模型文件是"与发明的主要要素相联系的工具",原因在于,3D CAD数字模型文件让3D打印机用户实现了对专利产品的制造。有的学者不同意这一观点,认为3D数字模型文件只是一个物理产品的数字形式而已,充其量只是提供了制造该产品的指示信息。

可见,尽管有些国家专利法中规定了间接侵权,在专利保护方

---

〔1〕 参见伍春艳、焦洪涛:《3D打印技术发展与专利法的回应》,载《科技与法律》2014年第4期。

〔2〕 参见吴汉东、张平、张晓津:《人工智能对知识产权法律保护的挑战》,载《中国法律评论》2018年第2期。

面发挥了重要作用,但是在认定3D打印产品设计文件的销售和传播行为构成间接侵权上还存在多重困难。最重要的一点,间接侵权以直接侵权的发生为前提,如果3D CAD文件的终端用户受到侵权例外的豁免或发生在境外而不构成直接侵权,那么,就无法追究间接侵权责任。[1] 另外,专利保护只授予专利权人排除他人制造、使用或销售专利技术的权利,与授予复制权的版权不同,仅仅共享3D CAD文件并不侵犯专利权,只有使用或销售行为才会侵犯专利权。[2]

下面逐一分析引诱侵权和帮助侵权认定上的障碍。

1. 引诱侵权只适用于最无视法律的托管网站

引诱侵权的主观要件构成上需要行为人具有明显的主观故意,即行为人明知专利权存在,且引诱他人实施的行为明确或者有很大的侵权可能性,二者缺一不可。[3] 在证明责任分配上,原告负有证明被告明知侵权而实施的义务,否则将难以要求其承担侵权责任,认定引诱侵权的难度很大。对于消费级3D打印,引诱侵权只会涉及那些明知3D CAD文件侵犯了专利权而予以存储的网站。引诱侵权的主观要件认定标准非常高,除了那些明知侵权的人外,只有那些对专利侵权故意视而不见的人才会被适用《美国专利法》第271条第(b)款追究侵权责任。[4] 在"美国全球科技设备公司诉SEB公司上诉案"中,SEB公司是一家法国家用设施制造商,发明了一种"触感清凉"的新型不粘锅,并在美国申请了专利。上诉人美国全球

〔1〕 参见刘文琦:《3D打印中CAD文件侵权问题研究:理论逻辑与立法反思》,载《浙江工商大学学报》2016年第5期。

〔2〕 See Frank Ward, *Parents & 3D Printing: Protecting the Democratization of Manufacturing by Combining Existing Intellectual Property Protections*, 25 DePaul J. Art Tech. & Intell. Prop. L., 2014, p. 91.

〔3〕 参见刘强:《3D打印技术专利侵权问题研究》,载《武陵学刊》2014年第1期。

〔4〕 See Peter Twomey, *A New Dimension to Intellectual Property Infringement: An Evaluation of the Intellectual Property Issues Associated with 3D Printing*, 17 Trinity C. L. Rev., 2014, p. 24.

科技设备公司(原审被告)的子公司华利泰有限公司接受SEB公司的美国竞争对手阳光产品公司的委托,制作SEB公司享有专利权的不粘锅的复制品(只是装饰性外观特征不同)。美国最高法院在此案中确立了"故意视而不见"(Willful Blindness)标准,即"超越不计后果和疏忽的有限范围",也符合诱导侵权的必要的"知道"标准。[1] 间接侵权不仅包括主观明知,还包括对侵权事实故意视而不见,即被控侵权人不但知道某一侵权事实存在的概率很大,而且被告还必须故意采取措施以避免了解该事实。该案中,法院认定了构成主动诱导侵权的证据:侵权人知道专利权人的优质产品并复制了"除外观外的所有产品特征",因此,被告"故意视而不见"专利权人的产品可能享有专利权的事实。[2] 通常来讲,为3D CAD文件提供储存空间的网络服务提供者收到专利权人的删除通知后,只要及时采取"删除"措施就可以被认定为尽到注意义务而免责。另外,如果直接侵权人本人知道专利的存在而实施专利侵权,那么,引诱行为不是直接侵权后果发生的"必要条件",此时引诱行为与侵权结果之间的因果关系不易认定。

间接侵权人必须鼓励他人实施侵权行为,并且明知或应知被诱导的行为构成专利侵权,才能适用《美国专利法》第271条第(b)款,构成引诱侵权。对于托管3D CAD文件的网站来说,根据第271条第(b)款的规定,只有海盗湾和Defcad网站等最蔑视法律的托管网站才可能被认定为积极诱导专利侵权。这些最肆无忌惮的网站满足了"故意视而不见"的最小的主观故意要求,可能构成第271条第(b)款所规定的积极诱导专利侵权。[3]

---

[1] Global-Tech Appliances, Inc. v. SEB S. A., 131 S. Ct. 2060, 2068 – 2071 (2011).

[2] Global-Tech Appliances, Inc. v. SEB S. A., 131 S. Ct. 2060, 2070 (2011).

[3] See Tyler Macik, *Global Data Meets 3D Printing: The Quest for a Balanced and Globally Collaborative Solution to Prevent Infringement in the Foreseeable 3D Printing Revolution*, 22 Ind. J. Global Legal Stud., 2015, p. 160.

2. 帮助侵权难以认定

如果认定 3D CAD 数字文件不是产品的零部件,那么传播和销售 3D CAD 数字文件的行为就不构成帮助侵权。认定帮助侵权的基本前提是,行为人提供的产品是专用于制作专利产品的零部件,或者是对于完成专利产品或者方法必不可少并且没有其他实质性非侵权用途的普通商品。抽象的信息和实施专利方法的步骤不能被视为产品的零部件,因此传播这些抽象信息或实施专利方法的行为不能被认定为专利间接侵权。[1] 在"微软公司诉美国电话电报公司(AT & T)案"中,AT & T 公司对微软公司提起诉讼是由于微软公司使用"软件代码……使计算机能够以 AT & T 公司专利的方式处理语音"。[2] 美国最高法院将包含源代码的软件与包含设计信息的图纸(如示意图、模板或原型)相比较,并认为,包含源代码的软件不能成为"可使用的、可组合的计算机部件",除非以实物形式表示。[3] 恰如金斯伯格大法官所言,"图纸可能包含对专利设备组件的构造和组合的精确指令,但它本身并不是该设备的可组合部件"。[4] 3D 打印数字模型类似于设计图或示意图,大多通过互联网传播,并未固定在有形介质上,难以被视为《美国发明专利法案》第 271 条第(c)款[5]中所规定的产品零部件。即使 3D CAD 文件的实体表现直接侵犯专利权客体,根据第 271 条第(c)款对托管 3D CAD 文件的网站提起间接侵权诉讼也不可能获得支持。同理,3D 打印专利

[1] 参见刘强:《3D 打印技术专利侵权问题研究》,载《武陵学刊》2014 年第 1 期。

[2] Microsoft Corp. v. AT & T Corp. ,550 U. S. 437,441 - 442 (2007).

[3] Microsoft Corp. v. AT & T Corp. ,550 U. S. 438(2007).

[4] Microsoft Corp. v. AT & T Corp. ,550 U. S. 449 - 450 (2007).

[5] 2011 年《美国发明专利法案》第 271 条第(c)款规定:任何人销售一项机械、产品、组合物或合成物专利的部件,或者用于实施一项专利方法的材料或装置(且这些部件、材料或装置构成该专利发明的实质部分),如果行为人知道这样的部件、材料或装置是为在专利侵权场合中使用而专门制造或专门改制的,而不是一种常用物品或者具有实质性的非侵权用途的商品,则该行为人为辅助侵权人(contributory infringer),应当承担侵权责任。

产品的方法也不属于“零部件”,因此,用于专利方法的 3D 打印产品设计文件的传播或者销售行为,也不属于帮助侵权行为。

虽然使用间接侵权理论可能是目前在 3D 打印背景下维护知识产权的最有效的手段,但间接侵权理论并没有解决无处不在的 DIY 用户群体可能对知识产权造成的总体影响。如果 DIY 社区不知晓知识产权,同时通过 3D 扫描仪或无视知识产权的海盗湾或 Defcad 等网站不受限制地访问 3D CAD 文件,专利权人对抗这种大量的侵权行为时几乎无能为力。即使违规的 3D CAD 文件在某个托管网站因为专利间接侵权而被撤下,其他的,更多的网站也可能发布同样的侵权的 3D CAD 文件。在侵权 3D CAD 文件被从违规网站撤下后,在 DIY 社区中,挫折、愤怒和各种各样的不良情绪可能会随之高涨,从而可能导致侵权 3D CAD 文件在互联网上的发布呈指数级增长,这种附带效应会使追踪、查找和删除包含侵权 3D CAD 文件的网站变得更加困难。[1]

三、3D 打印背景下“非营利目的使用”专利侵权豁免的审视

将“私人领域”的“非商业性使用”列为专利侵权的例外,主要考虑如下:一方面,经济交往的规则不应侵犯私人领域自由这一宪法性权利;另一方面,专利法的立法宗旨是通过合理配置权利以实现专利权人与使用者之间的利益平衡,因此专利法在认定侵权时往往考虑专利产品制造的目的和规模。国家知识产权局在回复世界知识产权组织关于权利例外和限制的调查问卷中指出,“个人使用和非商业性的使用并不影响权利人或其他社会公众的经济利益,不应允许权利人予以独占。如果无论为何种目的,在任何情况下只要未

---

〔1〕 See Tyler Macik, *Global Data Meets 3D Printing: The Quest for a Balanced and Globally Collaborative Solution to Prevent Infringement in the Foreseeable 3D Printing Revolution*, 22 Ind. J. Global Legal Stud. ,2015,p. 157 – 158.

经专利权人的允许制造、使用、许诺销售或者进口专利技术一概被认为侵犯专利权,将使专利权的范围过宽,干扰社会公众的正常活动,不利于技术知识的创造者和使用者权益的合理平衡,不利于促进经济发展和增进整个社会的福祉"。此外,还有法国、德国、英国、日本等也将类似私人非商业性使用列为侵权的限制和例外,其理由基本可归纳为"平衡合法利益,依照专利制度的原理,促进私下创新和学术活动,知识共享、实验性研究和推动研发,以及其他公共政策目标"。这些公共政策目标与创新激励、投入补偿之间的平衡,是制度上考虑专利权外延的关键。[1] 然而,现有专利法的制度设置是基于立法当时科学技术水平的一种利益衡量。在3D打印技术逐渐普及的情况下,有必要重新考虑维持利益平衡与促进社会福利的公共政策理由存在的正当性。

(一)"非营利目的使用"构成合理使用的存废之争

1. 彻底取消说。该说认为专利侵权规则不应再以生产经营目的作为主观要件,建议取消对个人非营利性实施专利行为的侵权责任豁免。[2] 理由主要有二:首先,3D打印技术使侵权风险显著增加,打破了利益主体之间原有的平衡关系。《与贸易有关的知识产权协定》(以下简称TRIPs协定)第17条规定的豁免制度要求,以及WTO成员在立法中规定的权利限制制度均限于例外情形。我国《专利法》第11条规定的"生产经营目的"侵权要件,是对个人非商业使用专利行为提供的侵权豁免。在3D打印技术出现以前,由于个人制造受专利保护的产品的可能性极低,因此未经许可的实施行为确实处于例外状况,也不会显著地影响创作者的正常市场利益。

---

[1] 参见王玉凯:《3D打印的知识产权法应对——基于解释论与立法论相区分的讨论》,载《西部法学评论》2016年第3期。

[2] 参见刘强、冯晓青等:《3D打印给知识产权保护带来的冲击》,载《检察日报》2015年1月15日,第3版。

然而,随着3D打印技术的普及并进入普通消费者家庭,个人制造产品的技术门槛被实质性地清除了,因此单个个人的制造行为也将不可避免地对专利权人的利益产生显著的负面影响。TRIPs协定的上述条款所设置的利益平衡点将严重地向使用者倾斜,因此WTO成员的国内立法若依旧固守原有的豁免制度,则可能面临违反知识产权国际义务的风险。此时若仍然坚持将经营目的作为侵权主观要件,将难以约束广泛存在的个人3D打印行为,使利益冲突愈演愈烈,因此有必要限制或取消个人非营利使用专利行为的侵权豁免。其次,对生产经营目的侵权要件的撤销不仅可以解决3D打印实施者与专利权人的冲突,而且可以为认定间接侵权提供法律基础。根据各国的立法例,如果不存在直接侵权行为,间接侵权行为也很难受到追究。因此,如果将个人3D打印专利产品界定为侵权行为,将有助于权利人通过主张间接侵权责任等方式维护其市场利益。

2. 保留说。该说认为,在3D打印技术背景下,个人非营利目的的使用行为仍然属于合理使用行为,应适用侵权责任的豁免。首先,从诉讼经济角度看,对分散的个体侵权行为人一一追究责任成本太高,不经济;其次,从损害后果看,个人非生产经营目的的专利使用行为对专利权人的利益损害不会太严重;最后,从利益平衡角度看,禁止非经营目的的个人打印行为,不符合专利法致力于专利权人与社会公众之间利益平衡的立法宗旨。[1] 从"促进技术创新"的专利法目标来看,个人非营利性使用豁免虽然在表面上"消减"了特定专利权人的特定利益,但累积的个别豁免共同推进和强化了普遍的个体能力,在个体能力不断提升的过程中逐渐实现公共利益。[2]

---

〔1〕 参见吴广海:《3D打印中的专利权保护问题》,载《知识产权》2014年第7期。

〔2〕 参见巩珊珊:《3D打印技术对专利合理使用的影响》,载《知识产权》2015年第9期。

3. 限制说。该说认为,只是非以生产经营为目的不足以排除侵权责任的适用,在此基础上还要判断3D打印行为是否实质性地影响专利权人的利益。即使个人打印行为具有非营利目的,只要对专利权人的利益造成“实质性影响”,就不适用合理使用制度予以豁免。[1]

(二)本书赞同限制说

第一,3D打印技术提升了普通人侵犯专利权的能力,如果其发展到类似平面打印的程度,私人制作专利产品在某些领域可以达到对合法专利产品的替代程度,甚至具备比合法专利产品更便捷更廉价的优势,大量分散的个人侵犯行为累积起来,必然会对专利权人造成实质性的损害后果。此时非生产经营目的的专利侵权豁免就失去了合理性基础。虽然个人打印行为基本上是为自用,但是大量分散的个人打印行为替代了从市场上高价购买的行为,大幅降低了专利权人的市场份额,客观上对专利权人的市场收益造成了损害。因此,在3D打印背景下,除考虑“以生产经营为目的”这一主观表现外,更重要的是考察对专利权人实质性的损害,明确故意销售和传播用于实施专利的3D CAD模型数字文件者的侵权责任。另外,3D CAD模型数字文件的功能性极强,并非类似专利文献性质的描述性文本,这类文件除了用于实施3D打印外,一般没有科研试验方面等其他目的,即便后续的公众打印行为不具有“生产经营目的”,这类文件的传播也必然会促成大量的个人使用行为从而侵害专利权人的利益,因此,故意向公众提供专利产品3D CAD模型数字文件的行为本身应构成专利侵权。[2]

---

[1] 参见伍春艳、焦洪涛:《3D打印技术发展与专利法的回应》,载《科技与法律》2014年第4期。

[2] 参见张韬略、黄洋:《3D打印时代我国专利权人的维权困局及出路》,载《电子知识产权》2014年第5期。

第二,如果认定个人"非以营利为目的"的专利实施行为不属于专利侵权,那么认定3D CAD数字文件的传播者和共享该文件的网络经营者构成共同侵权也就失去了理论基础。故意引诱、帮助或怂恿他人从事专利直接侵权的行为属于专利间接侵权行为。根据《美国专利法》和我国现行法律的相关规定,间接侵权认定以专利直接侵权的实际发生为前提。专利间接侵权包括帮助侵权和引诱侵权两种。提供、传播3D CAD文件的行为并不能构成间接侵权中的帮助侵权,只能构成引诱侵权。[1] 专利引诱侵权的构成,要求被引诱的他人实际从事了直接侵权,而且被控引诱者知道相关专利的存在,并故意怂恿他人从事侵权行为。

根据我国原《侵权责任法》第8条、第9条,二人以上共同实施侵权行为,造成他人损害的,应当承担连带责任;教唆、帮助他人实施侵权行为的,应当与行为人承担连带责任。《民法典》第1168条和第1169条承继了该两条规定。根据此规定,教唆、帮助、引诱等辅助行为构成共同侵权必须以被辅助人实施了违法行为为前提,如果个人"非以营利为目的"的打印行为不能被认定为侵权行为,那么就不能追究打印行为的帮助人的共同侵权责任,而这些辅助行为人是3D打印模型文件传播的最主要的经营受益者。客观上,网络服务提供者的相关提供、传播行为对专利直接侵权的发生起到了帮助或教唆的作用。

第三,3D打印技术的发展昭示着未经许可的专利实施步入"人人时代",[2]尽管"你不可能起诉全人类",[3]但是,分散的个人侵权行为累积起来同样会对专利权人造成实质性的损害,专利权人可以采取技术措施进行事前防范,也可以通过向专利帮助侵权人追究责

---

[1] 参见吴广海:《3D打印中的专利权保护问题》,载《知识产权》2014年第7期。

[2] "人人时代"指大规模业余化,它会打破职业类别界限。参见[美]克莱·舍基:《人人时代》,胡泳、沈满琳译,中国人民大学出版社2012年版,第57页。

[3] 参见[美]胡迪·利普森、[美]梅尔芭·库曼:《3D打印:从想象到现实》,赛迪研究院专家组译,中信出版社2013年版,第245页。

任的方式,来消除追究私领域侵权行为与宪法尊崇的行为自由之间的矛盾冲突。

第四,取消我国《专利法》第11条以生产经营为目的构成专利侵权的前提要件,符合我国知识产权保护国际义务。TRIPs协定第28条规定的专利侵权行为,并没有以“营利为目的”或者具有“生产经营目的”为条件。根据该协定第30条的规定,成员国如果要规定专利侵权的例外,应当符合“三步法”的检验标准,即该行为应当属于一种例外规定;不能与专利正常利用相冲突;不能不合理地损害专利权人的合法利益。3D打印时代以前,因为技术门槛等限制,对非经营性的制造行为的豁免对于专利权人不会有实质性损害,但是,随着3D打印技术的推广,个人的3D打印行为与专利权人的利益冲突将不可避免,仍然固守以生产经营为目的的主观要件将不再适宜。因此,有必要对此主观要件进行取消或者限制。[1]《美国专利法》第271条第(a)款[2]规定,“任何人未经许可在美国境内制造、使用、许诺销售、销售或进口取得专利权的发明的,即为侵害专利权”。可见,根据《美国专利法》,不存在非商业用途的侵权豁免,版权合理使用条款并不适用于专利。应用到消费者3D打印中,任何没有专利持有者授权的制造、使用、销售、许诺销售或进口专利产品的法律主体,在第271条第(a)款下都要承担直接侵权责任。这意味着任何3D打印专利产品的个人都直接侵犯专利权人的专利权,无须考虑专利侵权人的主观意图。[3]可以参照《美国专利法》对专利侵权的规定,将我国《专利法》第11条修改为:“除非本法另有规定,任何人未经许可在专利保护期内于中国境内制造、使用、许诺

---

〔1〕参见刘强:《3D打印技术专利侵权问题研究》,载《武陵学刊》2014年第1期。

〔2〕See 35 USC § 271(a).

〔3〕See Peter Twomey, *A New Dimension to Intellectual Property Infringement: An Evaluation of the Intellectual Property Issues Associated with 3D Printing*, 17 Trinity C. L. Rev. 24, 2014.

销售、销售或者进口专利产品或依照专利方法直接获得的产品的，即侵犯了专利权。”

(三)私人制造专利侵权损害赔偿责任的限制

私人利用3D打印制造专利产品的行为被定性为违法之后，有必要探讨行为人承担损害赔偿责任的主观要件。依我国现行《专利法》，专利直接侵权的主观过错采取“过错推定责任原则”，即只要行为人客观上实施了侵犯专利权的行为，不问主观状态，一律推定有过错，须承担赔偿责任。如此规定的前提是，现行专利制度将侵权人限定为生产经营者，比起普通消费者，专业的生产经营者具备更强的专利检索能力，所以应承担更重的检索义务。对私人3D打印的打印者要求同样的检索义务有失妥当。这一点与著作权法和商标法对普通消费者注意义务的要求有所不同。著作权系自动取得，打印他人作品应当预想到有可能侵犯他人的著作权。同样地，打印特定注册商标并用于特定商品是出于知晓该特定商标的知名度而故意“搭便车”，不应将行为人不知情作为抗辩理由。针对私人制作和使用专利产品者，除非3D CAD数字模型标示其为专利产品或依照专利方法直接获得的产品，或者有其他可以认定行为人有故意或重大过失的情况，专利权人发现私人侵权行为后，应当首先发出“停止”侵权通知，如果打印者接到停止通知后继续进行侵权制作和使用专利产品，专利权人可以再追究侵权打印者的赔偿责任。这种通知程序的设置，能够较好地缓和创新激励与技术共享之间的矛盾。[1]

四、3D打印背景下专利间接侵权制度的构建

3D打印行为实质是一种制造行为，因此会涉及与物品外形相

---

〔1〕 参见王玉凯：《3D打印的知识产权法应对——基于解释论与立法论相区分的讨论》，载《西部法学评论》2016年第3期。

关的外观设计专利侵权，以及与物品内部结构有关的发明或实用新型专利侵权。制作和传播 3D CAD 模型的法律性质，依据是否独立创作完成来判断。如果独立创作完成 3D CAD 模型或基于自身知识产权制作 3D CAD 模型，则制作人享有自由传播的权利。建立在他人在先权利基础之上制作和传播 3D CAD 模型值得讨论：（1）复制立体知识产品形成 3D CAD 数字模型文件。如果 3D CAD 模型是复制既有的立体作品、商标或专利产品形成，因缺乏创造性，只属于异型复制行为，3D CAD 模型本身不构成新作品，制作人不享有知识产权。（2）依据专利权利要求书创作形成 3D CAD 数字模型文件。如果将发明、实用新型专利权利要求书中的技术内容转化成可供 3D 打印的 CAD 模型，该 3D CAD 模型可能构成具有独创性的作品。这是因为著作权法保护的是思想的表达，而非思想本身，将说明书中的文字内容转换成可供打印的 3D CAD 文件，表达方式发生了改变，所以，不是复制行为，而是产生了新的作品。[1] 此种情况下，3D CAD 文件制作人的创作行为以他人的在先专利权为基础，依据《著作权法》第 4 条的规定，其行使权利不得损害他人的在先合法权利。所以，除了独自创作完成的 3D CAD 文件以外，通过对立体知识产品的复制形成，或者依权利要求书制作而形成的 3D CAD 文件，制作人都不得任意传播，否则既可能构成对被复制对象的知识产权的直接侵权，也可能因他人的后续打印行为构成间接侵权。

间接侵权行为是指本身没有直接侵犯他人专利权，但是帮助或诱导、教唆他人实施直接侵权行为，或者以积极的行为扩大了直接侵权行为的损害后果，法律规定应当承担相应责任的行为。可能构

---

〔1〕 参见王玉凯：《3D 打印的知识产权法应对——基于解释论与立法论相区分的讨论》，载《西部法学评论》2016 年第 3 期。

成专利间接侵权的主体主要包括3D打印设备生产商和销售商、专利品3D CAD数字模型提供者和3D打印数据共享平台运营商等。例如,前述英国"战锤4000"一案中,英国游戏公司主张其拥有自主开发游戏《战锤4000》及其周边衍生品的版权,因3D打印机打印出的类似人物模型的成本和售价极低,导致了其市场份额和利润大幅度降低,因而向3D打印设备销售商发出了停止侵犯版权的通知函。

(一)构建专利间接侵权制度的必要性

与传统大规模侵权不同,3D打印侵权行为高度分散,大多数打印者由于技术所限,所使用的3D CAD文件都是从网络上通过有偿或无偿的方式获得。因此,权利人最有效的维权途径是对相关3D CAD模型的非法制作和传播行为进行控制。专利产品3D CAD数字文件制作者和传播者以及3D打印数据共享平台的运营商都可能引诱或帮助专利侵权行为,但依据全面覆盖原则这一专利侵权判断标准,其行为本身并不构成专利直接侵权。基于3D打印中专利侵权的特点及现行专利侵权的构成原理,3D打印中提供、传播专利产品3D CAD文件的行为虽然不构成专利直接侵权,但其行为帮助、引诱了他人下载该文件并据此打印专利产品,因而将其定性为以帮助、诱导为特征的专利间接侵权行为较为妥当。从法律理论和法律技术角度看,设置专利间接侵权的目的在于为被侵权人最大化其损害赔偿的诉讼请求:在对专利直接侵权行为的执法遇到障碍时,可以诉诸专利间接侵权理论来救济;在对侵权个人终端消费者无法追究责任时,对间接侵权人进行执法,更符合诉讼经济原则。[1]

1. 我国现行专利侵权的立法现状

我国现行有关专利侵权的立法主要是《专利法》第65条和第66条规定的"直接侵权"。我国《专利法》历次修改以及最高人民法院

[1] 参见巩珊珊:《3D打印技术对专利合理使用的影响》,载《知识产权》2015年第9期。

制定《关于审理侵犯专利权纠纷案件应用法律若干问题的解释》时，学者都曾一度呼吁引入间接侵权规则，但国家知识产权局认为专利法中规定专利间接侵权的时机尚不成熟，因为专利间接侵权问题关涉专利权人和社会公共利益之间敏感的区域，规则的适用略有不当，就会妨害公众利益。另外，间接侵权的行为可以适用原《民法通则》有关共同侵权的规定，所以最后都没有增加相关规定。[1] 基于此，国家知识产权局在最后的上报稿中删除了有关间接侵权的条款，《专利法》也就没有规定专利间接侵权制度。

北京市高级人民法院于 2001 年出台了《关于专利侵权判定若干问题的意见(试行)》，规定了间接侵权行为的定义、构成要件、免责与例外等。2013 年 9 月 4 日北京高级人民法院发布的《北京市高级人民法院专利侵权判定指南》在法律缺位的现状下又采取了谨慎的态度，改变了这一做法，不再采用“间接侵权”这一法律概念，将间接侵权行为统一纳入“共同侵权行为”的范畴予以规定。[2] 最高人民法院在 2003 年[3]和 2009 年[4]制定有关专利侵权的司法解释时，曾草拟过类似专利侵权的规则，但由于国内理论界和司法实务中对专利间接侵权制度的分歧无法消除，最终这些规则并没有被采

---

〔1〕 参见于立彪：《关于我国是否有专利间接侵权理论适用空间的探讨》，载国家知识产权局条法司编：《专利法研究 2007》，知识产权出版社 2008 年版。

〔2〕 参见《北京市高级人民法院专利侵权判定指南》(2013 年 9 月 4 日)第 106 ~ 109 条。

〔3〕 《最高人民法院关于审理专利侵权纠纷案件若干问题的规定(会议讨论稿)》(2003 年 10 月)第 33 条规定：“下列情形，人民法院应当依照《最高人民法院关于贯彻执行〈民法通则〉若干问题的意见(试行)》第 148 条第一款的规定，作专利共同侵权行为处理：(一)行为人知道第三人实施侵犯他人专利权的行为，仍然为其提供所需要的设备、工作场地等帮助的；(二)行为人知道有关产品系只能用于实施特定发明或者实用新型专利的原料、中间产品、零部件等，仍然将其提供给没有合法权利实施专利的第三人使用的……”

〔4〕 《最高人民法院关于审理侵犯专利权纠纷案件应用法律若干问题的解释(征求意见稿)》(2009 年 6 月)第 16 条规定：“行为人知道有关产品系只能用于实施特定发明或者实用新型专利的原材料、中间产品、零部件、设备等，仍然将其提供给第三人以实施侵犯专利权的行为，权利人主张该行为人和第三人承担连带民事责任的，人民法院应当支持；该第三人的实施不是为生产经营目的，权利人主张该行为人承担民事责任的，人民法院应当支持。”

纳。2015年12月,国务院法制办公布的《专利法修订草案(送审稿)》第62条规定了专利间接侵权,并借鉴了美国专利法中专利间接侵权的规定,将其分为引诱专利侵权和帮助专利侵权两类。即"明知有关产品系专门用于实施专利的原材料、中间物、零部件、设备,未经专利权人许可,为生产经营目的将该产品提供给他人实施了侵犯专利权的行为的,应当与侵权人承担连带责任。明知有关产品、方法属于专利产品或者专利方法,未经专利权人许可,为生产经营目的诱导他人实施了侵犯该专利权的行为的,应当与侵权人承担连带责任"。此外,还规定了网络服务提供者在网络用户利用其提供的网络服务侵犯专利权等情形下的法律义务和法律责任,这表明我国专利法对专利间接侵权制度开始接纳。但是在2020年10月《专利法》第四次修改稿正式通过时,如同前两次专利法修改一样,专利间接侵权制度最终未写入专利法。

综上所述,自1984年我国《专利法》实施以来,在历次专利法修订草案、司法解释、部门规章及地方性司法文件中曾尝试引入独立的专利间接侵权制度,但最终均未获得采纳。这一情况直到2016年才有所改观。这一年最高人民法院通过的《最高人民法院关于审理侵犯专利权纠纷案件应用法律若干问题的解释(二)》(以下简称《专利解释(二)》)[1]第21条中增加了类似的规定:"明知有关产品系专门用于实施专利的材料、设备、零部件、中间物等,未经专利权人许可,为生产经营目的将该产品提供给他人实施了侵犯专利权的行为,权利人主张该提供者的行为属于侵权责任法第九条[2]规定的帮助他人实施侵权行为的,人民法院应予支持。明知有关产品、方法被授予专利权,未经专利权人许可,为生产经营目的积极诱导他

[1] 该司法解释于2020年12月修正。
[2] 2020年改为《民法典》第1169条。

人实施了侵犯专利权的行为,权利人主张该诱导者的行为属于侵权责任法第九条规定的教唆他人实施侵权行为的,人民法院应予支持。"这是目前有关专利间接侵权的最高效力的法律规定。根据该司法解释发布时召开的新闻发布会上的解读,该司法解释第21条的规定是考虑到实践中间接侵权人与最终生产侵犯专利权产品的侵权人之间没有意思联络,并不构成共同过错。但是,间接侵权人明知其提供的零部件等只能用于生产侵犯专利权的产品,而仍然提供给侵权人实施,具有明显的主观恶意,且其提供的零部件是直接侵权行为的专用品或其积极诱导他人实施专利侵权行为,故将其纳入原《侵权责任法》第9条规制的范围。最高人民法院在《中国法院知识产权司法保护状况(2016年)》白皮书中对《专利解释(二)》的制定工作进行总结时指出,该解释"进一步完善了专利侵权判定规则,明确……间接侵权……等法律适用问题,将有效促进专利法的正确应用",最高人民法院副院长陶凯元在2018年第四次全国法院知识产权审判工作会议上也强调,间接侵权是公平保护专利权的重要手段。

我国《民法典》第1168条规定,两人以上共同实施侵权行为,造成他人损害的,应当承担连带责任。《最高人民法院关于贯彻执行〈中华人民共和国民法通则〉若干问题的意见(试行)》(已失效)第148条曾规定,教唆、帮助他人实施侵权行为的人,为共同侵权人,应当承担连带民事责任。《民法典》第1194条还规定了网络用户和网络服务提供者对自己的侵权行为承担责任的情形,该法第1195~1197条规定了网络服务提供者对网络用户利用其服务实施侵权行为时所承担的义务与责任。可见,虽然在我国目前的立法或司法文件中尚未出现"专利间接侵权"这一法律概念,但我国司法实践中对于专利间接侵权法律规制持肯定态度。专利权人可以根据我国《民法典》的上述规定,追究引诱者和帮助者的专利共同侵权责任。但是,由于缺乏明确统一的适用标准,司法实践中各地司法机关对共同侵权的具体形态以及构成要件的理解上存在差异,缺乏法律适用上的统一性和可预期性。

2. 专利间接侵权制度与共同侵权制度的差异

有学者认为,共同侵权制度可以替代间接侵权制度,所以质疑知识产权间接侵权制度独立存在的必要性。《专利解释(二)》明确规定了专利间接侵权责任,加强了对专利权的保护,但是,有关专利间接侵权的相关规定还是在共同侵权的框架内,局限在《民法典》第1168条关于“共同侵权”的规定,并且适用的范围较小。然而,间接侵权制度本质上不同于共同侵权制度,难以通过共同侵权制度予以有效规制。

第一,知识产权间接侵权和直接侵权以行为人是否直接实施了侵害专有权利为区分标准。直接侵权的行为落入专有权利控制的范围,而构成间接侵权的行为不受专有权利的直接控制。

第二,两种行为在“目标导向”上不同。共同侵权和无意思联络的数人侵权是以“意思导向”为区分标准,共同侵权人之间存在意思联络,而无意思联络的数个侵权人之间则不存在意思联络。专利直接侵权人与间接侵权人之间不存在意思联络,不宜认定为共同侵权,应属于无意思联络的数人侵权。

第三,间接侵权和共同侵权是按不同分类标准形成的,分属于不同的制度体系,二者的侧重点有所不同。首先,间接侵权制度主要涉及知识产权受保护的程度,而共同侵权制度是为多数人参与的侵权行为寻找解决途径。其次,共同侵权制度无法充分反映知识产权的公共政策属性,在适用上具有不确定性,也无法适用于知识产权间接侵权单独存在的情形,因此,共同侵权制度无法取代知识产权间接侵权制度。[1]

3.3D 打印背景下构建专利间接侵权制度的理论基础

引入间接侵权制度是目前知识产权制度发展的趋势，我国 2013 年《商标法》修改时将间接侵权行为纳入商标侵权体系，但我国《专利法》与其他国家有关间接侵权的相关规定还有一定差距。我国有必要顺应这一发展趋势，构建完善的专利间接侵权制度，为专利权人提供更为严密的保护。

首先，专利间接侵权制度不仅不会损害社会公共利益，反而会在专利权人与社会公共利益之间寻找到新的结合点。

其次，间接侵权制度与共同侵权制度存在本质的不同，共同侵权制度难以替代间接侵权制度以满足专利权保护的客观需求。

再次，随着 3D 打印时代的到来，普通消费者可以同时具有产品制造者、提供者和使用者三重身份，不再需要借助产品的生产者和销售者这些传统产业的中间商的作用。构成直接侵权的案件范围广、分散程度高，单笔侵权行为损害赔偿数额低，如果专利权人逐一追究众多分散的普通消费者的直接侵权行为，存在维权成本高、取证难度大等困难。直接追究 3D 打印设计文件的传播者和销售者，以及网络平台运营商的间接侵权责任，在实践中更为可行。专利产品的传统的生产商和销售商不能再胜任"守门人"[2]的角色，应赋予产品的设计图提供者和网络服务提供者"守门人"的地位，依靠他们

〔1〕参见王国柱：《我国知识产权间接侵权制度的立法构造——兼论知识产权间接侵权与多数人侵权的差异》，载《东北大学学报（社会科学版）》2015 年第 3 期。

〔2〕"守门人"理论，最早由社会心理学家库尔特·勒温（Kurt Lewin）提出，该理论认为，信息传播要通过守门人筛选，只有符合一定规范或价值标准的信息才能被传播给受众，尤其指新闻媒体在从消息来源获得大量资讯后经编辑筛选、删减的过程。将该理论运用到专利领域，守门人是指专利权人得以依靠来控制专利产品实施的人。参见刘强、王超：《3D 打印视野下的专利间接侵权 兼评〈专利法修改草案（征求意见稿）〉第 71 条之规定》，载《电子知识产权》2015 年第 5 期。

来控制专利产品的实施。

最后，从比较法角度来看，同样是大陆法系国家的德国、日本、韩国，同时规定了民法中的“共同侵权”[1]和专利法中的“间接侵权”，也足以说明共同侵权行为与间接侵权行为的不同，共同侵权的规定不能替代间接侵权。

间接侵权制度在司法实践中积累了很多成熟经验，尤其美国专利法中的间接侵权制度在保护专利权方面发挥了重要作用，值得我国借鉴，但该理论在适用于 3D CAD 文件的制作与销售时却无法原样照搬，需要根据 3D CAD 文件侵权的实际情形予以调整，规定间接侵权制度的适用条件，保证制度适用的正当性。

（二）间接侵权制度的独立说与从属说之争

对于间接侵权的构成，按其是否以直接侵权已经实际发生为前提条件，分为独立说和从属说两种观点。

1. 独立说。该说认为间接侵权行为可独立构成，不以直接侵权为前提。[2] 独立说的立法目的在于更好地保护专利权人的利益，在没有直接侵权人的前提下，追究间接侵权人的责任。在“诺瓦提斯公司诉重庆新原兴药业有限公司专利侵权案”[3]中重庆市高级人民法院就持此种观点。该案中，被告被诉侵权行为是制备甲磺酸伊马替尼（一种成品药剂）的中间物，本案争议焦点在于“尚未有第三方购买这些中间物并将其用来制备成品”，即直接侵权行为尚未发生时能否认定间接侵权行为。法院认为，被告在其网站上明确说明前述物品为制造成品的中间物，可见，被告对其行为必然导致直接侵

[1] 例如，《德国民法典》第 830 条第 2 款规定：“教唆人和帮助人视为共同行为人。”《日本民法典》第 719 条第 2 款规定：“教唆行为人及帮助行为人视作共同行为人，适用前款规定。”《韩国民法典》第 760 条第 3 款规定：“教唆人或帮助人视为共同行为人。”

[2] 参见蔡元臻：《3D 打印冲击下专利间接侵权制度研究》，载《科技与法律》2014 年第 1 期。

[3] 参见重庆市高级人民法院（2008）渝高法民终字第 230 号民事判决书。

权后果是明知的，发生直接侵权行为具有高度盖然性，即使直接侵权行为尚未发生，间接侵权仍旧成立。在此案中，未把直接侵权行为已经发生作为认定间接侵权行为的前提条件。1984年《美国专利法》第271条中增加了第(f)款，[1]即在国内不存在直接侵权时，专利间接侵权仍可以认定。《德国专利法》采取了与著作权或商标权间接侵权不同的构成要件，认为专利间接侵权的构成具有独立性，不因最终用户基于《德国专利法》第11条有关专利权限制的豁免而获得豁免。[2] 日本于2006年对其《日本专利法》进行了修改，其中第101条第1款和第4款规定，无须考虑是否有直接侵权的存在，也无须考虑行为人的主观意图，只要涉及的物品是"专用于"专利产品或者实施专利方法的，即构成专利间接侵权，这实质上是一种客观间接侵权。

2. 从属说。从属说则认为间接侵权要以直接侵权行为的成立为前提。该说主张专利间接侵权的权利人要举证证明有直接侵权行为的存在或者有直接侵权的威胁、损害后果及二者间的因果关系。适用该理论不要求专利权人证明直接侵权行为实际已经发生，只需要证明消费者在购买相关产品后会按照被控侵权人的明示或暗示侵害专利人的权利。有学者从专利侵权行为对产业界的影响和我国发展的间断性路径出发，认为"当下采取与德国、日本类似的

---

[1] 《美国发明专利法案》第271条第(f)款规定："(1)任何人未经授权，向美国或自美国提供或促使提供所有的或主要的发明专利的成分，不论这些成分是全部组装或部分组装，而且其方式是积极引诱在美国之外组装这些成分，同时此种组装如果发生在美国会侵犯专利权，则作为侵权者而承担责任。(2)任何人未经授权，向美国或自美国提供或促使提供发明专利的任何成分，同时该成分是为了用于有关发明而特别制造或特别改装的，而且不是主要可用于非侵权目的的大宗物品或商品，不论这些成分是全部组装或部分组装；并且知道该成分是如此制造或改装的，并且试图让该成分在美国之外组装，同时此种组装如果发生在美国会侵犯专利权，则作为侵权者而承担责任。"参见李明德：《美国知识产权法》(第2版)，法律出版社2014年版，第113页。

[2] 参见范长军：《德国专利法研究》，科学出版社2010年版，第116页。

专利间接侵权独立说时机并未成熟”。[1] 也有学者建议我国构建独立的专利间接侵权制度,但仅将涵盖的行为类型限于“帮助行为”,对于“诱导侵权”则适用民法关于“共同侵权”的一般规则予以处理。[2] 亦即对帮助侵权行为适用独立说,对引诱侵权采取从属说。

考察不同国家的立法和司法实践可以看到,凡是规定直接侵权的构成要件较为宽松的国家,多认为间接侵权从属于直接侵权;而对知识产权直接侵权的构成要件规定较为严格的国家,多认为间接侵权独立于直接侵权。这两种不同的制度选择都是基于充分保护知识产权的政策考量,并无实质差别。[3] 在我国现有法律框架内,采取从属说观点的缺陷在于,依我国现行专利法,“以生产经营为目的”是构成专利侵权行为的主观要件,对于大量分散的个人普通网络用户的3D打印行为,难以追究直接侵权责任。在此情况下,依从属说很难追究3D文件数据传播者和网络运营商的间接侵权责任。对独立说的担忧主要在于,权利人追究间接侵权行为人的责任不以证明直接侵权行为的存在为前提,无法证明侵权行为与损害后果之间的因果关系,不符合民事侵权的一般构成理论,容易出现权利人滥用诉权的后果,损害正常的市场经济秩序。

(三)3D打印背景下专利间接侵权宜采独立说

间接侵权是指并未直接侵犯专利权,但是诱导或帮助了直接侵权行为,或者通过积极的行为扩大了直接侵权的损害后果。在美国侵权成文法和司法判例中,间接侵权建立在共同侵权的理论基础之

[1] 李陶:《工业4.0背景下德国应对3D打印技术的法政策学分析——兼论我国对3D打印技术的法政策路径选择》,载《科技与法律》2015年第2期。

[2] 参见张怀岭:《从“Nespresso咖啡胶囊案”看德国专利间接侵权构成要件理论发展趋势及其启示意义——兼评北京高院〈意见2001〉及〈指南2013〉的相关规定》,载《财经法学》2015年第3期。

[3] 参见王国柱:《我国知识产权间接侵权制度的立法构造——兼论知识产权间接侵权与多数人侵权的差异》,载《东北大学学报(社会科学版)》2015年第3期。

上,一般都以直接侵权的认定为基础。但美国专利制度并未将为个人非营利目的实施专利的行为作为专利侵权的例外。而我国专利法将非生产经营为目的的专利实施作为专利侵权的例外情形,所以个人用户基于个人消费目的进行的 3D 打印行为就不能构成专利侵权。这样就无法追究 CAD 文件制作者、销售者和传播者的共同侵权责任。美英国家及我国 2010 年《专利解释(二)》对专利间接侵权所规定的从属性责任无法有效威慑 3D 打印中的专利侵权行为,采取"独立说"更有利于维护知识产权各方主体的利益平衡。

首先,采取独立说能减轻专利权人的举证成本。在 3D 打印技术改变传统制造业的背景下,是否"以生产经营为目的"的界限难以确定,直接侵权行为难以被发现和认定,以此为基础的间接侵权行为就成了无本之木。即使不将"以生产经营为目的"作为专利直接侵权的构成要件,在 3D 打印背景下,擅自通过网络等途径提供或传播专利产品 3D CAD 文件的行为本身,极易诱发或帮助专利直接侵权,造成专利权人的利益损害。如果专利间接侵权责任构成以直接侵权的发生为前提,专利权人需要负担过高的举证成本证明直接侵权行为的存在,否则无法追究间接侵权人的法律责任。

其次,采用独立说能更好地保护专利权人的利益。日本学者青山纮一认为,根据从属论,个人使用、以科研为目的使用、在先权利人使用等均不构成直接侵权,因此,即便间接侵权行为严重损害了专利权人的利益,也不会被制止。所以,他认为,更妥当的做法是以独立论为前提,在个案中视情况做出适当调整,尽可能平衡各方的利益。〔1〕另一日本学者纹谷畅男认为,摒弃"从属论"而采纳"独立论",是为了赋予专利权一种"完全的防卫"。〔2〕我国有学者通过实

〔1〕［日］青山纮一:《日本专利法概论》,聂宁乐译,知识产权出版社 2014 年版,第 25 页。
〔2〕［日］纹谷畅男编:《专利法 50 讲》,魏启学译,法律出版社 1984 年版,第 246 页。

证研究发现,2016年以来我国所有认定间接侵权不成立的案件中,几乎都是以无法证明直接侵权行为的实际发生为由而径直作出裁判,这种仅根据直接侵权行为的缺失即否定整个间接侵权行为的"裁判逃逸"现象,会导致大量间接侵权行为逃脱制裁,也会明显削弱其他要件的体系地位。[1]

最后,考察其他国家立法例可以看到,专利间接侵权成立要件的规定并不是都以专利直接侵权为前提条件。如《德国专利法》规定,因第三人提供"与发明的主要要素相联系的工具"就会增加直接专利侵权发生的危险性,因而专利间接侵权独立构成,不以直接侵权为成立要件。[2] 在日本,有关间接侵权的构成也有"独立论"、"从属论"及"修正论"三种观点,目前以"独立论"为主流。[3] 在日本"面包机案"[4]中,虽然涉嫌侵犯他人专利权的面包机的使用者多为普通家庭,并非"以构成业务的方式"实施,但是法院最终认定间接侵权成立。

综上,适用3D打印的专利间接侵权责任应该是独立存在的,不与直接侵权人共同承担连带侵权责任,也不以发生专利直接侵权行为为构成要件。这样规定强化了对专利间接侵权者的惩罚力度,有利于对3D打印中专利间接侵权行为进行有效遏制。根据我国《专利解释(二)》,按照原《侵权责任法》第9条追究帮助侵权人的责任,虽然第一次正式规定了专利间接侵权责任,但还是囿于共同侵权的框架,实质上采纳的是间接侵权从属说。根据该司法解释的相关规定,构成帮助侵权的前提是"将该产品提供给他人实施了侵犯专利

〔1〕 参见蔡元臻:《专利间接侵权制度专门化研究》,载《中外法学》2021年第5期。

〔2〕 参见范长军:《德国专利法研究》,科学出版社2010年版,第115页。

〔3〕 参见蔡元臻:《论日本专利间接侵权构成要件及其对我国的启示》,载《河北法学》2017年第1期。

〔4〕 大阪地判年12.10.24,参见[日]青山纮一:《日本专利法概论》,聂宁乐译,知识产权出版社2014年版,第28页。

权的行为”,也就是说,只有直接侵权行为已经实际发生了,帮助侵权才有可能成立。如果行为人将产品提供给了他人,而他人尚未实施侵犯专利权的行为,或者由于某种原因他人的实施行为不构成专利侵权,行为人仍不构成帮助侵权。比如,向个人、家庭用户提供专门用于实施专利的材料、零部件、设备、中间物等,因行为人的“非营利目的”并不构成直接侵权,因此帮助侵权也不能成立。反观美国、德国和日本等,这类行为都构成帮助侵权行为。我国 2020 年修正的《专利解释(二)》对有关专利帮助侵权行为的范围规定得太窄,应借鉴其他国家间接侵权的规定,采取独立说,明确规定间接侵权行为是独立的专利侵权行为,不以直接侵权行为的存在为前提条件,从而给权利人提供更为有力的保护。[1]

(四)3D 打印背景下专利间接侵权的类型及构成要件

专利间接侵权行为通常表现为:为他人侵犯专利权提供所需要的设备、工作场所等帮助;引诱他人购买相关零部件组装专利产品;告知他人利用相关产品实施专利侵权行为的方法;明知某产品只能用于实施特定的专利,仍然提供给无权实施专利的第三人使用的情形。[2]

《美国专利法》第 271 条详细规定了引诱和帮助两种专利间接侵权行为,其中第(b)款规定了引诱侵权行为,即行为人积极诱使他人实施侵害专利权的行为;第(c)款规定了帮助侵权行为,即如果行为人主观上明知出售的设备零件属于专利产品或用于实施专利方法的设备的关键零件,除侵犯专利权之外并无其他特别用途,可以追究其帮助侵权责任。我国《专利解释(二)》第 21 条同样规定了引诱侵权和帮助侵权两类专利间接侵权行为。

---

〔1〕 参见宋智慧:《3D 打印背景下专利间接侵权研究》,载《学术论坛》2017 年第 4 期。

〔2〕 参见王国柱:《我国知识产权间接侵权制度的立法构造——兼论知识产权间接侵权与多数人侵权的差异》,载《东北大学学报(社会科学版)》2015 年第 3 期。

1. 引诱专利侵权构成及 3D 打印背景下的障碍与应对

引诱侵权是指被控侵权人不直接侵权，而是主动诱导他人从事专利直接侵权行为。在美国司法实践中，专利引诱侵权通常表现为引诱侵权者向直接侵权者提供有关制造或使用被控侵权设备或执行被控侵权方法的指令和信息。[1] 我国《专利解释(二)》(2020 年 12 月修正)第 21 条第 2 款规定了专利引诱侵权，即"明知有关产品、方法被授予专利权，未经专利权人许可，为生产经营目的积极诱导他人实施了侵犯专利权的行为，权利人主张该诱导者的行为属于民法典第一千一百六十九条规定的教唆他人实施侵权行为的，人民法院应予支持"。在 3D 打印中，通过网站等途径提供、传播专利产品的 3D CAD 文件对打印专利产品起到了诱导、教唆、辅助作用，因此，如果 3D CAD 数字文件的提供者直接抄袭他人专利的说明书或附图，或者明知依据其文件打印出来的产品有很高的侵权风险，那么其通过网络或其他手段向他人提供该文件的行为可能构成引诱侵权。

3D CAD 数字文件的提供者可能实施的引诱专利侵权行为有：(1)未经授权故意修改或者删除他人产品设计图或模型参数的专利标记信息，并上传至网络空间的；(2)根据专利权利要求书或者附图所记载的技术方案，自行制作产品的 3D CAD 数字模型并上传；(3)销售专门用于制造专利产品的 3D 打印机；(4)越权许可他人通过 3D 打印制造专利产品。[2] 消费者通过以上行为能够完成 3D 打印专利产品行为。

在司法实践和理论研究中，引诱专利侵权的构成需同时具备以

---

〔1〕 参见[美]J. M. 穆勒:《专利法》(第 3 版)，沈超等译，知识产权出版社 2013 年版，第 359～360 页。

〔2〕 参见刘强、王超:《3D 打印视野下的专利间接侵权 兼评〈专利法修改草案(征求意见稿)〉第 71 条之规定》，载《电子知识产权》2015 年第 5 期。

下主观和客观要件:(1)被引诱的他人实际实施了专利直接侵权行为;(2)引诱者知道相关专利存在;(3)引诱者有明确意图故意撺掇他人实施侵权行为或放任已知的专利侵权风险。被控侵权人主观上认识到具有专利侵权的高度可能性,故意采取行动以避免知晓专利侵权的事实,属于"故意视而不见"。[1] 上述引诱侵权的构成要件产生于传统制造模式背景下,在3D打印适用中遭遇如下挑战,需要重新思考和重构。

第一,依我国《专利解释(二)》及美国等国家专利法的规定,引诱侵权以直接侵权的实施为前提,专利权人须证明他人下载了被控引诱者提供的专利产品3D CAD文件并实施了打印行为。在网络空间匿名和3D打印者极度分散的情况下,证明实际下载者及后续打印行为,即使可能实现举证成本也相当高。

在传统制造模式下,无论是从事专利直接侵权行为还是间接侵权行为,其主体基本都是具有一定规模的公司或企业。专利侵权行为较集中、相对容易被证明,这种情形下将专利直接侵权的实际发生作为专利间接侵权的前提是可行的。然而,在3D打印背景下,专利产品3D CAD文件的传播大多在匿名的网络空间进行,打印行为分散且隐秘,证明专利直接侵权需要付出极高的成本且相当困难。可见,3D打印背景下,仍然以专利直接侵权的发生作为专利间接侵权认定的前提已经不合时宜。况且,其他国家专利间接侵权行为并非都以专利直接侵权行为的发生作为成立要件,如德国。基于专利产品的3D CAD文件较易从网络上获取,极易诱发专利产品的打印行为,直接侵权行为"将会发生"的判断标准比较可行,能给予专利权人更强的保护。

---

[1] 参见刘文琦:《3D打印中CAD文件侵权问题研究:理论逻辑与立法反思》,载《浙江工商大学学报》2016年第5期。

第二，依我国《专利解释（二）》及美国等国家专利法的规定，即使能够证明专利直接侵权行为存在，专利权人还必须证明专利产品的3D CAD文件的提供者、传播者主观上"知道"（或"明知"）专利的存在，仍积极从事引诱侵权活动。[1] 而如何证明"知道"（或"明知"）的存在，却非易事。

在专利间接侵权的主观构成上，不宜采取严格的"故意"标准，可以借鉴美国司法实践中采用的"故意视而不见"的标准，行为人只要知道有高度盖然性的侵权风险，并故意无视该风险而实施行为就构成引诱。如果3D打印设备的生产商和销售商在产品宣传或说明手册中介绍实施专利侵权行为的方法或步骤，并且以此诱导消费者购买该产品，则构成引诱侵权行为。[2] 如果行为人的设计并非原创且未采取专利检索比对等合理措施，也应当认定其主观上存在过错，要承担引诱侵权责任，以防行为人以自己不知道所提供的文件有引诱他人侵权的后果为由规避法律责任。[3] 此外，判断间接侵权责任人的主观态度，还可以借鉴《美国专利法》第287条，充分发挥专利标记和技术措施的作用。如果网络用户将专利权人附加在产品设计图上的专利标记修改或者移除，然后将产品设计图上传至网络，或者破坏专利权人为限制他人下载、打印产品设计图而采取的技术保护措施，即可认定其具有侵权故意。如果专利权人自己制作的产品设计图未标注专利号或专利产品标记，文件提供者或网络服务提供者没有适当理由应当知道涉案产品设计图受专利保护，法律应当保障行为人的信赖利益，只有在网络服务提供者收到侵权通知后不及时采取"删除"措施的情况下才能认定其具有主观过错，要求

---

〔1〕 参见吴广海：《3D打印中专利间接侵权的适用问题》，载《南京理工大学学报（社会科学版）》2016年第6期。

〔2〕 参见王跃先、刘博思：《3D打印视角下的专利间接侵权问题研究》，载《北方经贸》2016年第5期。

〔3〕 参见刘强：《3D打印技术专利侵权问题研究》，载《武陵学刊》2014年第1期。

产品设计图提供者停止侵权，而不能要求其承担损害赔偿，避免专利权人滥用专利权利，实施机会主义行为。[1]

第三，引诱侵权人的责任程度受直接侵权人的主观状态影响。如果直接侵权人本身具有专利侵权意图，只是在别人的鼓励和帮助下侵权才能达成，此时引诱侵权人具有相对较轻的主观过错，其行为对专利权人的损害并没起到决定性作用，此时只应承担与自身过错相适应的责任。如果直接侵权人的侵权意图在他人积极引诱下才形成，引诱人责任较重，在直接侵权人不履行或不能完全履行赔偿责任时，引诱侵权人应当承担补充性连带责任。[2]

2. 帮助专利侵权的构成及 3D 打印背景下的障碍与应对

(1)帮助专利侵权及构成

帮助侵权，是指被控侵权人明知某种部件或装置(该部件或装置不具备实质性非侵权用途也不是普通商品)是为侵犯专利权或实施一项专利方法而制造，而销售该部件或装置的行为。根据《美国专利法》第 271 条第(c)款的规定，任何人许诺销售、销售或进口一项机械、产品、组合物或合成物专利的部件，或者用于实施一项专利方法的材料或装置(且这些部件、材料或装置构成该专利发明的实质部分)，如果行为人知道这样的部件、材料或装置是为在专利侵权场合中使用而专门制造或专门改制的，而不是一种通用物品或者具有实质性的非侵权用途的商品，则该行为人为辅助侵权人，应当承担帮助侵权责任。《英国专利法》规定，任何人未经专利权人同意，向非被许可人或无权实施该发明的人提供或表示愿意提供有关发明的关键组成部分，使发明得以实施，且其在行动时明知或理应知

---

〔1〕 参见刘强、王超：《3D 打印视野下的专利间接侵权 兼评〈专利法修改草案(征求意见稿)〉第 71 条之规定》，载《电子知识产权》2015 年第 5 期。

〔2〕 参见陈红英：《浅析知识产权间接侵权与共同侵权的关系》，载《产业与科技论坛》2007 年第 3 期。

道这些手段适合于用来实现该项发明的,应负侵权责任。[1]《德国专利法》规定,第三人知道或理应知道“与发明的主要要素相联系的工具”适用于发明的使用时,未经专利权人同意向无权使用发明的人许诺销售或销售该工具以便其使用发明的,构成间接的专利权侵害。[2] 我国《专利解释(二)》(2020 年 12 月修正)第 21 条第 1 款规定了帮助侵权,即明知有关产品系专门用于实施专利的材料、设备、零部件、中间物等,未经专利权人许可,为生产经营目的将该产品提供给他人实施了侵犯专利权的行为,权利人主张该提供者的行为属于《民法典》第 1169 条规定的帮助他人实施侵权行为的,人民法院应予支持。

3D 打印机作为一种制造设备,既可以用于复制专利产品,也可以用于复制非专利产品或用于自主创新等其他目的,在普通买卖关系中,3D 打印设备属于“通用商品”,所以 3D 打印制造商和销售商不能成为帮助侵权的主体。只有在生产商和销售商向购买者销售了定制打印机,并明知购买者将其用于打印侵权物品时,该订制 3D 打印设备才属于非“通用商品”,3D 打印设备的生产商和销售商才有可能构成帮助侵权。

对于帮助侵权,不仅要求侵权人具有主观故意,还要求其销售的部件表现为物质形态并构成专利产品的重要组成部分。抽象的指示不能成为专利产品的部件,故单纯提供抽象的指示性信息的行为无法构成专利间接侵权。3D CAD 文件是抽象的指示性信息还是关键部件,是认定传播 3D CAD 文件的行为是否构成间接侵权的关键。

(2)帮助专利侵权在 3D 打印背景下的障碍与应对

在传统制造业背景下构建的帮助专利侵权制度,面临 3D 打印

---

〔1〕 参见吴广海:《3D 打印中专利间接侵权的适用问题》,载《南京理工大学学报(社会科学版)》2016 年第 6 期。

〔2〕 参见范长军:《德国专利法研究》,科学出版社 2010 年版,第 115 页。

对制造业带来的影响,在以下几个方面需要重新进行思考和调整。

第一,将帮助侵权行为的对象从直接侵权行为延展至间接侵权行为。传统的帮助侵权行为,要求帮助的对象是直接侵权行为,而为3D打印文件提供链接的网络服务提供者实施的是帮助侵权行为,需要将帮助侵权行为的对象从直接侵权行为延展至间接侵权行为,这样才能涵盖网络服务提供者的间接侵权责任。

第二,将用于3D打印的CAD文件视为帮助侵权的"专用品"。根据我国《专利解释(二)》第21条第1款以及《美国专利法》第271条第(c)款的规定,帮助侵权只能是向他人提供"材料、设备、零部件、中间物"等有形产品,而3D CAD数字文件或3D打印专利产品的专利方法不属于有形产品,提供这些文件或方法的行为依传统专利法很难构成间接侵权。专利间接侵权的认定通常要考虑两个关键因素:一是行为人所提供的物品是不是专利产品的重要组成部分;二是该物品是否还有其他实质性非侵权用途。在3D打印领域,对于3D打印参数和图形这些新型媒介和工具是否应视为专利侵权的"关键部件",以及是否具有"实质性非侵权用途",知识产权学界主要有三种观点。

第一种观点是"专用品"说。该观点认为虽然参数和图形不同于传统的零件和原料,但在生产制造中,这些数据资料被用于控制整个制造过程,普通用户只有获取了这些数据资料才能够实现对专利产品的制造,因此,它们属于制造专利产品的"专用品"。况且,3D打印文件除了用于实物打印外,基本不存在其他合理的非侵权用途,可以将3D CAD数字文件视为与打印实物之间的"一对一"关系,因此提供3D打印机、3D CAD数字文件及打印材料的行为都应属于间接侵权。[1]

---

〔1〕 参见张玲:《我国专利间接侵权的困境及立法建议》,载《政法论丛》2009年第2期。

第二种观点为“抽象指令”说。该观点认为,专利产品的数据参数、图形资料或电子设计模型,仅具有描述性功能,属于专利产品的某种表达方式,此类描述也存在于权利要求书上,不能因为其具有描述性便将其划入专利权的权利范围而间接扩张专利权的权利范围。因此,对专利产品的数据资料或电子设计模型的传播只能被看作一种合法的信息共享行为,不具有侵权性质。[1] 3D CAD数字文件相当于一种软件,如同美国大法官金斯伯格在“微软公司诉美国电话电报公司(AT & T)案”中所表述的,软件在以实物形式表示之前,仅仅是“抽象的指令”,不被认为是“可用的、可组合的计算机部件”,因此不能构成专利帮助侵权。[2]

第三种观点为“模具”说。该观点认为,3D CAD数字文件被用于打印最终产品,其不可能是专利产品的零部件,最多算是传统制造模式下的“模具”。在传统专利帮助侵权案件中,所称的“零部件”指的是专利产品的某个物理组件(physical piece),3D CAD数字文件不是整个物理装置的一部分,而只是整个装置的数字化形式。在完成打印后,3D CAD数字文件仍独立于打印物这个三维物体而存在,打印出来的三维物体也不再需要3D CAD数字文件。因此,3D CAD数字文件类似于传统制造模式下的母体物或模具,而非产品零部件。[3]

如果不对3D CAD数字文件进行保护,专利法就无法维护专利持有者的财产权。如果将帮助侵权限于向他人提供“材料、设备、零部件、中间物”等有形产品,专利持有者的保护期望将很难得到满足。目前英美学界和我国大多数学者持第一种观点,将3D CAD数

---

[1] 参见蔡元臻:《3D打印冲击下专利间接侵权制度研究》,载《科技与法律》2014年第1期。

[2] Microsoft Corp. v. AT & T Corp., 550 U.S. 437 - 438(2007).

[3] See Lucas S. Osborn, Timothy R. Holbrook, *Digital Patent Infringement in an Era of 3D Printing*, 48 U.C. Davis L. Rev., 2015, p. 1319 - 1385.

字文件看成是帮助实施专利侵权的“专用品”。原因在于,参数和3D 数字文件本身为用户打印相关物品提供了充分的信息,覆盖了专利产品的权利要求,能够实现产品的技术效果,相当于专利产品的制造说明,这些数据的功能性远远超过其描述性,获得这些参数和3D 数字文件是普通用户实现3D 打印的必经过程。因此有必要通过目的解释,将“原材料、中间产品、零部件、设备”等从有物理形态的有形物扩展到无形物,将3D 打印文件或3D 打印专利产品的专利方法确认为实施专利的“重要工具”以及不是“有实质非侵权用途的通用商品”,避免因3D 打印文件不属于产品部件而难以追究提供者间接侵权责任的困境。[1] 此外,即使在上述“微软公司诉美国电话电报公司(AT &T)案”中,金斯伯格大法官认为,抽象存在的计算机软件不能构成专利帮助侵权意义上的部件,但是被以计算机可读的方式编码存于媒介物(如光盘等)中的计算机软件可以成为部件。[2] 这为将专利产品的3D CAD 文件解释为专利间接侵权中的“部件”留下了解释空间。[3] 从本质上讲,在3D CAD 文件非法包含打印专利发明的指令的情况下,包含在3D CAD 文件中的这个思想本身就有可能直接侵犯专利权。随着3D 打印技术的普及,专利产品的物理表现形式在法律上变得无关紧要,因为3D CAD 文件本身就足以侵犯专利。例如,如果一个网站在未经专利权人许可的情况下提供了含有专利指令的3D CAD 文件,该网站就应对其直接侵权行为负责,这样可以绕过间接侵权构成中对主观上明知的要求。[4]

---

〔1〕 参见刘强:《3D 打印技术专利侵权问题研究》,载《武陵学刊》2014 年第1 期。

〔2〕 Microsoft Corp. v. AT &T Corp. ,550 U. S. 437 –438(2007).

〔3〕 参见吴广海:《3D 打印中专利间接侵权的适用问题》,载《南京理工大学学报(社会科学版)》2016 年第6 期。

〔4〕 See Peter Twomey, *A New Dimension to Intellectual Property Infringement: An Evaluation of the Intellectual Property Issues Associated with 3D Printing*, 17 Trinity C. L. Rev. , 2014, p. 28.

第三,对于“修理”、“重造”和“自我复制”行为的再思考。“修理”、“重造”和“自我复制”行为是否属于专利侵权一直备受学界热议,尤其在2008年前后。其中有代表性的有日本学者吉藤幸朔的“修复程度”说、美国司法实践中的“部件价值”说以及德国律师卡特娅(Katja)的“非专利修复”说[1]等。由于受当时的技术条件所限,个人“修理”专利产品的水平有限、成本太高,给专利权人造成的损失微不足道,因此“修理”与“重造”等问题渐渐不被学者所关注。

近年来,生物基因、计算机软件、干细胞技术,尤其是3D打印技术的兴起,使一些专利产品和器械的零部件的制造变得异常容易,甚至可以利用产品自身所具有的技术功能实现自我复制。自我复制行为属于“制造性使用”,不同于工业化重复制造,仅利用自身具备的技术功能就能实现产品的自我复制,而无须借助产品本身以外的其他设备。例如,苏格兰技术专家阿德里安·鲍耶尔开发的3D打印机(RepRap型),附带提供给客户该打印机所有零部件的CAD图纸,使其可以自主制造相同零部件和组装同样的3D打印机。有关“修理”“重造”等问题又成为学者关注的热点。消费者为修理一件专利产品而自行打印该产品的零部件,其行为属于“修理”还是“重造”? 前者是合法行为;后者属于专利侵权中的“制造”行为。所以严格区分“修理”和“重造”行为具有重要意义。

在近期的英国判例法中,“制造”的含义从原来的“从无到有”的创造,扩展到对现有专利产品的“全面整修”,即“重造”。在美国专利制度中,长期以来存在扩大适用修理原则的趋势,严重地排挤了帮助侵权制度的适用空间。[2] 随着3D打印技术的发展与普及,生

---

〔1〕 参见朱昭昱:《3D打印技术应用中的专利保护法律问题分析》,载《新西部(理论版)》2016年第20期。

〔2〕 参见蔡元臻:《3D打印冲击下专利间接侵权制度研究》,载《科技与法律》2014年第1期。

产制造能力不再被经营者所垄断,生产的边际成本不再与生产规模成反比例关系。打印用于维修和替换的专利产品零部件变得容易且成本低廉,修复后的产品重新获得完整的功能,专利产品的折旧速度大大降低。3D打印技术的应用将迫使法院在"修理"和"重造"两个概念之间重新划界。我国对于"制造"这一概念是否包括"全面整修"没有明确规定。随着3D打印技术的逐渐普及,有必要进一步完善我国专利侵权的判定标准,将"全面整修"纳入"制造"行为的内涵。同时,明确利用3D打印的自我复制行为在性质上属于制造性使用行为,应认定为专利侵权,同时将自我复制行为及不可避免的复制行为视为侵权的例外,这样既可以满足专利权人合理的利益预期,又可以避免自我复制行为遭受过高的专利侵权风险。[1]

第四,扩展帮助专利侵权的行为类型。基于对各类提供行为的市场危害性的重视程度不同,各国规定了不同的帮助侵权的行为类型。《美国专利法》第271条第(c)款规定了许诺销售、销售或进口;德国规定的是提供或许诺提供;日本规定了生产、转让、进口或许诺转让;英国规定的是提供或表示愿意提供。可见,以上国家不仅规定提供(或销售、转让)属于帮助侵权行为类型,还将许诺提供(许诺销售、许诺转让)也认定为帮助侵权行为类型。[2] 除此之外,美国和日本将进口行为(日本还将制造行为)列为专利间接侵权的行为类型。可见,间接侵权的具体行为类型比较多样。反观我国2020年修正的《专利解释(二)》第21条第1款只规定了"提供"行为,内涵和外延都十分不具体,应明确将其内涵界定为"将特定物品投入市场流通的行为",将其外延扩展到"许诺提供"行为,扩展帮助侵权的适

〔1〕 参见刘强:《自我复制专利侵权问题研究——以3D打印等自我复制技术为视角》,载《法商研究》2015年第5期。

〔2〕 参见闫文军、金黎峰:《专利间接侵权的比较与适用——兼评2016年最高人民法院司法解释的相关规定》,载《知识产权》2016年第7期。

用范围。

第五,在帮助侵权的主观构成要件上,通常有过错说、无过错说和故意说三种。过错说认为"间接侵权行为人知道或者应当知道专利权存在和会构成专利侵权这两项事实",包含故意和过失。[1] 例如,美国、英国、德国都要求行为人主观上"知道"(knowing)侵权的事实。英国规定"明知以及在当时正常的人理应知道";美国规定"明知以及相当于明知的'故意视而不见'";德国规定"知道或显然应当知道"。虽然对"知道"的标准表述不一,但大致相当于"知道或应当知道"。无过错说持客观行为主义的立场,不以过错为归责要件,为个别发达国家所采用。例如,《日本专利法》第 101 条和《韩国专利法》第 127 条均未规定主观要件。该两种学说规制力度过强,会使大量的间接行为被视为侵权,甚至引发垄断行为。相比之下,故意说要求间接侵权人明知直接侵权行为的发生(或者即将发生)而仍然予以帮助。[2] 故意说使间接侵权行为在主观要件上区别于直接侵权行为:间接侵权行为以故意作为主观要件,而直接侵权行为既可以是故意,也可以是过失。我国理论界和司法实务中大都认可故意说,将过失行为排除在外。但是,也有部分案件中,对于专利帮助侵权行为与直接侵权行为的主观过错基本采取相同的标准,显然对于帮助侵权行为人有些严厉。[3] 《专利解释(二)》规定专利帮助侵权的主观要件是"明知",应限缩为主观故意,即"行为人知道专利存在,且其提供的产品被他人用于实施专利侵权行为"。由于实践中直接证明主观故意的举证难度极高,对于间接侵权人的主观故意采用推定的做法,即"由客观推定主观"是较适宜的制度选择。

---

〔1〕 参见崔国斌:《专利法:原理与案例》,北京大学出版社 2012 年版,第 652 页。

〔2〕 参见蔡元臻:《专利间接侵权制度专门化研究》,载《中外法学》2021 年第 5 期。

〔3〕 参见闫文军、金黎峰:《专利间接侵权的比较与适用——兼评 2016 年最高人民法院司法解释的相关规定》,载《知识产权》2016 年第 7 期。

第六,从行为影响上看,帮助行为通常应当引起直接侵权行为的发生,在直接侵权尚未发生的情况下,间接侵权也可能成立,即只要"可能引起"直接侵权即可,不要求实际已经发生。在我国司法实践中,对于间接侵权所引发的直接侵权行为是否要求"已经发生",判断标准不尽一致。秉持"将会发生"的判断标准,可为专利权人赋予更强的保护力度。例如,在前述的"诺瓦提斯公司诉重庆新原兴药业有限公司专利侵权案"[1]中,被告在其网站上明确说明所生产销售的物品是用于制备一种成品药剂(甲磺酸伊马替尼)的中间物,法院认为其对于必然导致直接侵权的后果是明知的,尽管"尚未有第三方购买这些中间物并将其用来制备成品",也就是直接侵权行为尚未发生,但考虑到发生直接侵权行为具有高度盖然性,法院判决间接侵权仍旧成立。在责任承担上,根据过错程度不同独立承担不同的专利侵权责任,而不是一概适用共同侵权中的连带责任。

(五)适用"避风港规则"确定网络服务提供者的间接侵权责任

如前所述,3D打印的CAD模型本身不构成实际的专利产品,因此对其的使用很难认定为专利直接侵权。对其不当使用的有效的专利法上的救济是间接侵权。然而根据共同侵权理论,判断使用3D CAD模型是否构成侵权的关键是,3D CAD模型是否被认为是专利产品的"组成部分"。因为模型是无形的,并且与专利产品相分离,很难构成"发明的材料部分",那么对专利所有者来说,难以依据共同侵权理论来追踪那些上传可以用来呈现侵权产品的3D CAD文件的行为人。加之追诉直接侵权行为很难证明,并且针对个人侵权者在经济上也不可行,很多学者建议赋予专利拥有者起诉托管网站(如Thingiverse等)的权利,目的是将责任从那些非法打印专利产

[1] 参见重庆市高级人民法院(2008)渝高法民终字第230号民事判决书。

品的人转移到那些制造和散布侵犯专利权的3D CAD文件的人身上。针对侵犯专利权的3D CAD文件的提供者采取有力的行动,而不是对众多的非法3D CAD文件下载者采取行动,能更有效地满足专利持有人的保护需求。[1]

目前尽管版权法为版权所有者提供了"通知与删除"的救济途径,但在面对3D打印侵权时,专利所有者找不到任何法律依据要求网站删除与自己的专利产品相对应的数字模型。应该引入新的法律规则来打击存储和共享专利产品的3D CAD数字文件的网络服务提供者。在著作权法方面,较有效的打击侵权的手段之一是向网络服务提供者发出移除盗版文件的通知,"避风港规则"是豁免网络服务提供者承担帮助侵权责任的有效手段。为了获得侵权责任豁免,网络服务提供者必须满足下列条件:首先,不实际知道或推定知道侵权行为;其次,不因侵权行为而直接获得经济利益;最后,在被告知在其网络上发布的材料侵权后,网络服务商必须"迅速作出回应,删除或禁用涉嫌侵权的材料"。[2] 对于应否将在版权法领域实施了20余年的"避风港规则"引入专利制度,立法尚在观望,学界观点不一。主要有三种观点:持肯定意见者认为,"通知与删除"规则是网络服务侵权的一般规则,适用于包括专利权在内的所有民事权益,[3]尤其在《民法典》明确规定以后。反对观点认为,专利"侵权判定的专业性和平台措施的严厉性合并会形成一种制度风险",[4]

---

[1] See Peter Twomey, *A New Dimension to Intellectual Property Infringement: An Evaluation of the Intellectual Property Issues Associated with 3D Printing*, 17 Trinity C. L. Rev., 2014, p. 25.

[2] See Peter Twomey, *A New Dimension to Intellectual Property Infringement: An Evaluation of the Intellectual Property Issues Associated with 3D Printing*, 17 Trinity C. L. Rev., 2014, p. 25 – 26.

[3] 参见王利明:《论网络侵权中的通知规则》,载《北方法学》2014年第2期。

[4] 蔡元臻:《专利间接侵权制度专门化研究》,载《中外法学》2021年第5期。

"避风港规则"不具备专利领域的适用基础。[1]持折中态度者提出,若将该规则移植进网络专利侵权中,应对其进行修正,在弥补制度缺陷的前提下适用于专利领域以提高其适用的合理性。[2]

1. 3D 打印侵权判定中适用"避风港规则"的依据

普通公众获得 3D CAD 数字模型的最可行方式是从网络共享平台上下载,因此规制网络传播环节是防范 3D 打印侵权行为的最有效手段。由于 3D 数字模型的主要传播渠道是共享平台,因此有必要明晰 3D 打印网络共享平台侵权责任的构成和法律依据。3D 打印技术使专利产品能够被转化为数据和图形在网络中迅速传播,用户下载后又能快速地将其实体化。这一技术特性使专利侵权渐渐趋同于网络版权侵权,即专利侵权的"版权化"。3D 数字模型共享平台只为模型设计者自行编辑和存储 3D CAD 数字模型提供一个信息存储空间,平台运营商本身对其存储的数字模型不具有编辑或控制能力,面对海量的存储信息,由于网络经营者无法逐一事先对提供链接的 3D CAD 数字文件进行专利侵权审查,为保障网络经营者的正常经营活动,在网络服务提供者侵权的认定问题上,可以参照网络传播下的版权侵权问题的解决途径,[3]借鉴 20 世纪 90 年代中期的网络视听作品的做法,适用美国版权法中的"避风港规则"予以解决,减轻和限制网络服务提供者的专利间接侵权责任。况且,诸如 Thingiverse 这类网站已经有"通知和删除"侵犯版权的 3D CAD 文件的政策,所以对于专利侵权的同样要求似乎不会有过多的负担。[4]

---

[1] 参见张德芬:《〈电子商务法〉中"通知与移除"规则评析——以专利侵权纠纷中电商平台责任为例》,载《知识产权》2019 年第 3 期。

[2] 参见王迁:《论"通知与移除"规则对专利领域的适用性——兼评〈专利法修订草案(送审稿)〉第 63 条第 2 款》,载《知识产权》2016 年第 3 期。

[3] 参见蔡元臻:《专利间接侵权制度专门化研究》,载《中外法学》2021 年第 5 期。

[4] See Peter Twomey, *A New Dimension to Intellectual Property Infringement: An Evaluation of the Intellectual Property Issues Associated with 3D Printing*, 17 Trinity C. L. Rev., 2014, p. 30 – 31.

我国最早在2006年《信息网络传播权保护条例》中引入“避风港规则”,适用范围仅限于网络著作权。2009年通过的原《侵权责任法》第36条第2款规定:“网络用户利用网络服务实施侵权行为的,被侵权人有权通知网络服务提供者采取删除、屏蔽、断开链接等必要措施。网络服务提供者接到通知后未及时采取必要措施的,对损害的扩大部分与该网络用户承担连带责任。”这一规定将侵权行为的责任主体确定为网络服务提供者,责任范围扩展至全部民事权益,理应包括专利权。最高人民法院在发布的《中国法院知识产权司法保护状况(2015年)》[1]中指出,电子商务平台服务提供者等网络企业成为知识产权纠纷的高发主体。在最高人民法院发布的2015年中国法院十大知识产权案件中,包括一起“电子商务平台承担专利侵权连带责任案”,[2]该案的判决即借鉴了著作权法领域的“避风港规则”。在该案中,威海嘉易烤生活家电有限公司(以下简称嘉易烤公司)是名称为“红外线加热烹调装置”发明专利的权利人,该专利于2014年11月5日获得授权。嘉易烤公司认为永康市金仕德工贸有限公司(以下简称金仕德公司)在天猫网上销售的烧烤炉侵犯了其上述专利权,浙江天猫网络有限公司(以下简称天猫公司)在其发送侵权投诉的情况下未采取有效措施。浙江省金华市中级人民法院认为,金仕德公司的产品侵犯嘉易烤公司的专利权,嘉易烤公司提交的投诉材料符合天猫公司的格式要求,天猫公司仅对该材料做出审核不通过的处理,其并未尽到合理的审查义务,也未采取必要措施防止损害扩大,应对损害扩大的部分与金仕德公司承担连带责任,故判决金仕德公司立即停止销售侵权产品,赔偿嘉

---

〔1〕《中国法院知识产权司法保护状况(2015年)》,载中国网,http://www.china.com.cn/legal/2016-04/21/content_38294352_5.htm。

〔2〕威海嘉易烤生活家电有限公司与永康市金仕德工贸有限公司、浙江天猫网络有限公司侵害发明专利权纠纷案,参见浙江省高级人民法院(2015)浙知终字第186号民事判决书。

易烤公司经济损失15万元,天猫公司对其中5万元承担连带赔偿责任。天猫公司不服提起上诉,浙江省高级人民法院认为,嘉易烤公司的投诉符合侵权责任法规定的"通知"的基本要件,属于有效通知。天猫公司接到投诉后未及时采取必要措施,一审判令其就损失的扩大部分承担连带责任并无不当,故维持一审判决。

2020年出台的《民法典》第1195~1197条吸纳了原《侵权责任法》的相关规定,尝试将"避风港规则"从版权领域扩张至所有民事权益领域,并在适用范围和条件、法律责任、救济程序等方面规定得更加完善。2015年《专利法修订草案(送审稿)》第63条明确引入了"避风港规则",该条第2款规定,专利权人或者利害关系人有证据证明网络用户利用网络服务侵犯其专利权或者假冒专利的,可以通知网络服务提供者采取前款所述(删除、屏蔽、断开侵权产品链接等)必要措施予以制止。网络服务提供者接到合格有效的通知后未及时采取必要措施的,对损害的扩大部分与该网络用户承担连带责任。可见,我国《专利法修订草案(送审稿)》第63条第2款的规定与原《侵权责任法》第36条第2款非常接近,是将"避风港规则"明确引入专利领域的有益尝试,但该规则因受到学界的普遍质疑,最终在2020年《专利法》通过时删除了这一条。在3D数字模型专利侵权判定中,追究网络平台运营商的责任时,基于专利侵权判定比著作权侵权判定复杂得多、网络服务提供者缺乏判断专利侵权的专业能力以及被通知人的救济手段不足等原因,在将《民法典》中规定的"避风港规则"适用于专利领域时应进行修正,不应该从版权领域简单照搬该制度。

2. 3D打印专利侵权判定中"避风港规则"的适用条件

"避风港规则"在专利侵权判定上的适用与著作权领域在适用

目的、适用模式和法律依据方面具有一致性。[1] 具体来说，如果网络服务经营者并未实际制作网页，只是提供存储空间，主观上也不知道存在专利侵权，在专利权人有证据证明并通知其提供链接的3D CAD设计文件侵权时，网络经营者采取删除或者屏蔽的必要措施后，不承担帮助侵权责任。

在专利领域适用“避风港规则”要符合以下条件。

第一，网络平台服务商主观上对专利侵权不知情。

网络服务提供者承担间接侵权责任的前提是主观上有过错，即“知道”或者“应当知道”网络用户存在侵权行为。我国《专利解释(二)》规定专利帮助侵权的主观要件是“明知”侵权事实的存在。《美国专利法》第271条第(c)款中规定专利间接侵权的主观要件为“知道”,《德国专利法》和《英国专利法》均要求主观上“明知或者应知”。“知道”是指有确凿证据证明行为人了解相关侵权事实的主观状态;“应知”是对行为人主观过错的法律推定，属于推定故意，意味着网络服务提供者需以合理的审慎态度去查明相关事实是否存在。[2] 网络服务提供者的主观状态的认定还要具体考虑网络服务类型。网络服务提供者在提供简单的存储和搜索服务的基础上，又对存储和搜索的内容进行了整理，或者提供深度链接服务，其注意义务就要相应提高。[3] 有时网络服务提供者为降低消费者的侵权顾虑主动提供了责任担保，此时应视为网络服务提供者“应当知道”侵权行为存在。

在3D打印领域，产品设计图提供者和网络服务提供者间接侵权的主观构成需要区别对待。产品设计图提供者应负有较高的注

〔1〕 参见黄亮:《论避风港规则在3D打印专利侵权判定中的移植》,载《电子知识产权》2015年第5期。

〔2〕 参见刘强、王超:《3D打印视野下的专利间接侵权 兼评〈专利法修改草案(征求意见稿)〉第71条之规定》,载《电子知识产权》2015年第5期。

〔3〕 参见王迁:《网络版权法》,中国人民大学出版社2008年版，第145页。

意义务,对其提供的产品设计图需履行内容审查义务;而网络服务提供者仅具有形式审查义务。

第二,3D 数字模型专利权人发出的删除通知要“合格”。

著作权法中设定避风港规则的重要理论预设,是相关网络服务提供者容易对通知所指称的侵权行为进行初步核实,[1]考虑到专利权与著作权领域不同,尤其是实用新型和外观设计专利权有效性的不确定,[2]误删商品的损失巨大,应严格侵权通知的法定条件,“删除通知”的门槛要设定得比著作权和商标权更高,要包含更具有公信力的证明材料,弥补网络平台经营者不易对专利侵权进行实质审查的不足,避免滥用存在瑕疵的专利权扰乱正常的网络经营领域。

专利权人向网络经营者发出“删除”通知时,至少应包括以下内容:(1)专利权人的自然人或法人、非法人单位的身份信息,便于网络服务提供者与投诉方联系。(2)专利持有者需要识别被侵权的专利作品,并提供涉嫌侵权的 3D 打印数字模型的具体信息,以帮助网络服务提供者确定其存储位置。(3)专利登记簿副本,以便于证明专利权有效存在。同时,提供一份使他们有足够理由相信上传侵权文件者没有取得专利权人授权的说明。另外,对于实用新型和外观设计专利的“移除”通知,还应当出具专利权评价报告。据统计,2020 年,我国发明专利授权率为 47.3%,实用新型专利授权率为 90.4%,[3]

[1] 参见王迁:《论“通知与移除”规则对专利领域的适用性——兼评〈专利法修订草案(送审稿)〉第 63 条第 2 款》,载《知识产权》2016 年第 3 期。

[2] 专利审查制度在实践中显露出严重缺陷。以美国为例,严格又封闭的审核过程,导致专利审核时常犯错,专利授予过多过滥,几乎过半数申请都能获得授权,存在大量含糊其词、内容重复的专利,这就导致出现很多“专利流氓”,专门钻专利审核漏洞,人为增加申请数量,骗取专利,然后通过专利侵权诉讼进行敲诈勒索。参见[美]杰夫·豪:《众包:群体力量驱动商业未来》,牛文静译,中信出版社 2011 年版,第 39 页。

[3] 《国家知识产权局 2020 年度报告》,载国家知识产权局网,https://www.cnipa.gov.cn/col/col2616/index.html,最后访问日期:2021 年 4 月 27 日。

外观设计专利授权率为 95.1%。2021 年，我国授权实用新型专利 312 万件，同比增长 31.2%；授权外观设计专利 78.6 万件，同比增长 7.3%。[1] 在形式审查制度下实用新型和外观设计专利的授权率和授权量相当大，授权质量往往不尽如人意。根据 2014 年《中国有效专利年度报告》公布的数据，我国外观设计专利维持年限平均仅 2.9 年，而国内外观设计（排除了国外在华外观设计）专利维持年限更低，仅有 1.18 年，外观设计专利无效率达到 48.9%。[2] 我国《专利法》第 66 条第 2 款规定："专利侵权纠纷涉及实用新型专利或者外观设计专利的，人民法院或者管理专利工作的部门可以要求专利权人或者利害关系人出具由国务院专利行政部门对相关实用新型或者外观设计进行检索、分析和评价后作出的专利权评价报告，作为审理、处理专利侵权纠纷的证据；专利权人、利害关系人或者被控侵权人也可以主动出具专利权评价报告。"因此，对于实用新型和外观设计专利的"移除"通知，还应当出具专利权评价报告，以弥补形式审查的不足。(4) 遭受侵害的专利权利要求及初步解释，以及侵权的初步证明材料，这有助于网络服务提供者对于所涉产品设计图是否落入专利保护范围进行判断。有学者认为，"对于 3D 数字模型专利权人的初步侵权证明材料不应作过高要求，只要能传达专利侵权存在的可能性信息即可"。[3] 对此，笔者不赞同。因为专利的专业性非常强，网络平台经营者很难对侵权情况做实质审查，误删商品给销售商带来的损失要比著作权领域删除图书信息造成的损失大得多，因此，侵权的初步证明文件应包括相关技术要件比对情况，以

---

[1] 《国家知识产权局 2021 年度报告》，载国家知识产权局网，https://www.cnipa.gov.cn/module/download/down.jsp?i_ID=175845&colID=2925，最后访问日期：2022 年 6 月 1 日。

[2] 参见王迁：《论"通知与移除"规则对专利领域的适用性——兼评〈专利法修订草案（送审稿）〉第 63 条第 2 款》，载《知识产权》2016 年第 3 期。

[3] 黄亮：《论避风港规则在 3D 打印专利侵权判定中的移植》，载《电子知识产权》2015 年第 5 期。

及侵权商品技术特征是否落入专利保护范围等信息,以帮助平台经营者作出是否“删除”商品的初步判断。(5)一份承诺该通知的信息准确、任何错误陈述都将受到伪证惩罚的声明,并授权他们代表该专利所有人采取行动。[1]

此外,针对是否应将“有证据证明网络用户利用网络服务侵犯其专利权”作为发出移除通知的前提,我国《专利法修订草案(送审稿)》第 63 条曾经予以认可,即专利权人只有证明网络用户从事了专利直接侵权才能发出删除通知,如果专利权人无法证明网络用户对专利产品 CAD 文件进行了下载和打印行为,专利权人就无法发出删除通知。这一规定虽然适应了传统制造模式下的需求,但不能对 3D 打印中专利间接侵权进行有效规制。3D 打印背景下直接侵权用户极度分散,证明网络直接侵权成本相当大,这无疑增加了专利权人的维权难度。综上所述,3D 打印背景下,专利间接侵权认定不应以直接侵权的发生为前提,相应地,在专利权人发出“删除”通知时,也不应再要求专利权人提供直接侵权证明。

第三,网络服务提供者采取的“必要措施”不限于移除和断开链接。

由于专利侵权并非显而易见,我国侵权责任法规定的“必要措施”并不限于删除、屏蔽、断开链接,而应根据所侵害权利的性质、侵权的具体情形和技术手段等综合确定。在前述“嘉易烤公司诉天猫公司案”中,就网络平台销售侵害专利权产品时如何界定其责任的问题,浙江省高级人民法院认为,“将投诉材料转达被投诉人应当是必要措施之一”,并在此基础上认定该案中天猫公司未采取“必要措

---

〔1〕 See 17 USC § 512(c)(3)(A)(i-vi).

施”,因此判令天猫公司就损失扩大的5万元部分承担连带责任。[1]网络服务提供者接到移除通知后,还可以临时冻结被通知人的账户或者要求被通知人提供保证金,也可以采用“警告—限权(如搜索屏蔽)—销号”的“三振出局”机制,促使被通知人尽快作出回应,提升平台判定专利侵权的容错率,平衡各方利益。[2]

3.引入“反通知与恢复”程序

在网络服务提供者按照权利人的“删除通知”对被指称侵权的作品采取必要措施后,负有立即通知用户的义务,用户接到转送的通知后,有发出否认侵权行为的“反通知”的权利,“反通知”应包括不存在侵权行为的初步证据及网络用户的真实身份信息。网络服务提供者接到“反通知”后,除非权利人已提起诉讼,须告知知识产权权利人并在合理期限内终止所采取的措施。“反通知与恢复”程序设定的目的在于弥补因权利人发出错误通知而致合法知识产品被移除的损害。如果网络服务提供者没有根据“反通知”及时“恢复”被移除或断开链接的知识产品,需向用户承担损害赔偿责任。在我国《专利法》中没有规定“反通知与恢复”规则,《民法典》第1196条和《电子商务法》第43条[3]作出了类似规定。

专利法中的“避风港规则”对专利权人的影响要比著作权领域对作品传播者造成的影响严重。在专利法领域,判断一个3D CAD文件是否真的侵犯了专利权更加困难,更需要专业能力。将专利文件与3D CAD文件中所包含的信息进行比较,至少是非常耗时的,

---

[1] 参见浙江省高级人民法院(2015)浙知终字第186号民事判决书。

[2] 参见蔡元臻:《专利间接侵权制度专门化研究》,载《中外法学》2021年第5期。

[3] 《电子商务法》第43条规定:“平台内经营者接到转送的通知后,可以向电子商务平台经营者提交不存在侵权行为的声明。声明应当包括不存在侵权行为的初步证据。电子商务平台经营者接到声明后,应当将该声明转送发出通知的知识产权权利人,并告知其可以向有关主管部门投诉或者向人民法院起诉。电子商务平台经营者在转送声明到达知识产权权利人后十五日内,未收到权利人已经投诉或者起诉通知的,应当及时终止所采取的措施。”

而且专利产品和非专利产品之间的区别往往非常微妙。因此,许多网站在收到专利侵权投诉后往往自动删除该 3D CAD 文件,而不去花费时间检查这一诉求的有效性。错误的“通知与移除”将导致合法销售的产品被错误地“下架”。我国当前“通知与移除”的情况比较混乱,存在大量的虚假投诉,抬高了电商平台的运营成本,降低了运营效率。电商平台并非专利领域的专业人员,其仅是商业经营者,对侵权与否难以作出超越其能力的判断。设置“反通知与恢复”程序使被投诉方有抗辩机会,利用“反通知”权利使被删除的商品重新“上架”,如果双方仍然存在争议,权利人可以请求行政机关处理,或者通过诉前禁令、直接起诉等程序另行解决。[1] 如果没有“反通知与恢复”的救济手段,在销售者认为合法产品被错误“下架”后,即使能够提供行为合法的证据,也只能通过诉讼程序依据生效判决要求恢复产品“上架”。专利权人凭借“通知”就享有了使产品“及时”被“下架”的特权,而销售商要恢复产品上架销售需历经漫长的诉讼之路,双方利益显然失衡。[2] 因此,电商平台应设置“反通知与恢复”程序,避免“通知与移除”规则被“知识产权流氓”或“知识产权蟑螂”所利用,促进电子商务平台的健康发展。

五、创建专利 3D CAD 文件全球合作数据库

在 3D 打印和扫描技术以其诸多优势迅速得到普及的时候,在 3D 打印 DIY 用户中检测和防止专利侵权的能力亟待加强。可以由 WIPO 成员国政府间协作创建 3D CAD 文件数据库,使用 3D CAD 文件识别软件,3D 打印机在打印任何 3D CAD 文件前必须进行对

---

〔1〕 参见王迁:《电商知识产权保护频遭恶意维权需完善法规》,载《河南科技》2016 年第 12 期。

〔2〕 参见王迁:《论“通知与移除”规则对专利领域的适用性——兼评〈专利法修订草案(送审稿)〉第 63 条第 2 款》,载《知识产权》2016 年第 3 期。

照检索。作为打印先决条件的对照检索将阻止任何企图直接侵权的行为，防止任何人在没有授权的情况下制造、使用、许诺销售或销售专利产品。这将在促进3D打印增长和保护专利权人之间取得平衡，在确保3D打印继续造福直接和间接用户的同时，也有益于国家专利局和专利权人。

(一)专利的3D CAD文件数据库的可行性

作为联合国机构的世界知识产权组织，WIPO的目标是“领导建立一个平衡和有效的国际知识产权体系，使创新和创造能够造福所有人”。[1] WIPO目前在签署《专利合作条约》(PCT)的148个国家促进专利保护，通过提交单一的“国际”专利申请，而不是分别提交几个国家或地区的专利申请，可以同时在每个国家或地区为一项发明申请专利保护。鉴于WIPO是国际专利保护和执行的核心组织，在WIPO的网络中增加和实施政府间3D CAD文件数据库是可行的。

正如WIPO总干事弗朗西斯·高瑞(Francis Gurry)所说，“如同参与实体经济需要获得道路、桥梁和运输货物的车辆，在虚拟和知识经济中需要类似的基础设施”。[2] 高瑞认为，必须通过搜索多个国家的数据库来查看某一知识产权在各国受保护的程度，他认为应该有一个集中的全球门户来进行此类查询。WIPO可以将3D CAD文件数据库集成到其政府间网络，借助3D CAD文件识别软件，提供高效、准确和可信的全球专利搜索方法，从而有效地防止DIY用户通过3D打印制造侵权物品。[3] 通过WIPO将3D CAD文件数据

〔1〕 *Inside WIPO*, World Intell. Prop. Org., http://www.wipo.int/about-wipo/en/ 2014-10-4.

〔2〕 *An Interview with WIPO Director General Francis Gurry*, WIPO MAG. (Sept. 2010), http://www.wipo.int/wipo-magazine/en/2010/05/article_0001.html.

〔3〕 See Tyler Macik, *Global Data Meets 3D Printing: The Quest for a Balanced and Globally Collaborative Solution to Prevent Infringement in the Foreseeable 3D Printing Revolution*, 22 Ind. J. Global Legal Stud., 2015, p. 165.

库与识别软件相结合,使成员国能够进行必要的比对索引,从而大大削弱了个人通过 3D 打印侵犯专利权的能力。

(二)专利的 3D CAD 文件数据库的形成

在申请专利时,WIPO 和大多数国家都要求提供发明产品的多种视图。专利申请完全依赖于图示。这些图示可以是黑白绘图或打印而成。此外,如果专利申请人对黑白图纸的表现度不满意,通常也可以提交照片,每张照片只能描绘发明的一个面。这种有限的视图难以详细、精确和整体表现某一发明。[1]

与 WIPO 和一些成员国专利局目前要求的二维插图相比,3D CAD 数字文件能够为专利申请提供更准确、更详细的信息。实践中,发明人经常委托专利制图公司创建其发明设计的 3D CAD 文件。[2] 用 3D CAD 文件绘制发明设计优势很明显。一方面 3D CAD 文件能够为发明人提供符合专利申请所要求提交的专利图纸;另一方面也便于发明人制造产品和吸引投资者及被许可人。最重要的是,专利权人可以利用 3D CAD 文件的版权保护来加强保护,弥补著作权法和专利法单一保护的不足。虽然法理上不允许通过版权保护那些垄断了基本思想的文件,但对 3D CAD 文件的版权和专利的结合保护已经对这个思想产生了合法的垄断。在思想实际上已经被合法垄断时,思想与表达"合并"就不违背著作权法理了。在专利过期后,可以再应用"合并原则"克服对 3D CAD 文件潜在思想的垄断。这种结合保护方式可以尽可能使专利所有者免受网络盗版的侵害。

可以要求在专利申请中提交发明的 3D CAD 文件,借助 WIPO

---

〔1〕 Bernadette Marshall, *Better Drawings Make a Better Patent*, WIPO MAG. (Apr. 2010), http://www.wipo.int/wipo_magazine/en/2010/02/article_0008.html.

〔2〕 Amar Sehmi, *The Importance of Patent Drawings and 3D Models*, Inventia Patent Drafting (Aug. 28, 2013), http://inventiapatent.com/2013/08/28/the-importance-of-design-patent-drawings-and-3d-models/.

的全球网络在全球范围内存储和共享这些文件,这有利于WIPO建立和扩展技术数据库。3D CAD文件可以实现从任意角度旋转和观看发明设计,它可以有效帮助专利处理器判断一项设计是否符合专利授权条件。WIPO可以利用其现有的专利审查数据库存储授权专利的3D CAD文件,以供发明申请人及专利处理器查询。通过识别软件程序,运用专利处理器参考对照3D CAD文件,可以对专利申请进行合理评估。

3D CAD文件的主要优点是它们可以存储在WIPO的全球网络中,并在3D打印机打印前进行必要的参考对照以防范专利侵权的发生。3D CAD文件识别软件的运行方式与三维面部识别类似,后者的准确率高达99%。[1] 该软件将以类似于打印三维物体的方式层层分析3D CAD文件,依照图形的角度和形状形成代码,这些代码可以与WIPO包含所有专利对象的3D CAD文件及相应代码的数据库进行对照参考。[2] 如果识别软件在专利对象的某一偏差范围内识别匹配,WIPO的数据库就会向3D打印机发送代码通知其匹配情况,从而防止3D打印机打印侵权对象。

(三)专利的3D CAD文件数据库的作用

目前面对专利侵权,权利人只能花费时间、精力和费用自己或委托律师来维权,非常耗费精力,有时也很不经济。建设专利设计的3D CAD数字文件数据库可以作为一种加速执行机制,从而有效地防范专利侵权行为。

法院审查一个物品是否侵犯专利权时,是以一个普通观察者

---

〔1〕 See Jeremy Hsu, *How Face Recognition Tech Will Change Everything*, Discovery News (June 11, 2013), http://news. discovery. com/tech/biotechnology/howface-rec-tech-change-everything-130611. htm.

〔2〕 See Tyler Macik, *Global Data Meets 3D Printing: The Quest for a Balanced and Globally Collaborative Solution to Prevent Infringement in the Foreseeable 3D Printing Revolution*, 22 Ind. J. Global Legal Stud. ,2015, p. 167.

的视角，投入购买者通常的注意，查看专利申请中的附图，并将其与涉嫌侵权的对象进行比较。如果两个设计基本相同，欺骗了观察者，那么就侵犯了专利权。创造或复制专利附图所描绘的专利项目的 DIY 用户，无论是有意还是无意，都显然侵犯了专利权。在用户通过 3D 打印机打印之前，运用 3D CAD 文件识别软件对 3D CAD 文件进行必要的参考对照，识别软件相当于扮演了“普通观察者”的角色。[1] 这一必要的比对环节可以有效地防止 DIY 用户通过 3D 打印大肆非法复制专利产品。

专利的 3D CAD 文件数据库对成员国的专利局和专利权人都有益处。专利权人可以不再担心其发明专利通过 3D 打印被肆无忌惮地侵权。该系统不但能够防止对专利权的公然侵犯，从长期看也能降低 WIPO 和成员国专利局内部的运营成本，并有助于加快专利申请的处理。在全球范围内实现这种合作，将免除或至少减轻各国可能都会遭受的 3D 打印技术的 DIY 用户的专利侵权风险。尤为重要的是，这类程序既能消除人们对广泛的 3D 打印专利侵权的担忧，又能促进 3D 打印行业的健康发展。

我们也应该看到，尽管这种防止 3D 打印专利侵权的全球数据库存在诸多益处，但是也会存在很多阻碍。首先，这类项目的启动成本相当昂贵。目前至少有 81 种不同的 3D CAD 文件类型，每种文件类型的大小和格式都不同，创建一个包容多种文件类型的数据库较烦琐和昂贵。另外，数据库中收集的 3D CAD 数字文件要比原来的二维附图占用更多的存储空间。WIPO 需要增加额外的服务器空间来容纳新的 3D CAD 文件以及包括供审查的相关应用程序。近些年，全世界申请专利的数量增长很快，不难预测这些专利的 3D

---

[1] See Tyler Macik, *Global Data Meets 3-D Printing: The Quest for a Balanced and Globally Collaborative Solution to Prevent Infringement in the Foreseeable 3-D Printing Revolution*, 22 Ind. J. Global Legal Stud., 2015, p. 169.

CAD文件将占用很大的服务器空间。[1] 其次,WIPO诸成员国的资源、信息和网络能力存在不对称也是合作的障碍。WIPO各成员国可能会支持这个计划,以防止3D打印领域的专利侵权,也可能会出现某种谈判僵局。如果没能得到成员国的立法支持和确认,WIPO就无法实施建设3D CAD文件数据库和识别程序的计划。最后,3D CAD识别软件的准确度必须经过严格的测试,才能获得全球专利权人的信任。

尽管筹建3D CAD文件数据库的提议具有启动资金高昂、WIPO成员国采用和合作的不确定性以及3D CAD文件识别软件的可靠性不足等诸多缺陷,但是该解决方案是在尊重知识产权的基础上,促进3D打印产业蓬勃发展的少数可行方案之一。

六、3D打印专利侵权的技术防范措施

追究私人打印者或3D CAD数字模型的制作与传播者的责任,都需要较高的监控成本。虽然法律提供了事后救济手段,但是新的知识产权问题是伴随着技术进步而产生的,通过技术的方式予以解决是更好的解决方式。企业在开发3D打印产品、设备以及数字模型时,应做好专利布局,采取专利保护技术措施,让3D打印带来的专利侵权风险通过事先防范予以化解。

在3D打印技术环境下,专利产品的使用与传播方法和数字作品渐趋相似。专利权人为了尽快推广其专利产品,可能销售3D CAD数字文件以便于消费者下载和打印。为了有效控制文件的传播和使用途径,获得经济利益回报,专利权人可以采取加密等类似著作权人使用的技术措施,进行事前防范。这种技术措施主要

---

[1] *World Intellectual Property Indicators* 2013, World Intell. Prop. Org. (Dec. 1, 2013), http://www. wipo. int/export/sites/www/pressroom/en/documents/wipi _ 2013 _ infographicl. pdf.

有以下两种类型:第一种是对 3D CAD 产品设计文件进行加密,以控制其传播、下载、修改或者打印行为,从而为该文件的许可使用和收取费用提供技术保障。例如,美国专利商标局于 2012 年借鉴著作权领域的技术保护措施,通过了一项名为"生产控制系统"(Manufacturing Control System)的专利,如果将生产控制系统嵌入 3D 打印文件,在未经许可或付费的情况下就不能应用此类文件打印物品,由此保证具有合法来源的 CAD 模型不被滥用。[1] 又如,作为美国两大 3D 打印网站之一的 Shapeways 采取了 3D 数字文件单向流动的商业模式,通过平台将 3D 打印产品的制造商和消费者联结起来,只接受用户上传自己设计的 3D 数字模型,但不支持免费下载。这在很大程度上避免了 3D CAD 数字模型的随意下载和传播,从源头上防范了专利和著作权侵权行为的发生。[2] 第二种是采取技术措施对 3D 打印机能够打印出的产品内容进行有效控制。通过内置在 3D 打印机中的数据软件对专利说明书进行管理,将用户要打印的物品与该数据库进行比对,只有符合相关规定,打印的不是违禁品或有害技术,也不是涉嫌侵犯专利权的产品,才能获得软件授权,完成打印行为。通过禁止用户打印与特定数据库内设计高度匹配的 3D CAD 设计文件,可以有效防范专利产品未经许可被制造、销售和使用。尽管这两种措施都不能控制将他人的知识产品擅自制作 3D CAD 数字文件并加以传播的行为,但对于大多数专利侵权行为能够有效防范,法律应予以认可,并将破坏该技术措施的行为认定为专利侵权,追究行为人相应的责任。

如果专利权人对其提供的 3D CAD 设计文件自行采取了授权

---

〔1〕 参见王玉凯:《3D 打印的知识产权法应对——基于解释论与立法论相区分的讨论》,载《西部法学评论》2016 年第 3 期。

〔2〕 参见刘鑫、余翔:《3D 打印技术对专利实施的潜在挑战与对策思考》,载《科技进步与对策》2015 年第 10 期。

管理的技术措施,法律应当维护这种技术措施的合法性,认定破坏技术措施的行为人构成专利侵权。同时,专利权人也要注意采取的措施的正当性和适度性。该技术措施不应不合理地扩张专利权的保护范围,专利权人也不应滥用技术措施垄断专利产品以外的相邻市场,限制公众自由选择权,滥用市场支配地位谋取非法垄断利益。

第四章　3D打印背景下商标法的反思与回应

商标被用来识别商品的来源，同时兼具品质保障和广告宣传功能。商标的目的主要有两个方面：一是防止消费者在市场上寻找商品时产生混淆；二是保护和鼓励商标使用者对商标所附的商品或服务的质量进行控制。商标是商品经济发展和商业竞争的产物。试想一下，如果没有商标将商品与来源联系在一起，就不会有提供好商品的回报，以及提供不好商品产生的责任。在商品极大丰富和大规模生产的情况下，普通消费者几乎不可能确切地了解商品的生产者，如果没有商标所标示的产品来源和产品质量，消费者必须仔细检查拟购买的每一件商品，这样会消耗大量的时间和注意力成本。商标的存在就是为了在现代市场上为消费者提供一种快速识别商品来源的符号。

商标蕴含了商品来源问题。假冒商标损害了被误导的消费者和商标所有者的利益。假冒商标是与注册商标相同或基本上无法区分的虚假商标。

如果法律不积极禁止假冒商标,那么开发和维护与优质产品相关联的独特商标的动机就会降低。假冒商标的人"搭便车",利用商标所有者的信誉,进入属于商标所有者的市场,向消费者提供那些通常品质不如正品商标所标识的商品。驰名商标和著名商标为公众所熟知,具有良好的商誉和稳定的质量,可以将营销对象定位于对商标有良好认可度的现有消费者。驰名或著名商标对"搭便车"的人特别有吸引力。商标是否驰名或著名是一个事实判断问题,取决于几个因素,主要包括商标的独特性,使用商标的广告时间和范围,以及使用商标的贸易区域的地理范围。很多著名的奢侈品的标识很简单,这比复杂精致的设计更容易被伪造。

现代商标法的发展是一个逐渐扩张的过程。一个世纪以前,商标侵权只发生在商品直接竞争的情况下。到20世纪初,一些法院将商标权扩大到相关的,但不是直接竞争的商品。在20世纪后期,商标法进一步扩张,商标权甚至扩张到不相关的商品上,以免导致消费者对从属或赞助关系的混淆。[1] 根据我国《商标法》第57条的规定,未经商标注册人的许可,在同一种商品或者类似商品[2]上使用与其注册商标相同或者近似的商标的,或者其他干涉、妨碍商标权人使用其注册商标,损害商标权人合法权益的其他行为,属于侵犯注册商标专用权的行为。

由此可见,根据我国现行的商标法,在未经授权的情况下,出售一种假冒商标的实体物品通常是一种侵权行为。但是随着越来越多的商业进入数字虚拟领域,围绕着原子世界的法律将

---

〔1〕 See Lucas S. Osborn, *Trademark Boundaries and 3D Printing*, 50 Akron L. Rev., 2016, p. 870 – 871.

〔2〕 根据最高人民法院2002年颁布的《关于审理商标民事纠纷案件适用法律若干问题的解释》(2020年修正)第11条第1款的规定,"类似商品"是指在功能、用途、生产部门、销售渠道、消费对象等方面相同,或者相关公众一般认为其存在特定联系、容易造成混淆的商品。

会受到挑战。[1] 在网络市场的虚拟世界,消费者更加依赖商标来识别商品。因为在现实世界中,除了通过商标识别外,买家还可以检查实体商品的质量,而在线买家则要依靠商家的诚信准确地标注和展示商品。此外,在现实世界中,买家还可以通过商品出售的环境来判断商品的真实性和质量。比如,实体零售店或许多主要大城市中心的所谓"山寨巷",给消费者带来的购买预期和体验是截然不同的。[2] 然而,网络市场并不具有明显的合法性或非法性的标志,尤其是如果卖家使用合法商标或品牌名称进行虚假交易,或者交易是在其他合法的网络市场范围内进行的,商标就无法指示商品的真实来源。在电子商务中,因为在线购物时无法亲自检查商品,所以商标对于消费者来说就成了他们识别商品的最强有力的依靠。然而,也正因网络消费者无法亲自检查商品,商标很容易在网上被伪造。

3D打印极大地提高了侵害他人产品商标权的可能性。很多产品制造商将商标设计成商品外形的组成部分。在运用产品的3D CAD数字文件进行打印时,商标也会随同产品一起再现,如果没有经过任何修改,就构成了"未经他人许可在相同商品上使用相同商标"的较为严重的商标侵权行为。与目前的从零开始制造仿冒商品的技术不同,仿冒者只需要一个带有商标的原始商品就可以通过扫描创建一个3D CAD文件,然后上传、共享或传输3D CAD文件,再用打印机提供的任何材料打印假冒的对象,创建几乎完全相同的副本。除非商品材料无法打印或商品形状缺少3D打印所必需的结构完整性,几乎没有什么原创物品能避免以仿冒为目的的3D扫描。

---

[1] See Lucas S. Osborn, *Trademark Boundaries and 3D Printing*, 50 Akron L. Rev., 2016, p. 865.

[2] See Elif Sonmez, *Cottage Piracy, 3D Printing, and Secondary Trademark Liability: Counterfeit Luxury Trademarks and DIY*, 48 U. S. F. L. Rev. 2014, p. 763.

随着消费者需求的增加,3D 打印材料的范围将会扩大,打印材料的价格随之会下降,不能打印的商品会越来越少。奢侈品的实体标识,如坠饰、纽扣或金属配件等,体积通常不是很大,所以即使是用昂贵的材料,打印成本也不会太高。[1] 美国知识产权执法协调机构(U. S. Intellectual Property Enforcement Coordinator, IPEC)早在2013 年向国会提交的《知识产权联合战略计划》中就提到,3D 打印虽然提供了创新和原型制作的机会,但也提供了假冒和盗版滥用的便利。[2] 人们可以通过扫描一个合法的商标,比如,香奈儿的双环C,然后用任何可以熔化和挤压的材料打印一个高仿的复制品。与其他形式的复制相比,盗版商标可以更快、更准确地复制。有人把3D 打印机看作仿冒者的梦想机器,仿冒预计将在短期内对世界经济造成 1.7 万亿美元的损失。2002 ~2012 年,假冒伪劣商品的数量比前 10 年增加了 23%。[3] 受 3D 打印驱动的制造业的民主化使复制产品或商标标识更为便利。随着 3D 打印机越来越好、越来越快,任何人都能打印出以假乱真的产品。

3D 打印技术将产品设计和制造过程分开,任何人都可以轻易地创造和交换设计文件,任何拥有 3D 打印机的人都可以完成制造,产品设计走向民主化和大众化。如果 3D 打印机复制了一个包含商标的物品,那么该复制品就会侵犯商标权。3D 打印也会对立体商标产生特殊的影响。如果在 3D 打印产品和原始产品之间存在混淆,会形成仿冒和欺骗消费者的行为。随着 3D 打印技术的不断成熟和打印方法的日益多样化,基于商标的诉讼无疑将成倍增长,商

---

〔1〕 See Elif Sonmez, *Cottage Piracy, 3D Printing, and Secondary Trademark Liability: Counterfeit Luxury Trademarks and DIY*, 48 U. S. F. L. Rev. 2014, p. 782 – 783.

〔2〕 U. S. IPEC, 2013 *Joint Strategic Plan on Intellectual Property Enforcement*, http://www.whitehouse.gov/sites/default/files/omb/IPEC/2013-usipec-joint-strategic-plan.pdf.

〔3〕 See John Hornick, *3D Printing and IP Rights: The Elephant in the Room*, 55 Santa Clara L. Rev., 2015, p. 813.

标法在数字世界中变得更加重要。3D 打印技术使商标侵权变得更加容易,不能将现行商标法原则简单化地应用于 3D 打印技术这一数字环境。

一、3D 打印中商标使用行为的类型及影响

由于立法技术所限,使用精准的法律语言穷尽实践中形形色色的商标使用行为较为困难,我国《商标法》等法律法规及相关司法解释并未详尽列举各种商标使用行为。域外的商标立法也只是原则上指明商标权人有权禁止的商标使用行为。根据《欧盟商标指令》第 5 条第 3 款的规定,商标权人有权禁止下列“商标使用”行为:将商标标识标注在商品或者包装上;在商业文书和广告中使用商标标识;提供使用该标识的商品;将这种商品投放市场或者为上述目的存储、进口或者出口这种商品。根据我国《商标法》第 48 条的规定,商标的使用是指将商标用于商品、商品包装或者容器以及商品交易文书上,或者将商标用于广告宣传、展览以及其他商业活动中,用于识别商品来源的行为。

(一)3D 打印中对商标的使用

在 3D 打印中涉及的商标使用行为大致有以下四种情形。

第一,原样使用他人的注册商标。商标有的是以不可分离的形式附着于产品之上的平面商标,有的是独立存在的立体商标,前者如 iPhone 手机上的商标标识,后者如酒鬼酒的酒瓶商标。它们都有指示商品来源的功能,凝聚着商标权人长期努力经营形成的商业信誉。如果 3D 打印用户未经许可,自行打印出附着平面商标的商品或立体商标,无疑会损害商标权人的经济利益。

第二,反向假冒他人的注册商标。为规避商标侵权或基于基本目的,将 3D 打印数字模型文件中的商标数据信息在程序中删除,替换上自己或其他商标信息,有可能构成商标反向假冒行为。

第三,变换使用他人的注册商标。将任意平面商标通过3D CAD设计软件进行3D数字模型创作设计,打印出立体化的商标,或者将某一商品的立体商标通过3D扫描设计为平面标识。这种商品外观或者立体商标的平面化或者平面商标的立体化变换是否构成"商标使用"值得探讨。依据《商标法》第48条的规定,[1]"商标使用"需起到识别商品来源的作用,这就要求商标与商品或服务相结合。只要商标使用行为可能造成公众对商品或服务与原商标注册人之间产生混淆,就应视为"商标使用",涉嫌商标侵权,至于商标是否从平面到立体的互相转换使用应在所不问。

第四,虚拟使用他人注册商标。如果将包含商标的商品通过3D扫描的方式或通过自行设计的方式转换成3D CAD数字文件,是否属于商标的使用?根据网络环境下的商标使用规则,商标可以用于网络广告、超链接、搜索关键词和元标记(Meta-tag)中。如同未经授权在网页代码中将他人的商标作为元标记的行为构成"隐形商标侵权"[2]一样,行为人未经授权在3D CAD数字文件中嵌入商标标识的行为也应当构成对商标的侵权。基于计算机代码存储和转换的需要,用在数字文件中的注册商标是用于制造商品的数字模型文件的一部分,只是记录商标三维参数的计算机数据,它并不是直接用在商品本身上面,数字模型文件的设计者也不一定直接打印最终物品,但可将其数字文件进行售卖或通过许可服务获取相关报酬。实践中,可依据《商标法》第57条第7项的兜底条款,将3D数字文件中对注册商标的虚拟使用认定为给他人注册商标专用权造成"其他损害"的行为,或者在他人据此打印出物品时,根据我国《商

---

〔1〕 我国《商标法》第48条规定:"本法所称商标的使用,是指将商标用于商品、商品包装或者容器以及商品交易文书上,或者将商标用于广告宣传、展览以及其他商业活动中,用于识别商品来源的行为。"

〔2〕 参见李亮:《网络元标记商标侵权的司法认定》,载《人民司法》2007年第19期。

标法》第 57 条第 6 项,视为意图帮助下游经营者实施“直接侵权”的帮助侵权行为。[1]

3D 打印使产品制造商不再受技艺和设备的限制,促进了独特形状的物体的制造和复制,简化了产品流通方式,减少了产品流通环节和流转费用,会增加商标纠纷的频率。另外,3D 打印行为隐蔽性和分散化的特点,也给商标侵权行为的调查取证带来更大的困难。适用于传统商品的商标法同样适用于 3D 打印物品。3D 打印对商标法的挑战,主要是源于产品设计与产品制造发生分离,以及消费者创建、复制和交换包含产品设计的数字文件的能力得到极大提升。此外,包含附有商标的产品设计的数字文件是否为商标法的客体,也值得讨论。

(二)3D 打印中商标不当使用的影响

商标的基本功能是识别不同商品或服务的来源,同时,也可以表彰商品或服务的一贯品质,代表商标权人的商业信誉,降低消费者的搜索成本。具体来说,一方面,商标法激励制造商投资于高质量产品的动机,防止模仿者采用相同的标记造成混淆;另一方面,商标法保护消费者不受欺骗,通过商标指示特定的商品来源,从而提高消费者所依赖的商品质量。在商标侵权案件中,法律同时维护制造商和消费者的利益。

商标侵权认定的核心焦点是“可能导致混淆”。从混淆的时间段来看,可分为售前混淆(也称“初始兴趣混淆”)、[2]售中混淆、售后混

[1] 参见孙益武:《3D 打印商标使用与侵权认定法律问题研究》,载《中南大学学报(社会科学版)》2015 年第 5 期。

[2] 售前混淆,又被称为初始混淆(initial interest confusion),指的是经营者使用了与他人相同或相近似的商标,从而使消费者发生了“混淆误认”,转移了潜在消费者最初的购买关注点,并影响了消费者最终做出的购买决定。即使消费者在实际购买时发现了该产品并非引发其兴趣的品牌,但其仍然可能购买该商品。参见黄汇:《售前混淆之批判和售后混淆之证成——兼谈我国〈商标法〉第三次修改》,载《电子知识产权》2008 年第 6 期。

淆(也称“二次混淆”、“间接混淆”或“旁观者混淆”)。[1] 3D打印技术的发展增强了个体的制造能力,会造成商标淡化或价值贬损等不良影响。

1. 来源混同。3D打印技术可能将彻底破坏传统的“商标—生产经营者”之间确定的对应关系。商品的终端销售商或者个人用户可以直接使用3D模型文件打印附着有商标标识的商品,导致该商标所标示的商品来源不清。打印者本身知道该商品并非商标权人或其授权的人所制造的,但是在非销售环境下,旁观者注意到附有商标的商品,会误认为该商品来源于商标权人,构成“旁观者混淆”。[2] 一件附着有注册商标的商品到底是商标权人或其授权生产的人原始制造还是零售商或消费者通过3D打印自行制造很难区分,无法简单地根据商标识别商品的真正生产经营者,从而容易对商品来源产生混淆。

2. 身份混淆。按“物以稀为贵”的供求法则,拥有奢侈品是身份和特殊社会地位的象征,但随着假冒奢侈品的泛滥,商品稀缺性的降低,公众对正品和赝品持有者的身份可能会发生混淆,使商标权人的商业信誉大幅下降,也使其他消费者已购买的正品无形贬值。[3]

3. 价值贬损。商标经过长期的经营和广告,获得了一定的商业信誉和知名度,表彰了商品或服务的恒定质量。商标带有一种隐含的质量保证,并且该产品源自单一来源。无论是由商标权人自己制造,还是授权他人制造,都有严格的产品质量管理和检查制度,以确

---

〔1〕 售后混淆萌芽于20世纪50年代的美国并逐渐演化。售后混淆,是指直接购买者为了追求虚荣,明知假冒他人品牌的商品而购买,在购买时对产品来源并未产生混淆,但使购买者以外的其他人误以为该产品就是真品从而产生了混淆的行为。

〔2〕 “旁观者混淆”是售后混淆的一种类型,指在非销售环境下,旁观者注意到了附有商标的商品,会误认为该商品来源于商标权人。

〔3〕 参见冯艳:《当售后混淆遭遇3D打印》,载《中华商标》2015年第11期。

保其生产的产品或者提供的服务具有同质性,维护商标所标示的商誉。3D 打印技术的出现简化了制造流程,脱离了商标所有者控制其商品质量的能力,消费者个人凭借 3D CAD 数字模型和打印机即可方便地完成产品的制造,消除了商标所有者对商标产品进行授权所隐含的质量保证。打印材质和打印设备存在差异,加之打印过程缺少质量监管制度,打印的产品很难达到与原始制造产品的质量和性能同质,有的甚至存在产品缺陷或瑕疵,这样就破坏了商标与特定商品质量之间的指向关系。在 3D 打印的世界里,无法证明品牌产品是正品,在产品上存在商标符号也不能标示产品质量。潜在消费者会误将打印的劣质商品与品牌商品相混淆,消解了商标的品质保证功能,使商标价值发生贬损。

4. 品牌淡化。商品质量是决定商标信誉的关键性因素。由于受打印机、打印技术和打印材料质量所限,打印物有可能存在质量问题,不能完全再现商标权人的商品,甚至出现质量问题或者发生损害事件,导致消费者对全部附有原始商标标识的产品产生不佳印象,进而损害该商标的良好声誉,削弱商标原有的品牌效应,造成商标的淡化。

二、3D 打印中“非商业性使用”商标侵权认定的障碍

对于直接商标侵权的索赔,商标所有者必须证明以下三点:第一,享有有效的商标权;第二,被告在未经商标权人同意的情况下在商业活动中使用了相同或近似的商标,并用于相同或类似商品或服务的销售或广告;第三,被告使用该商标标志可能对被告与商标所有者的从属关系、联系或商标所有者对被告的商品、服务或商业活动的来源、赞助或批准造成混淆。因此,“使用”“在商业活动中”“可能造成混淆”是构成商标直接侵权的必要条件。

在商标领域,如果 3D 打印行为人是以营利为目的的经营者,基

于商业目的未经权利人同意打印他人商标或附有商标标识的商品,与一般商标侵权行为无异,在侵权行为的认定上不存在法律上的障碍。然而,若基于个人使用的目的打印他人商标或附有商标的商品,足以造成公众对商标所附着的商品来源造成混淆的行为,在现有商标侵权体系框架内认定有较大的困难。

在传统商标领域,少数的使用商标行为不会对商标权人的市场构成实质性的危害,随着3D打印技术的普及,3D打印机走入寻常百姓家,一般个人都可以自助打印,累积起来的单一侵权行为不仅会侵害商标权人的预期市场收益,还会导致商标价值贬损和品牌淡化。然而,面对基于个人使用而打印他人享有商标权的商品的行为,商标权人主张权利没有明确的法律依据,对私领域进行责任追究也存在操作上的困难。

(一)直接侵权认定上的障碍

随着3D打印核心专利技术的陆续到期,3D打印机价格直线下降,每台只需300~400美元,[1]3D打印机日益普及,普通人可以根据自己的需要"打印"出相应的物品,并可以附着任意知名商标。那么,此种行为性质该如何认定?

首先,"非商业性"使用商标不构成侵权。我国《商标法》第57条列举了6种商标侵权行为和一个兜底性条款,根据该条第(一)项和第(二)项的规定,未经商标注册人的许可,在同一种或类似商品上使用与其注册商标相同或近似的商标的行为,容易导致混淆的,是一般商标侵权行为。商品是用来交换的劳动产品。那么,普通个体在家自己打印并使用附有商标权的物品,显然并不能被认定为"商品",这种打印行为不构成《商标法》第57条第(一)(二)项列举

---

[1] 参见《专利到期,潜在的3D打印技术爆发期?》,载3D科学谷网,http://www.3dsciencevalley.com/?p=4855,最后访问日期:2015年11月27日。

的两种商标侵权行为。和3D打印行为有关的还有第四项“伪造、擅自制造他人注册商标标识或者销售伪造、擅自制造的注册商标标识的”，通常这里所指的制造的“商标”标识在数量和规模上都很大，而3D打印的商标仅为打印者个人所用或用于其打印的物品之上，无论哪种使用，数量都是极其有限的，难以根据这一项追究行为人的侵权行为。如果3D打印行为人打印出包含注册商标标识的物品后，将商标标识更换，留作自用的，因其没有“投入市场”，很难构成《商标法》第57条第（五）项〔1〕规定的反向假冒商标侵权行为。

那么“非商业性”使用商标能否归入《商标法》第57条第（七）项“给他人的注册商标专用权造成其他损害的”这一兜底条款？不可否认，个人通过打印获得含有他人注册商标的物品给商标权人潜在的市场造成了损失。如果类似打印行为过多，会给商标权人的市场销售带来不利影响，严重影响商标权人的市场预期，给其造成直接经济损失，因此有学者认为，“个体的3D打印行为可以理解为给权利人造成了‘其他损害’”，〔2〕可以根据现行《商标法》第57条第（七）项追究其侵权责任。然而，我国《商标法》第48条、TRIPs协定第16条和第17条实质上要求商标的使用必须是在“商业活动中”，而且，《最高人民法院关于审理商标民事纠纷案件适用法律若干问题的解释》第1条〔3〕列举了三种“给他人注册商标专用权造成其他损害”的具体侵权行为，无论是把他人注册商标用作“字号”使用、用

---

〔1〕《商标法》（2013年）第57条规定：“有下列行为之一的，均属侵犯注册商标专用权：……（五）未经商标注册人同意，更换其注册商标并将该更换商标的商品又投入市场的……”

〔2〕马忠法：《3D打印中的知识产权问题》，载《电子知识产权》2014年第5期。

〔3〕《最高人民法院关于审理商标民事纠纷案件适用法律若干问题的解释》（2020年修正）第1条规定：“下列行为属于商标法第五十七条第（七）项规定的给他人注册商标专用权造成其他损害的行为：（一）将与他人注册商标相同或者相近似的文字作为企业的字号在相同或者类似商品上突出使用，容易使相关公众产生误认的；（二）复制、摹仿、翻译他人注册的驰名商标或其主要部分在不相同或者不相类似商品上作为商标使用，误导公众，致使该驰名商标注册人的利益可能受到损害的；（三）将与他人注册商标相同或者相近似的文字注册为域名，并且通过该域名进行相关商品交易的电子商务，容易使相关公众产生误认的。”

作“域名”使用,还是对驰名商标侵权的认定,都是以“商业性使用”为目的,所以在现有商标法框架内,很难认定商标的“非商业性”使用3D打印行为侵犯了商标权。

其次,传播和销售3D打印设计图的行为不构成商标直接侵权。3D打印的核心是打印技术和产品设计图的数字模型,技术问题一般由专利法调整,产品设计图数字模型对于3D打印行为的实施至关重要,很多公民个人很难自行进行3D打印设计图的设计工作,大多是从网上免费下载或购买商品设计数字模型,那么,传播和销售3D CAD设计图的行为能否构成商标侵权行为?

从商标直接侵权的认定来看,根据《商标法》第57条第(一)(二)(三)(五)项,以及《商标法实施条例》第76条和相关司法解释,我国商标法上的直接侵权行为均以商标标识或商品已经实际制造为前提,3D打印设计图只是制造物品的一个环节,并非物品的组成部分,因此传播和销售3D打印设计图的行为不能构成商标直接侵权。鉴于出售实体物品与出售数字文件不同,数字文件的卖方只有在间接侵权理论下才有可能承担责任。

(二)3D打印间接商标侵权认定上的障碍

对注册商标专利权的侵犯通常不是孤立进行的,往往需要借助第三人的帮助和支持。尤其在科技发达的时代,商标侵权成本不断降低,侵权出现分散化、业余化的趋势,追究直接侵权者成本高昂且难以得到充分补偿。许多国家的商标法规定,故意引诱他人实施直接侵权行为,或在知晓他人准备或正在实施直接侵权行为时提供实质性帮助的,构成间接侵权。在我国《著作权法》《商标法》《专利法》中,只有《商标法》规定了部分间接侵权行为。我国在2013年《商标法》修正时明确规定了间接侵权行为,即其第57条所列举的第六种侵权行为:故意为侵犯他人商标专用权行为提供便利条件,帮助他人实施侵犯商标专用权的行为。

间接侵权制度是阻止故意使用3D打印技术促进商标混淆行为的重要工具。间接侵权的构成需要符合以下两个方面。

首先,认定间接侵权的前提是必须有直接侵权的潜在行为。当然,如果一个3D CAD数字文件的买方打印了附有他人商标的有形商品的复制品,并且在销售这些商品时表示它们来自商标所有者,那么他会直接侵犯商标权。如果该文件的提供方知道受让人会从事该活动,就会构成间接侵权。但是,许多数字文件的买方不一定实施直接侵权行为。例如,如果一个文件的受让人仅仅将文件保存在他的家庭计算机上,此时就因受让人没有实施直接侵权行为而无法追究文件的卖方的侵权责任。即使受让人使用该文件打印出有形商品,如果纯粹为个人使用,商标法也不禁止,因为它们不是"在商业中"使用商标。

其次,间接侵权要求数字文件的提供方"知道"受让人将会从事商标侵权。但是,许多文件销售方,包括托管第三方内容的网站,对受让人将如何处理这些文件知之甚少,而且可能缺乏了解某些用途是否侵权的专业知识。2004年,著名的珠宝公司蒂芙尼(Tiffany)以帮助商标侵权为由起诉美国在线拍卖网站易趣(eBay),这是适用于在线市场的帮助商标侵权行为的典型案例。在"蒂芙尼诉易趣案"[1]中,由于蒂芙尼在其实体店和网站独家销售新商品,易趣网站上的商品或者是未经授权的商品,或者是假货。无论是未经许可销售的真品还是仿冒品,都侵犯了蒂芙尼的商标权,并造成了消费者对商品来源的混淆。在本案中,直接侵权的是销售冒牌蒂芙尼商品的易趣用户。法院面临的问题是,这家在线拍卖网站是否对其卖家的侵权行为负有一定的责任或义务。在4年的时间里,易趣从蒂芙尼商品的销售中共获得了410万美元收入。易趣还在搜索引擎上

---

〔1〕 Tiffany(NJ)Inc. v. Ebay Inc. 600 F.3d 93 (2010).

购买了付费链接,通过这个付费链接,"Tiffany's"这一关键词的搜索结果将搜索者引导到易趣网站上蒂芙尼产品的销售页面。尽管易趣网提供了销售渠道,并可以通过关闭某些卖家的账户或通过网站的规章制度来控制销售,易趣网还从出售假冒蒂芙尼的产品中获利,但没有证据表明易趣诱使卖家销售假货;反之,易趣对于侵权举报一经查实即屏蔽卖家网站,并删除了蒂芙尼提供的具体侵权商品清单,采取了积极措施以确定和清除非法的蒂芙尼商品。第二巡回上诉法院认为,网络服务平台"大体知道(generalized knowledge)或有理由知道其网站存在假冒商品",不承担间接侵权责任,只有"对正在或将要进行的具体侵权行为明确知道(specific knowledge)",才承担间接侵权责任。法院认为,易趣对于具体侵权行为不是明知或应知,也不是故意视而不见,所以驳回了蒂芙尼公司对易趣网站商标侵权的指控。[1]

对于共享数字文件的网络服务平台来说,"蒂芙尼案"为网络服务平台提供了一个安全港。如果商标持有人通知其网站上有侵权项目,则该网络服务平台可以通过移除该项目来免除责任。知识产权所有者只能就个案中的侵权行为进行监督。这种打击个人网络侵权的知识产权执法被形象地比作流行的"打鼹鼠"[2]游戏。[3] 通常,商标权人在发现侵权行为后会向网络服务平台发送移除通知,但如同"用茶匙清空海洋"一样收效甚微。[4] 商标所有人对网络服务平台拒绝就侵权行为进行监控感到不满,认为网络服务平台的利润有一部分来自侵权活动,所以认为网络服务平台缺乏监管动机,

---

〔1〕 Tiffany(NJ)Inc. v. Ebay Inc. 600 F. 3d 109 – 110(2010).

〔2〕 该游戏的目标是在多个地点反复击中目标鼹鼠。

〔3〕 See Chris Higgins, *The Origins of Whac-a-Mole*, Mental Floss (Apr. 12,2010), http://mentalfloss. com/article/24435/origins-whac-mole.

〔4〕 See Elif Sonmez, *Cottage Piracy, 3D Printing, and Secondary Trademark Liability: Counterfeit Luxury Trademarks and DIY*, 48 U. S. F. L. Rev., 2014, p. 772.

并认为既然网络服务平台控制着网络空间的内容,就应该有主动监控侵权行为的法律责任。而网络服务平台则认为,花在监控和移除侵权商品上的大量资源会削弱用于创新的投入,所以拒绝为商标所有者进行监管。[1] 由于"蒂芙尼案"并没有为网络服务平台免责设定一个安全的边界,有些大型网络服务平台也借助技术措施主动监控其网站来搜索侵权项目。例如,"蒂芙尼案"的被告易趣网站财力雄厚,投入了数百万美元、采取了复杂的技术措施,投入了大量的人力主动监控其网站上的侵权行为。[2] 然而,规模较小的网络服务平台不可能有如同易趣网站一样的财力和高超的技术手段来监控侵权行为。[3]

商标间接侵权行为的具体表现为:伪造、擅自制造他人注册商标标识或者销售伪造、擅自制造的注册商标标识;故意为侵犯他人商标专用权行为提供侵权工具、场所、服务等便利条件,帮助他人实施侵犯商标专用权行为;引诱经营者实施商标侵权行为;不采取合理措施防止商标侵权行为扩大等情形。传播和销售 3D CAD 数字文件的行为确实帮助和引诱了 3D 打印行为的实现,但如前所述,间接侵权的认定以直接侵权为前提条件,私人非商业目的的打印注册商标标识或商品的行为,难以认定为侵犯商标专用权,因此,3D CAD 数字文件的传播者和网络服务提供者对 3D CAD 数字文件的传播和销售行为,难以被认定为间接商标侵权。

---

〔1〕 See Elif Sonmez, *Cottage Piracy, 3D Printing, and Secondary Trademark Liability: Counterfeit Luxury Trademarks and DIY*, 48 U. S. F. L. Rev. 2014, p. 771.

〔2〕 易趣采取了 VeRO(Verified Rights Owner)系统,为权利人提供专门的侵权通知样本。已有 14,000 个权利人参与该系统中。为方便权利人找到侵权信息,易趣还为参与 VeRO 系统的人提供了自动搜索工具——"最优化搜索",该工具每天自动搜索特定的可能涉嫌侵权的信息,并将最优搜索结果通过电子邮件形式发送给权利人。此外,易趣还开发了反假冒工具(fraud engine),通过超过 13,000 个不同搜索规则自动搜索侵权商品信息。参见 Tiffany(NJ) Inc. v. Ebay Inc. 600 F. 3d 93 (2010). *Tiffany*, 576 *F. 3d*。

〔3〕 See Lucas S. Osborn, *Trademark Boundaries and 3D Printing*, 50 Akron L. Rev. 2016, p. 900 – 902.

三、3D 打印背景下商标侵权认定规则的调适

传统商标法将非商业性使用行为排除在商标侵权范围之外，主要基于以下考虑：第一，侵权成本和技术门槛高，个人用户很难侵权。在传统技术背景下，生产商品的经济成本和技术门槛较高，个人用户很难进行商标侵权行为，商标侵权行为往往需要中间商来完成，因此，追究中间商的商标侵权责任即可弥补商标权人因此遭受的损失。第二，在传统技术背景下，商品生产和销售规模有限，对权利人的利益不会造成实质性损害。第三，从维权成本和可行性角度来说，追究中间商的责任更容易，个人侵权行为分散且隐秘，追究个人的侵权行为不符合诉讼经济原则。

然而，随着 3D 打印技术专利期的届满，3D 打印机的普及，利用 3D 打印技术制造商品的门槛和成本都将极大地降低，实施商标行为的主体扩展到分散的个人，个人突破技术门槛的限制，实施商标行为的范围将大幅扩展。在此环境下，可以设想，理性的消费者将不愿意支付包含商标价值的高价去购买商品，而愿以较廉价的成本去购买 3D 打印机和打印原材料，再通过购买或通过网络平台免费下载所需商品的 3D CAD 数字文件，自行打印所需物品。分散的、众多的个人打印行为会对商标权人的市场造成实质性的侵害，以传统技术为预设的商标法所构建的利益平衡机制将受到威胁，必须顺应新技术的发展予以调适。

(一)取消《商标法》第 48 条中的"商业活动中"的限定

我国《商标法》第 48 条和第 57 条、TRIPs 协定第 16 条和第 17 条将"商业性使用"作为商标侵权的构成要件，是基于传统技术背景下利益平衡的立法选择，随着 3D 打印技术的拓展，这一利益平衡必将被打破。若仍然固守该规则，商标权人追究 3D 打印个体的直接侵权责任和网络平台的间接责任都存在法律上的障碍。

认定私人打印和使用商标行为的性质,是确定制作和传播特定商标的3D CAD数字模型的行为性质的前提。商标的法律功能在于确认商标与商品或服务之间基于消费者心理成像的特定关联,无正当理由混淆、淡化或割裂该种对应关系的行为,都应当属于商标法禁止之列。对于私人制作和使用商标行为的法律性质,学界存在争议。笔者认为,判断行为合法性的依据不应在于行为人是否为经营性主体,而在于行为是否客观上建立、淡化或混淆了特定商标与所附着对象的来源指示关系。首先,依文义解释,我国《商标法》第57条不制止私人制作和使用商标。但私人制作和使用注册商标虚构了特定商标与所附着的对象之间的指示关系,为使用人利用商标的知名度廉价地获得了较高的社会评价,实质性地影响了其他消费者对商标的评价,〔1〕破坏了商标对商品来源的指示功能,弱化了商标的品质保证功能,淡化了商标的显著性,既侵害了商标权人的合法利益,又影响了合法使用附着该种商标商品的消费者的利益。值得注意的是,如果私人打印物明显不同于合法商标,或者所制作的相似标识不作为商标使用,或者使用的后果不足以造成混淆,则不属于商标侵权行为。另外,私人制作和使用商标既不能保护消费者,又对商标权人造成消极影响,不符合文化共享、技术进步等公共政策目标,不具备知识产权侵权豁免制度的法理基础。其次,如前所述,商标间接侵权的构成须以直接侵权的存在为前提,认定个人打印行为具有构成商标直接侵权的可能性,在此基础上才能追究3D打印设计模型的传播者及网络服务提供者的间接侵权责任,弥补商标权人实质上遭受的市场份额损失。最后,不同于著作权的自动取得和商业秘密的保密性保护,商标注册、许可和转让等都经过了国

〔1〕 参见李陶:《工业4.0背景下德国应对3D打印技术的法政策学分析——兼论我国对3D打印技术的法政策路径选择》,载《科技与法律》2015年第2期。

家公权力的授权、备案或批准并公示。3D 打印者在使用注册商标前进行检索,就可以防范商标侵权的法律风险。

对私人制作和使用商标行为的法律规制的主要障碍在于监督成本高、难度大。3D 打印机如果发展到如同普通打印机普及的程度,个人使用者自行打印商标就会变得非常便捷,采用获得“许可”的方式取得打印合法性不太现实,商标权人受追究侵权责任的时间、资金成本等所限,实际上极少会对个人 3D 打印侵权行为提起诉讼,但认定该行为侵权仍有必要。

(二)引入“避风港规则”

如前所述,与专利一样,追究个人侵权用户目前是商标所有者行使其权利的重要手段,由于经济原因使其相当困难。所以,如同对专利法引入“避风港规则”一样,同样建议将该机制引入商标体系,使商标所有者有权限制包含他们的商标的 3D CAD 数字文件的共享。“帮助他人实施侵犯商标专用权行为”的实施者大多是提供 3D CAD 数字文件的网络服务平台。网络服务平台客观上帮助了商标侵权行为的实施,但本身并非商标的使用者或侵犯商标权的商品的销售者,所以不承担商标直接侵权责任,只有在主观上有过错时,才承担相应的间接侵权责任。

1. 网络服务提供者主观过错的认定

在网络侵权纠纷中,早期法院采用过错推定原则,如果没有发现并制止发生在其网络系统中的侵权行为,至少存在过失,应当为损害后果承担侵权责任。知识产权侵权认定涉及复杂且专业的问题,网络服务提供者并不具备相关专业能力,过于严格的归责原则会阻碍网络服务的发展。美国 DMCA 明确规定,网络服务提供者不以监控网络服务、积极寻找反映侵权活动的事实为免责前提。《欧盟电子商务法》规定,成员国不得规定网络服务提供者负有监控其传输或存储的信息的义务,以及积极发现相关侵权事实的义务。虽然我国商标法的相关规定没有明确网络服务提供者不承担一般性监控义务,但司法实践中认同这一点。网络服务提供者只有在特定情形下负有监控义务:网络服务提供者的在先行为增加了侵权风险;网络服务平台中的特定经营者反复实施侵权行为;存在监控侵权的有效技术手段。[1]

行为人的主观"过错"为构成商标间接侵权的前提。对于"过错"的认定,我国商标法没有明确规定,可以借鉴 1982 年美国最高法院审理的"因伍德(Inwood)案"[2]中所确立的"Inwood"测试法,对侵权行为人的主观状态从以下两个方面进行判定,一是有意诱导第三人侵犯商标权;二是已知或应知第三人正利用其提供的产品侵犯他人商标权,而继续向其提供产品。[3] 如果行为人主观上符合上述两种情况之一,则应当与侵犯商标权的第三人承担连带侵权责任。只要间接侵权人不是对 3D CAD 数字文件中显而易见的驰名商标信息故意忽略,对于不经过商标检索而无法知晓其真实商标权利人的商标信息,不认为其具有主观侵权意图,因而不构成侵权。[4]

对于主观上不知道也不可能知道 3D 打印模型的传播侵犯了商标权的网络经营者,可以借鉴著作权法领域的"避风港规则",减轻或豁免其间接侵权责任。我国商标法没有明确规定"避风港规则",

---

〔1〕 参见王迁:《对电商平台间接侵害商标权的认定》,载《人民司法(应用)》2016 年第 10 期。

〔2〕 在"因伍德案"中,被告是一名制药商,他持续向中间零售药剂师供应仿制药,而这些药剂师正用另一名制造商的商标重新包装产品。美国最高法院裁定:商标侵权可以延伸到那些实际将商品与他人商标混淆的人之外。即使制造商在分销链中没有直接控制他人,在某些情况下也应对他人的侵权行为负责。因此,如果制造商或经销商有意诱使他人侵犯商标权,或者继续向其所知或有理由知悉从事商标侵权活动的人提供产品,制造商或分销商对因欺诈而造成的任何损害承担连带责任。See Inwood Labs. ,Inc. v. Ives Labs. ,Inc. ,456 U. S. 853 – 854 (1982).

〔3〕 Inwood Labs. ,Inc. v. Ives Labs. ,Inc. ,456 U. S. 844,855 (1982).

〔4〕 参见李薇薇:《3D 打印中商标不当使用行为的法律规制》,载《华中科技大学学报(社会科学版)》2014 年第 5 期。

但《民法典》第1195条将“避风港规则”适用于所有侵权行为，当然也包括商标侵权行为。在3D打印时代，网络服务经营者如果能够证明只是提供了3D打印模型文件的存储空间，主观上不知道也不可能知道该3D打印模型文件的传播侵犯了商标权，在接到权利人的侵权通知时，将其删除或者屏蔽，那么网络服务经营者的商标侵权责任应予豁免。如果网络服务经营者没有正当理由拒绝将相关商品信息“删除”，就要承担间接侵权责任。之所以这样规定，是因为网络服务经营者受信息不对称所限不可能事先对所传播的所有3D打印数字模型文件逐一进行合法性审查。对网络服务提供者的责任进行限制，才能保护网络的正常发展和运行。

2. 合格“通知”的要求

为便于网络服务提供者了解和判断侵权事实的存在，以便采取“删除”行为，合格的“通知”应包括以下内容：(1)商标权人应在通知中提供侵权商品销售页面的网络地址，以便于网络服务提供者准确定位侵权商品销售页面；(2)由于商标的稳定性问题，商标权的有效性可能存在瑕疵，商标权人发出“删除”通知的商标有可能仅是申请后尚未核准的商标，也可能是已经过了有效期未续展的商标，还可能是出于恶意竞争目的发出通知的情况。在合格“通知”标准方面，采用较为严格的标准为宜，要求商标权人提供其商标真实有效的证明，作为网络经营者移除产品设计图的前提条件。[1]

3. 适用“反通知与恢复”程序

为避免网络服务平台错误地删除用户信息，给用户造成损失，《信息网络传播权保护条例》规定将“反通知与恢复”规则作为对“通知与删除”规则的补充，即网络服务提供者的服务对象可以发出反通知，要求恢复被删除的作品或被断开的链接，网络服务提供者

---

〔1〕 参见刘强、李红旭：《3D打印视野下的商标侵权认定》，载《知识产权》2015年第5期。

应当立即恢复被删除的作品或被断开的链接。根据"反通知与恢复"规则的立法理念,该规则对于商标领域的网络侵权同样适用。而且,网络服务提供者将合法商品下架给商品销售者带来的损失远远大于作品的传播者,应赋予涉嫌侵权人反通知的救济手段,如果能提供合法性证明即可恢复被删除的内容。

(三)通过技术措施防御

可以通过事前的技术控制和权利管理,有效控制附着有 3D 打印产品设计图数字文件的传播、访问,防止他人未经许可对文件进行复制、修改和使用。在打印前,将 3D 打印产品预先与注册商标标识数据库中的 3D 数字文件进行对比,只在与其不相同并且不相近似的情况下,才能通过 3D 打印制造物品,进而销售或使用商品。

对于采取的技术措施还要注意不能过度,不能违反反垄断法的相关规定。比如,如果在 3D 打印机中植入只能打印某个具体的权利人所提供的 3D 打印数字模型,以此获取非法垄断利益,会限制打印者的自由选择权,因滥用商标权可能构成纵向垄断行为而受到制裁。[1]

---

〔1〕 参见刘强、李红旭:《3D 打印视野下的商标侵权认定》,载《知识产权》2015 年第 5 期。

结　语

虽然目前的知识产权制度对通过传统生产方式侵权提供了较充分的救济,但它并未预料到3D打印技术所带来的变化。3D打印及相关技术的出现,将现阶段著作权领域存在的数字化作品传播行为延展到"从比特到原子"的立体作品范畴,乃至商标和专利领域。3D打印技术目前与早期的计算机产业有许多相似之处。它目前主要在爱好者和极客领域盛行,但是随着技术的进步,3D打印技术越发容易使用,会被更多的人接受。[1] 对于3D打印技术的影响,斯坦福大学法学院马克·莱姆利教授认为,"在后稀缺经济时代(post-scarcity world),知识产权法将面临深远的挑战"。"互联网是一系列新技术的先驱,它们使创造力与生产和销售相分离,并降低了三者的成本。这些技术挑战了我们知识

---

〔1〕 See Matt Simon, *When Copyright Can Kill: How 3D Printers Are Breaking the Barriers between Intellectual Property and the Physical World*, 3 Pace Intell. Prop. Sports & Ent. L. F., 2013, p. 96.

产权制度的基础,也挑战了我们整个经济的基础”。[1] 建立在传统制造模式之上的现有知识产权法无法有效应对3D打印中的所有知识产权问题。作为一种“潜在的破坏性技术”,3D打印不仅触及个人非营利性使用知识产权侵权豁免规则的存废问题,更为我们进一步反思现行知识产权法宗旨提供了契机。

知识产权的本质是知识,知识需要共享。促进作品或新技术的传播和利用,是知识产权法最重要的立法目标和宗旨,独占或垄断不符合知识自由的逻辑。知识共享与私权保护始终存在冲突,3D打印技术将这种冲突进一步放大。3D打印时代来临之际,应重新思考个人未经授权非营利性利用他人知识产权的自由,让知识产权法在促进技术创新以及保护知识产权人的私权之间达到新的动态平衡。为了在3D CAD模型文件共享的背景下保护包括知识产权所有者在内的利益相关者的权利,对现有规范也应作出适当调整。

---

〔1〕 Mark Lemley, *IP in a World without Scarcity*, 90(2) New York University Law Review, 2015, p. 507, 515.

附录：主要参考案例

一、中国案例

1. 北京精雕科技有限公司诉上海奈凯电子科技有限公司侵害计算机软件著作权纠纷案，上海市高级人民法院（2006）沪高民三（知）终字第110号民事判决书。

2. 北京文泰世纪科技公司诉孙某峰等侵犯计算机软件著作权纠纷案，广东省深圳市龙岗区人民法院（2009）深龙法民初字第4153号民事判决书。

3. 诺瓦提斯公司（Novartis AG）诉重庆新原兴药业有限公司专利侵权案，重庆市高级人民法院（2008）渝高法民终字第230号民事判决书。

4. 范某海等诉北京市京沪不锈钢制品厂侵犯著作权纠纷案，北京市第二中级人民法院（2002）二中民初字第8042号民事判决书。

5. 南京现代雕塑中心与南京时代雕塑艺术有限公司、中科昆山高科技产业园管理委员会侵犯著作权纠纷案，南京市中级人民法院（2003）宁民三初字第30号民事判决书。

6. 深圳市盈宁科技有限公司诉王某兵侵犯计算机软件著作权纠纷案，江苏省南通市中级人民法院(2005)通中民三初字第0032号民事判决书。

7. 上海迪比特实业有限公司与摩托罗拉(中国)电子有限公司、上海百联集团股份有限公司著作权纠纷案，上海市第二中级人民法院(2002)沪二中民五(知)初字第132号民事判决书。

8. 同方股份有限公司与湖南快乐阳光互动娱乐传媒有限公司侵害作品信息网络传播权纠纷案，北京知识产权法院(2015)京知民终字第599号民事判决书。

9. 王某峰等诉深圳市沙井沙一股份合作公司等侵犯计算机软件著作权纠纷案，广东省深圳市中级人民法院(2007)深中法民三初字第160号、广东省高级人民法院(2008)粤高法民三终字第213号民事判决书。

10. 威海嘉易烤生活家电有限公司与永康市金仕德工贸有限公司、浙江天猫网络有限公司侵害发明专利权纠纷案，浙江省高级人民法院(2015)浙知终字第186号民事判决书。

二、外国案例

1. Comput. Assocs. Int'l, Inc. v. Altai, Inc., 982 F. 2d 706-711 (2d Cir. 1992).

2. Campbell v. Acuff-Rose Music, Inc., 510 U. S. 569, 579 (1994).

3. EMI Records v. British Sky Broadcasting, EWHC 379 (Ch). 40 (2013).

4. Global-Tech Appliances, Inc. v. SEB S. A., 131 S. Ct. 2060, 2068-2071(2011).

5. Inwood Labs., Inc. v. Ives Labs., Inc., 456 U. S. 853-854

(1982).

6. Meshwerks, Inc. v. Toyota Motor Sales U. S. A., Inc., 528 F. 3d 1258. 1268 (10th Cir. 2008).

7. Perfect 10, Inc. v. Amazon. com, Inc., 508 F. 3d 1146, 1173-1174,1176 (9th Cir. 2007).

8. Star Athletica, L. L. C. v. Varsity Brands, Inc., et al. 137 S. Ct. 15-886 (2017).

参考文献

一、中文文献

(一)中文著作和译著

1.[美]谢尔登·W.哈尔彭、[美]克雷格·艾伦·纳德、[美]肯尼思·L.波特:《美国知识产权法原理》,宋慧献译,商务印书馆2013年版。

2.[美]胡迪·利普森、[美]梅尔芭·库曼:《3D打印:从想象到现实》,赛迪研究院专家组译,中信出版社2013年版。

3.[美]朱莉·E.科恩、[美]莉蒂亚·P.劳伦等:《全球信息经济下的美国版权法》(上、下),王迁、侍孝祥等译,商务印书馆2016年版。

4.[美]J.M.穆勒:《专利法》(第3版),沈超等译,知识产权出版社2013年版。

5.[日]青山纮一:《日本专利法概论》,聂宁乐译,知识产权出版社2014年版。

6.[德]克雷斯蒂安·冯·巴尔:《欧洲比较侵权行为法》,张新宝译,法律出版社2004年版。

7.[西班牙]德利娅·利普希克:《著作权与邻

接权》，联合国译，中国对外翻译出版公司、联合国教科文组织 2000 年版。

8. 李明德：《美国知识产权法》（第 2 版），法律出版社 2014 年版。

9. 吴汉东：《著作权合理使用制度研究》，中国政法大学出版社 1996 年版。

10. 王迁：《知识产权法教程》（第 7 版），中国人民大学出版社 2021 年版。

11. 王迁：《网络版权法》，中国人民大学出版社 2008 年版。

12. 王迁：《版权法对技术措施的保护与规制研究》，中国人民大学出版社 2018 年版。

13. 崔国斌：《专利法：原理与案例》（第 2 版），北京大学出版社 2016 年版。

14. 范长军：《德国专利法研究》，科学出版社 2010 年版。

15. 张今：《版权法中私人复制问题研究——从印刷机到互联网》，中国政法大学出版社 2009 年版。

16. 尹新天：《中国专利法详解（缩编版）》，知识产权出版社 2012 年版。

17. 宋闯、贾乔编著：《3D 打印：建模 · 打印 · 上色实现与技巧》，机械工业出版社 2016 年版。

（二）中文论文

1. 蔡元臻：《3D 打印冲击下专利间接侵权制度研究》，载《科技与法律》2014 年第 1 期。

2. 蔡元臻：《专利间接侵权制度专门化研究》，载《中外法学》2021 年第 5 期。

3. 蔡元臻：《论日本专利间接侵权构成要件及其对我国的启示》，载《河北法学》2017 年第 1 期。

4. 曹阳:《个性化3D打印技术知识产权问题研究》,载《上海政法学院学报(法治论丛)》2016年第1期。

5. 孙益武:《3D打印商标使用与侵权认定法律问题研究》,载《中南大学学报(社会科学版)》2015年第5期。

6. 刘强、冯晓青、武志孝:《3D打印给知识产权保护带来冲击》,载《检察日报》2015年1月15日,第3版。

7. 巩珊珊:《3D打印技术对专利合理使用的影响》,载《知识产权》2015年第9期。

8. 胡波:《共享模式与知识产权的未来发展——兼评“知识产权替代模式说”》,载《法制与社会发展》2013年第4期。

9. 何天翔:《开放式创新与3D打印知识产权问题》,载《中国政法大学学报》2018年第3期。

10. 黄亮:《论避风港规则在3D打印专利侵权判定中的移植》,载《电子知识产权》2015年第5期。

11. 李陶:《工业4.0背景下德国应对3D打印技术的法政策学分析——兼论我国对3D打印技术的法政策路径选择》,载《科技与法律》2015年第2期。

12. 李永明、郑金晶:《3D打印中CAD文件的定性与复制问题研究》,载《浙江大学学报(人文社会科学版)》2016年第2期。

13. 李薇薇:《3D打印中商标不当使用行为的法律规制》,载《华中科技大学学报(社会科学版)》2014年第5期。

14. 刘银良:《论版权法中的功能原则——以美国的立法和司法实践为视角》,载《电子知识产权》2010年第12期。

15. 来小鹏、许燕:《技术措施与合理使用的冲突与协调——对〈著作权法〉第49条及第50条的再思考》,载《中国应用法学》2022年第3期。

16. 刘强:《自我复制专利侵权问题研究——以3D打印等自我

复制技术为视角》,载《法商研究》2015 年第 5 期。

17. 刘强、李红旭:《3D 打印视野下的商标侵权认定》,载《知识产权》2015 年第 5 期。

18. 刘强、王超:《3D 打印视野下的专利间接侵权 兼评〈专利法修改草案(征求意见稿)〉第 71 条之规定》,载《电子知识产权》2015 年第 5 期。

19. 刘强、欧阳旸:《产品设计图著作权保护研究——以 3D 打印为视角》,载《重庆理工大学学报(社会科学)》2014 年第 7 期。

20. 刘颖:《版权法上技术措施的范围》,载《法学评论》2017 年第 3 期。

21. 刘文琦:《3D 打印中 CAD 文件侵权问题研究:理论逻辑与立法反思》,载《浙江工商大学学报》2016 年第 5 期。

22. 罗娇:《"3D 打印"的著作权法律问题研究》,载《知识产权》2014 年第 8 期。

23. 马忠法:《3D 打印中的知识产权问题》,载《电子知识产权》2014 年第 5 期。

24. 马忠法、陈潜:《3D 打印中的"复制"与"合理使用"》,载《上海财经大学学报》2015 年第 3 期。

25. 宁立志、王德夫:《论 3D 打印数字模型的著作权》,载《武汉大学学报(哲学社会科学版)》2016 年第 1 期。

26. 彭学龙:《技术发展与法律变迁中的复制权》,载《科技与法律》2006 年第 1 期。

27. 孙益武:《3D 打印商标使用与侵权认定法律问题研究》,载《中南大学学报(社会科学版)》2015 年第 5 期。

28. 宋智慧:《3D 打印对版权制度的挑战》,载《光明日报》2015 年 10 月 23 日,第 10 版。

29. 宋智慧:《3D 打印技术背景下复制权的扩张》,载《电子知识产权》2017 年第 4 期。

30. 王利明:《论网络侵权中的通知规则》,载《北方法学》2014 年第 2 期。

31. 王迁:《立法修改视角下的技术措施保护范围》,载《中外法学》2022 年第 3 期。

32. 王迁:《论禁止规避技术措施的范围》,载《法学家》2016 年第 6 期。

33. 王国柱:《我国知识产权间接侵权制度的立法构造——兼论知识产权间接侵权与多数人侵权的差异》,载《东北大学学报(社会科学版)》2015 年第 3 期。

34. 王玉凯:《3D 打印的知识产权法应对——基于解释论与立法论相区分的讨论》,载《西部法学评论》2016 年第 3 期。

35. 杨利华、冯晓青:《著作权扩张及其法律和经济学探讨》,载《法学论坛》2005 年第 3 期。

36. 张淑亚、刘红:《3D 打印知识产权困境的法理思辨与路径选择》,载《人民论坛》2016 年第 17 期。

37. 祝娜、王芳:《基于主题关联的知识演化路径识别研究——以 3D 打印领域为例》,载《图书情报工作》2016 年第 5 期。

38. 瞿昊晖:《论 3D 打印产品设计图作品的使用者利益——以美国判例为启示》,载《中南大学学报(社会科学版)》2015 年第 5 期。

39. 郑友德、王活涛:《论规制 3D 打印的法政策框架构建》,载《电子知识产权》2014 年第 5 期。

40. 郑重:《版权保护技术措施的危害及其规制》,载《知识产权》2014 年第 11 期。

41. 张玲:《我国专利间接侵权的困境及立法建议》,载《政法论丛》2009 年第 2 期。

42. 张耕:《略论版权的技术保护措施》,载《现代法学》2004 年第 2 期。

43. 张德芬:《〈电子商务法〉中“通知与移除”规则评析——以专利侵权纠纷中电商平台责任为例》,载《知识产权》2019 年第 3 期。

44. 张韬略、黄洋:《3D 打印时代我国专利权人的维权困局及出路》,载《电子知识产权》2014 年第 5 期。

二、英文文献

(一)英文著作

1. Angela Daly, *Socio-Legal Aspects of the 3D Printing Revolution*, Palgrave Macmillan Press, 2016, p. 3.

2. Bibi van den Berg, Simone van der Hof, Eleni Kosta, *3D Printing: Legal, Philosophical and Economic Dimensions*, T. M. C. Asser Press, 2016, p. 26.

3. Hod Lipson, Melba Kurman, *Fabricated: The New World of 3D Printing*, Wiley Press, 2013, p. 229,249.

(二)英文论文

1. Adam Lewental, *Print Your Own Pandora's Box: 3D Printing, Intellectual Property Law, and the Internet for Lay-Lawyers*, Bus. Entrepreneurship & Tax L. Rev. 1, 2017, p. 153.

2. Alan Fu, *Copyright Serverability: The Hurdle between 3D-Printing and Mass Crowdsourced Innovation*, Duke L. & Tech. Rev. 15, 2017, p. 84.

3. Aliza Rana, *Scan, Copy, Print: How to Minimize Copyright Infringement during the 3D Technology Revolution*, Colum. Bus. L. Rev., 2018, p. 661,693.

4. B. J. Vogel, *Intellectual Property and Additive Manufacturing/*

3D Printing: Strategies and Challenges of Applying Traditional IP Laws to a Transformative Technology, Minn. J. L. Sci. & Tech. 17, 2016, p.881.

5. Ben Depoorter, *The Legal Dimension of 3D Printing: Intellectual Property Infringements & 3D Printing: Decentralized Piracy*, Hastings Law Journal 65, 2014, p.1483.

6. Daniel Harris Brean, *Asserting Patents to Combat Infringement via 3D Printing: It's No "Use"*, Fordham Intell. Prop. Media & Ent. L.J. 23, 2013, p.771,784,787,789.

7. Deven R. Desai, Gerard N. Magliocca, *Patents, Meet Napster: 3D Printing and the Digitzation of Things*, GEO. L. J. 102, 2014, p.1696, 1713.

8. Elif Sonmez, *Cottage Piracy, 3D Printing, and Secondary Trademark Liability: Counterfeit Luxury Trademarks and DIY*, U. S. F. L. Rev. 48, 2014, p.763.

9. Frank Ward, *Parents & 3D Printing: Protecting the Democratization of Manufacturing by Combining Existing Intellectual Property Protections*, DePaul J. Art Tech. & Intell. Prop. L. 25, 2014, p.91.

10. Holbrook T., Osborn L., *Digital Patent Infringement in an era of 3D Printing*, UC Davis Law Review 48, 2015, p.1319-1385.

11. John Hornick, *3D Printing and IP Rights: The Elephant in the Room*, Santa Clara L. Rev. 55, 2015, p.804,813.

12. Lucas S. Osborn, *Regulating Three-Dimensional Printing: The Converging Worlds of Bits and Atoms*, San Diego L. Rev. 51, 2014, p.553, 605,610-611.

13. Lucas S. Osborn, *Trademark Boundaries and 3D Printing*,

Akron L. Rev. 50, 2016, p. 870-871, 900-902.

14. Lucas S. Osborn, Timothy R. Holbrook, *Digital Patent Infringement in an Era of 3D Printing*, U. C. Davis L. Rev. 48, 2015, p. 1319-1385.

15. Matthew Rimmer, *The Maker Movement: Copyright Law, Remix Culture and 3D Printing*, U. W. Austl. L. Rev. 41, 2017, p. 51, 75, 80, 83.

16. Matt Simon, *When Copyright Can Kill: How 3D Printers are Breaking the Barriers between Intellectual Property and the Physical World*, Pace Intell. Prop. Sports & Ent. L. F. 3, 2013, p. 68-69, 96.

17. Marshall Burns, James Howison, *Digital Manufacturing-Napster Fabbing: Internet Delivery of Physical Products*, Rapid Prototyping J. 7, 2001, p. 194-196.

18. Peter Twomey, *A New Dimension to Intellectual Property Infringement: An Evaluation of the Intellectual Property Issues Associated with 3D Printing*, Trinity C. L. Rev. 17, 2014, p. 14, 24.

19. Petrick, Irene J., T. W. Simpson, *3D Printing Disrupts Manufacturing*, Research Technology Management 56 (6), 2013, p. 12-16.

20. Saahil Dama, Amulya Chinmaye, *Printing a Revolution: The Challenges of 3D Printing on Copyright*, Geo. Wash. L. Rev. Arguendo 84, 2016, p. 68.

21. Sarah Craig, *Protection for Printing: An Analysis of Copyright Protection for 3D Printing*, U. Ill. L. Rev. 2017 (1), 2017, p. 307.

22. Shlomit Yanisky-Ravid, Kenneth S. Kwan, *3D Printing the Road Ahead: The Digitization of Products When Public Safety Meets*

Intellectual Property Rights-A New Model, Cardozo L. Rev. 38, 2017, p. 946.

23. Tyler Macik, *Global Data Meets 3-D Printing: The Quest for a Balanced and Globally Collaborative Solution to Prevent Infringement in the Foreseeable 3-D Printing Revolution*, Ind. J. Global Legal Stud. 22, 2015, p. 150.

24. Bernadette Marshall, *Better Drawings Make a Better Patent*, WIPO MAG. (Apr. 2010), http://www.wipo.int/wipo_magazine/en/2010/02/article_0008.html.

25. Jeremy Hsu, *How Face Recognition Tech Will Change Everything*, Discovery News (June 11, 2013), http://news.discovery.com/tech/biotechnology/howface-rec-tech-change-everything-130611.htm.

26. John F. Hornick, *Inside Views: 3D Printing and Public Policy*, Intellectual Prop. Watch (Sept. 7, 2015), http://www.ip-watch.org/2015/07/09/3d-printing-and-public-policy.

致 谢

此书是在博士后研究报告基础上修改扩展而成。在此感谢中国博士后科学基金会对博士后期间研究工作的资助,感谢司法部法治建设与法学理论研究科研项目对后续研究的资助,感谢辽宁大学法学院和法律出版社对本书出版的促成。

感谢我的合作导师张舫教授,在博士后研修期间,使我开阔了眼界、科研能力得到提升。张老师对科研工作执着追求、严谨奉献的态度深深感染了我,他渊博的知识、深厚的学养给我留下了深刻的印象。衷心感谢张老师对我研究上的指导和帮助。感谢重庆大学黄锡生教授、陈伯礼教授、齐爱民教授对我博士后研究工作的指导和帮助。他们严谨的科研态度、温厚待人的胸怀、独特的人格魅力,是我学习的楷模。感谢重庆大学博士后管理办公室刘述老师和吕红能老师、法学院博士后管理办公室陈济新老师和柳青老师的帮助。

感谢辽宁大学法学院领导和同事的关心、支持和帮助。

感谢我的父母、先生多年来对我生活上的关爱以及工作上的理解和大力支持。

还要特别感谢我的儿子韩子健，他是3D建模和打印爱好者，在写作过程中，多次向他请教3D打印技术问题，对本书完成帮助很大。

宋智慧

二〇二二年四月 于沈阳